# 编审委员会

天津市高等职业院校提升办学水平项目建设成果系列教材

# 电力机车构造与维护

田桂丽　主　编
甄东升　副主编
王靖超　主　审

中国铁道出版社

2017年·北京

# 内 容 简 介

全书共分为六个项目,主要内容有电力机车的认知、电力机车车体和设备布置认知及维护、电力机车通风系统和空气管路系统的维护、电力机车转向架的认知和维护、电力机车牵引缓冲装置的认知和维护、应急故障处理等。

本书可作为高等职业教育铁道机车专业教学使用,也可供机务系统各相关岗位的新职工岗前培训使用。

**图书在版编目(CIP)数据**

电力机车构造与维护/田桂丽主编.—北京:中国
铁道出版社,2017.8
天津市高等职业院校提升办学水平项目建设成果
系列教材
ISBN 978-7-113-20845-5

Ⅰ.①电… Ⅱ.①田… Ⅲ.①电力机车-车体构造-
高等职业教育-教材②电力机车-维修-高等职业教育-
教材 Ⅳ.①U264

中国版本图书馆 CIP 数据核字(2015)第 194453 号

书　　名:**电力机车构造与维护**
作　　者:田桂丽　主编

责任编辑:阚济存　　　编辑部电话:010-51873133　　　电子信箱:td51873133@163.com
封面设计:王镜夷
责任校对:王　杰
责任印制:郭向伟

出版发行:中国铁道出版社(100054,北京市西城区右安门西街 8 号)
印　　刷:三河市航远印刷有限公司
版　　次:2017 年 8 月第 1 版　2017 年 8 月第 1 次印刷
开　　本:787 mm×1 092 mm　1/16　印张:10.75　字数:295 千
印　　数:1~3 000 册
书　　号:ISBN 978-7-113-20845-5
定　　价:25.00 元

# 序

为深入贯彻落实《天津市中长期教育改革和发展规划纲要(2010—2020 年)》和市政府《关于进一步推进职业教育改革创新的意见》(津政发〔2010〕46 号)精神,不断创新高等职业教育办学体制机制,深化教育教学改革,提高人才培养质量和办学水平,全面提升高等职业教育服务经济社会发展能力,加快天津市高水平示范性高等职业院校建设,提升专业服务产业的能力,为天津市经济社会发展和滨海新区开发开放更好的培养高素质高技能人才,天津市政府决定在"十二五"期间,支持我市建设 18 所高水平示范性高等职业院校(以下简称:示范校)和 25 个优质特色专业,高等职业院校开展提升办学水平建设。

天津铁道职业技术学院凭借高水平的办学优势和专业定位,被天津市列为 18 所示范校建设院校之一。学院在示范校建设中各专业依据专业特点和企业要求,深入探索多样化的"工学结合、校企合作、顶岗实习"人才培养模式,形成特色课程体系,以专业为核心,以课程改革为抓手,以教学条件建设为支撑,全面提升办学水平。

天津铁道职业技术学院按照"学院与铁路局(集团)紧密合作,教学系与站段(公司)紧密对接,教学团队(专业)与工区(项目部)紧密对接,教师与工程技术人员紧密对接"的模式开展多层次、紧密型合作办学。以校企合作机制为保障,开发融入职业道德与岗位工作标准的工学结合核心课程,结合天津市经济社会和行业发展特点,校企共同培育满足企业需求、具有可持续发展能力的高技能型专门人才,为了更加有效地实施人才培养模式,制定了融入行业企业标准及岗位工作需求的 21 门核心课程的课程标准。教材建设正是体现课程标准的有效方式之一。因此,我院在明确高等职业教育人才培养标准和规格的基础上,为了对人才培养提供智力支持,根据人才培养目标的要求,构筑"校企合作,产学结合"的人才培养模式,积极进行课程开发。为此,在院领导大力支持和企业具有丰富实践经验的专家的参与和指导下,我院与生产企业合作开发编写了突出职业能力、注重实践技能培养的系列教材。

本套教材打破了以往学科体系的束缚,具有以下特点:

(1)以项目为导向。本套教材全部采用项目化教学体系,以实际职业岗位为基本出发点,以工作过程为导向,以现场典型真实任务为主要教学内容,充分突出了技能培养。

（2）体现课证融合特色。在学习任务中融入国家职业资格标准的相关内容。

（3）编写内容和组织方式新颖。学习项目和任务附有与教学内容相关的知识、技能目标及相关的案例，以案例引入教学内容，引起学生的学习兴趣。

（4）一体化教学资源配套。充分利用网络等各种信息技术，建设与教材配套的网络资源，把与课程有关的文献资料、电子教案、教学课件、教学视频，与职业资格考试相关的资料及学生与教师的互动等都放到网上，为学生的自主学习提供便利的环境条件，完善教学资源。

编审委员会
2015 年 3 月

# 前言

本教材根据"电力机车构造和维护"课程教学大纲,结合我院开展的"任务导向型"教学模式,在企业专业技术人员的大力支持下,校企合作共同编写。本教材将电力机车驾驶、保养和检修岗位的基础知识和保养检查流程提炼后分类编写,目的是培养学生在未来岗位上具有较好的实际应用能力和解决问题的能力。

本教材包括六个项目,主要介绍了电力机车车体、设备布置、通风系统和空气管路系统、转向架和牵引缓冲装置的构造和维护,涉及车型主要有 SS4 改、SS9、SS7 和 HXD2B 型机车。本教材具有以下特点:

1. 采用项目化任务引领型模式,以任务驱动,按照实际工作任务、工作过程和工作情境组织课程。从岗位需求出发,让学生进入工作实践。以工作任务为中心来整合相应的知识、技能,实现理论与实践的统一。为学生提供体验完整工作过程的学习机会。

2. 通过学习项目和学习任务展示知识要点,体现了知识结构、技能要求、教学内容系统化。知识与技能要点通过任务分解来引导,使学生具有继续学习的能力。

3. 每个项目着重展示一个基本构造和保养知识。将理论知识融入在项目任务的相关知识中,让学生在操作活动过程中主动学习理解理论知识,培养学生良好的学习习惯。

学习本课程的目的是掌握电力机车构造的基本知识和保养方法,了解电力机车主要设备的使用和常用保养检查,培养学生对电力机车构造认知和检查的基本能力,项目二至项目六利用关键部件的检查保养,用案例的方式使学生了解现场操作的流程和掌握对机车进行检查、试验的实际操作能力,从而能胜任电力机车驾驶、电力机车检查保养及检修工作。

本书由天津铁道职业技术学院田桂丽任主编,天津铁道职业技术学院甄东升任副主编,北京铁路局天津机务段王靖超主审。参加本书编写的人员有:天津铁道职业技术学院袁野编写了项目一和项目六,田桂丽编写项目二,天津铁道职业技术学院贾春阳编写项目三和项目四,甄东升编写项目五,北京铁路局天津机务段刘雅春和刘小丹参与编写了项目五和项目六。

　　由于作者的水平有限,书中难免存在错误和不妥之处,恳请读者批评指正,同时本书的编写得到了天津机务段的大力支持和帮助,特此鸣谢!

编　者

2017 年 5 月

# 目录

# 项目一　电力机车的认知

## 项目描述

在一体化教室,采用项目教学、任务驱动、教、学、做一体、现场评价的方式进行教学,以教材、实训设备及挂图、教学课件为学习载体,以学习电力机车定义、电力机车发展、新型电力机车特点为任务,讲解电力机车的分类及特点、主要组成以及中国电力机车的发展历程、技术特点等。

## 学习目标

### 【知识目标】

◆ 了解电力机车的概念及我国电力机车的发展历史。

◆ 了解电力机车的关键技术及配套技术。

◆ 掌握主型电力机车的技术特点、基本组成。

◆ 掌握电力机车的车型及生产厂家。

### 【能力目标】

◆ 能说出电力机车的主要技术特点、引进消化的关键技术及配套技术。

◆ 能说出电力机车新型车型引进的技术。

◆ 能说出电力机车轴列式各代码的意义。

## 任务一　电力机车的认知

本任务主要介绍电力机车概念、分类、特点及基本组成。

### 一、电力机车的基本概念

电力机车本身不带原动机,靠接收接触网送来的电流作为能源,由牵引电动机驱动机车的车轮。简单的说,电力机车是火车的一种,它利用接触网或者接触轨提供交流或者直流电,然后经过一系列变流,转换成牵引电机所需要的电压电流,从而驱动列车运行。

### 二、电力机车的分类

电力机车是从接触网上获取电能的,接触网供给电力机车的电流有直流和交流两种。由于电流制不同,所用的电力机车也不一样,基本上可以分为直—直流电力机车、交—直流电力机车、交—直—交流电力机车三类。

直—直流电力机车采用直流制供电,牵引变电所内设有整流装置,它将三相交流电变成直流电后,再送到接触网上。因此,电力机车可直接从接触网上取得直流电供给直流串励牵引电动机使用,简化了机车上的设备。直流制的缺点是接触网的电压低,一般为 1 500 V 或 3 000 V,接触导线要求很粗,要消耗大量的有色金属,加大了建设投资。

交—直流电力机车采用交流制供电,目前世界上大多数国家都采用工频(50 Hz)交流制,或 25 Hz 低频交流制。在这种供电制下,牵引变电所将三相交流电接 25 kV 工业频率单相供电,把交流电变成直流电的任务在机车上完成。由于接触网电压比直流制时提高了很多,接触导线的直径可以相对减小,减少了有色金属的消耗和建设投资。因此,工频交流制得到了广泛采用,世界上绝大多数电力机车也是交—直流电力机车。

### 三、电力机车的优点

电力机车是一种通过外部接触网或轨道供给电能,由牵引电动机驱动的现代化牵引动力。其优点是:

(1)清洁无污染。

(2)功率大,速度快。

(3)热效率高,成本低。

(4)综合利用资源,降低能源消耗。

(5)维修便利,成本低。

(6)工作条件舒适。

(7)适应能力强。

### 四、电力机车的基本组成

电力机车由电气部分、机械部分和空气管路系统三大部分组成。

电气部分包括牵引电动机、牵引变压器、整流硅机组等各类电气设备。电气部分的作用是通过它们把取自接触网的电能转变为机械能,同时实现对机车的控制。

空气管路系统包括风源系统、制动机管路系统、控制管路系统和辅助管路系统。

机械部分包括车体、转向架、车体与转向架的连接装置和牵引缓冲装置。

本书主要讲述电力机车机械部分;其各部分的作用如下:

(一)车　　体

车体是电力机车上部车箱部分,由司机室和机械间组成。

(1)司机室。乘务人员操纵机车的工作场所。

(2)机械间。用于安装各种电气和机械设备。

(二)转　向　架

转向架是机车的走行部分,它是电力机车机械部分中最重要的组成部分,主要包括:

(1)构架。是转向架的基础受力体,也是各种部件的安装基础。

(2)轮对。是机车在线路上的行驶部件,由车轴、车轮及传动大齿轮组成。

(3)轴箱。用以固定轴距,保持轮对正确位置,安装轴承等。

(4)轴箱悬挂装置。也称一系弹簧。缓冲轴箱以上部分的振动,减小运行中的动力作用。

(5)齿轮传动装置。通过降低转速、增大转矩,将牵引电动机的功率传给轮对。

(6)牵引电动机。将电能变成机械能转矩,传给轮对。

(7)基础制动装置。机车制动机产生及传动制动力的部分,主要由制动缸、传动装置、闸瓦等组成。

（三）车体与转向架连接装置

车体与转向架连接装置也称二系弹簧悬挂，设置在车体和转向架之间。它是转向架与车体之间的连接装置，又是活动关节，同时承担各个方向力的传递以及减振作用。

（四）牵引缓冲装置

牵引缓冲装置是指车钩及缓冲器，它是机车与车辆的连接装置，用于缓和连挂和运行中的冲击。

# 任务二　我国电力机车的发展

我国电力机车的研制始于 1958 年，经历了半个多世纪的发展，目前我国拥有世界最先进的和谐型电力机车，下面列举几个典型车型进行介绍。

## 一、SS₁ 型电力机车

SS₁ 型电力机车是我国第一代（有级调压、交直传动）电力机车。它是由我国 1958 年试制成功的第一台引燃管 6Y1 型电力机车逐步演变而来，但其三大件（引燃管、调压开关、牵引电动机）可靠性较差，因此经历了三次重大技术改造。

第一次技术改造从 8 号车开始：首先是采用 200 A、600 V 螺栓型二极管取代引燃管组成中抽式全波整流桥；牵引电动机改为 4 极、有补偿绕组的高压牵引电动机；由于低压侧调压开关的级位转换电路中过渡电抗器的跨接会产生环流，使开关触头分断极为困难，调压开关经常"放炮"。

第二次技术改造从 61 号车开始：采用 300 A、1 200 V 平板型二极管组成中抽式全波整流电路，利用二极管的反向截止特性组成过渡硅机组，取代过渡电抗器以消除级位转换电路中的环流，大大提高了调压开关可靠性，也使 33 个运行级全部成为经济运行级。

第三次技术改造从 131 号车开始：将主电路中抽式电路改为单拍式双开口桥式整流调压电路。该电路取消了过渡硅机组，而与主整流机组合并。整个机组采用 500 A、2 400 V 的整流二极管。这种改造于 1980 年从 SS(1-221 号)车定型，也就是 SS₁ 型电力机车，其外形如图 1-1 所示。

图 1-1　SS₁ 型电力机车

### 二、SS₄ 改型电力机车

如图 1-2 所示,SS₄ 改型电力机车是八轴重载货运机车,由两节完全相同的四轴机车用车钩与连挂风挡连接组成,其间设有电气系统高压连接器和重联控制电缆,以及空气系统重联控制风管,可在其中任一节车的司机室对全车进行统一控制。另外,在机车两端还设有重联装置,可与一台或数台 SS₄ 改型机车连接,进行重联运行。机车采用国际标准电流制,即单相工频制,电压为 25 kV。采用传统的交—直传动形式,使用传统的串励式脉流牵引电动机。机车具有四台两轴转向架,采用推挽式牵引方式,固定轴距较短,应用转向架独立供电方式。全车四个两轴转向架,具有相应的四台独立的相控式主整流装置。主整流装置采用三段不等分半控调压整流电路。机车电气制动系统采用加馈电阻制动,使机车低速制动力得以提高。机车辅助系统采用传统的旋转式劈相机单—三相交流系统。机车设备布置采用双边纵走廊、分室斜对称布置,设备屏柜化、成套化。机车通风采用车体通风方式,进风口为车体侧墙大面积立式百叶窗,各主要设备的通风支路采用串并联方式,来满足机车通风要求。

图 1-2  SS₄ 改型电力机车

### 三、SS₇E 型电力机车

SS₇E 型电力机车为六轴干线客运电力机车,最高速度为 170 km/h。它借鉴 SS₇D 型电力机车上部的成熟技术,走行部采用 C₀—C₀ 转向架。辅助电路采用辅助逆变器供电,车体进行了全新流线化设计,司机室内结构设计充分应用了人机工程学原理。全新的室内装修并配以用先进的操作控制设备,提高了整体的美观性及舒适性。其外形如图 1-3 所示。

### 四、SS₉ 型电力机车

SS₉ 型干线客运电力机车(代号 SS₉)以成熟的 SS 型系列电力机车技术为基础,采用了许多国际客运机车先进技术,是我国干线铁路牵引旅客列车功率最大的机车。该型机车主电路采用三段不等分半控桥整流电路,三台电机并联,无级磁场削弱及加馈电阻制动,实现了机车全过程的无级调速。机车内装有 8 668 kV·A 大容量主变压器,实现了六轴电力机车主变压

图 1-3 SS₇E 型电力机车

器与平波电抗器及滤波电抗器的一体化。机车具有向列车供电能力,供电电压 DC 600 V、容量为 2×400 kW。机车采用了轮对空心轴六连杆弹性传动机构和牵引电机架承式全悬挂三轴转向架,并装有全叠片机座机构的 900 kW 脉流牵引电动机;一、二系悬挂系统及基础制动系统等结构设计合理,能满足 170 km/h 速度运用的要求,动力学性能良好。机车进行了外形气动力学优化设计及轻量化设计,采用侧壁承载式全钢焊接结构的车体及各部件轻量化设计,满足了机车轴重 21 t 的要求,其外形如图 1-4 所示。

图 1-4 SS₉ 型电力机车

### 五、HXD1B 型电力机车

早在 2007 年 8 月,原铁道部已与南车株洲电力机车有限公司签署了 1 200 台和谐型大功率交流传动六轴 9 600 kW 货运电力机车购销协议,并正式签订了其中 500 台的购销合同。我国首台拥有自主知识产权的 HXD1B 型机车于 2009 年 1 月 16 日于湖南株洲下线,如图 1-5 所示。

图 1-5　HXD1B 型电力机车

### 六、HXD2 型电力机车

HXD2 型电力机车为大功率交流传动货运机车,由中国中车集团大同电力机车有限责任公司与法国阿尔斯通交通股份公司在阿尔斯通公司的 PRIMABB43700 型电力机车的基础上联合开发。机车采用微机网络控制,标准化、模块化设计,具有恒功范围宽、轴功率大、黏着特性好、功率因数高、谐波干扰小、维护率和全寿命运营成本低、适用范围广等优点,是中国铁路装备技术现代化的重要标志产品之一。HXD2 型电力机车为八轴 9 600 kW,可单机牵引 7 000 t 重载列车;机车具备多机无线重联远程同步控制功能,三机重联满足 20 000 t 以上重载列车的牵引要求。机车按 25 t 轴重设计,去掉车内压铁可实现 23 t 轴重。机车可实现在 -40 ℃ 环境条件下可正常存放,采取加温和防寒措施后可正常运用,其外形如图 1-6 所示。

HXD2 型电力机车 2 万 t 重载牵引采取"1+1"组合牵引模式,即由两台机车一前一中牵引 210 节车辆、2 万 t 煤炭进行长达 10 余小时的一站直达运输。HXD2 型电力机车开行 2 万 t 组合重载列车,使大秦铁路运输量成倍增长,极大地提高了铁路的运输效率。

### 七、HXD3B 型电力机车

HXD3B 型电力机车,是中国中车集团大连机车车辆有限公司与德国庞巴迪共同制造的

图 1-6 HXD₂ 型电力机车

交流传动干线货运电力机车。这款机车是中国首款使用 1 600 kW 交流牵引电动机的六轴电力机车车型之一。该型机车的设计以庞巴迪的 Kiruna 为基础，首台和谐型六轴 9 600 kW 大功率交流传动货运电力机车于 2008 年 12 月 29 日在大连下线，是我国铁路未来快捷重载货运主型机车，如图 1-7 所示。

图 1-7 HXD₃B 型电力机车

## 任务三　主要技术参数的认知训练

电力机车技术参数是反映电力机车主要性能的技术指标,我国主型机车技术参数见表 1-1。在机车技术参数的表示中,机车轴列式是表示机车走行部分结构特点的一种方法。所谓轴列式表示的就是一台机车上转向架的数目和每台转向架上车轴的数量,常用的表示方法有数字表示法和字母表示法。

**表 1-1　国产部分电力机车主要技术参数**

| 项目 ＼ 车型 | SS$_4$改 | SS$_{7E}$ | SS$_8$ | SS$_9$ | HXD$_1$ | HXD$_2$ | HXD$_3$ |
|---|---|---|---|---|---|---|---|
| 制造年代 | 1993 | 2002 | 1997 | 2001 | 2006 | 2006 | 2003 |
| 轴列式 | 2(B$_0$—B$_0$) | C$_0$—C$_0$ | B$_0$—B$_0$ | C$_0$—C$_0$ | 2(B$_0$—B$_0$) | 2(B$_0$—B$_0$) | C$_0$—C$_0$ |
| 机车总重量(kN) | 1 840 | 1 260 | 880 | 1 260 | 1 840/2 000 | 2 000 | 1 380/1 500 |
| 转向架重量(kN) | 212 | 304 | 130 | 315 | 200.6 | 186.9 | 301 |
| 轴重(kN) | 230 | 210 | 220 | 210 | 230/250 | 250 | 230/250 |
| 机车宽度(mm) | 3 100 | 3 105 | 3 100 | 3 105 | 3 100 | 3 100 | 3 100 |
| 机车落弓高度(mm) | 4 775 | 4 700 | 4 628 | 4 754 | 4 775 | 4 775 | 4 775±30 |
| 车钩中心线距(mm) | 2×16 416 | 22 016 | 17 516 | 22 216 | 35 222 | 2×19 025 | 20 846 |
| 车钩中心线高度(mm) | 880±10 | 880±10 | 880±10 | 880±10 | 880±10 | 880±10 | 880±10 |
| 转向架轴距(mm) | 2 900 | 2 150+2 150 | 2 900 | 2 150+2 150 | 2 800 | 2 600 | 2 250+2 000 |
| 转向架中心距(mm) | 8 200 | 11 570 | 9 000 | 11 570 | 8 900 | | |
| 牵引点高度(mm) | 12 | 220 | 460 | 460 | 240 | | |
| 车轮直径(mm) | 1 250 | 1 250/1 200 | 1 250 | 1 250/1 200 | 1 250 | 1 250/1 150 | 1 250/1 200/1 150 |
| 机车功率(持续制)(kW) | 6 400 | 4 800 | 3 600 | 4 800 | 9 600 | 10 000 | 7 200 |
| 传动方式 | 双侧刚性斜齿轮传动 | 单边直齿六连杆空心轴弹性传动 | 单边直齿六连杆空心轴弹性传动 | 单边直齿六连杆空心轴弹性传动 | 交流电机滚动抱轴承 | 单边直齿六连杆空心轴弹性传动 | 单边直齿六连杆空心轴弹性传动 |
| 牵引电机悬挂方式 | 抱轴式半悬挂 | 全悬挂 | 全悬挂 | 全悬挂 | 抱轴式半悬挂 | 滚动轴承抱轴式半悬挂 | 滚动轴承抱轴式半悬挂 |
| 齿轮传动比 | 88/21 | 75/32 | 77/31 | 77/31 | 106/17 | 120/23 | 101/21 |
| 二系弹簧悬挂静挠度(mm) | 6 | 96 | 110 | 96 | 103 | | 93.1/107.4 |
| 基础制动方式 | 独立作用式闸瓦间隙自调 | 独立作用式闸瓦间隙自调 | 独立作用式闸瓦间隙自调 | 独立作用式闸瓦间隙自调 | 轮盘制动单元 | 单侧双闸瓦带闸瓦间隙自动调整器的独立踏面制动单元 | 轮盘制动单元 |

### 一、数字表示法

数字表示每台转向架的动轴数,注脚"0"表示每一动轴为单独驱动。无注脚表示每台转向架的动轴为成组驱动。数字之间的"—"表示转向架之间无直接的机械连接。

例如：SS$_9$型电力机车的轴列式为 3$_0$—3$_0$，表示的含义为每台机车有 2 台转向架，每台转向架上有 3 根车轴，每根车轴上都装有牵引电动机。

**二、字母表示法**

用英文字母表示每台转向架的动轴数。英文字母分别对应数字。

例如：SS$_4$改型电力机车的轴列式为 2(B$_0$—B$_0$)，表示的含义为 SS$_4$改型电力机车是双机重联机车，每台机车有 2 台转向架，每台转向架上有 2 根车轴，每根车轴上都装有牵引电动机。

## 项目小结

本项目简要介绍了电力机车的特点、基本组成以及电力机车的运用情况，重点介绍了我国电力机车的引进发展历程。主型机车主要技术参数的认知进行训练。通过讲授和训练，让学生了解电力机车特点及基本组成，以及电力机车的发展过程，掌握电力机车的车型及主要技术参数。

## 复习思考题

1. 电力机车的基本组成有哪些？
2. 列举我国主型电力机车，并说明生产厂家和主要技术参数。
3. 新型电力机车有几种车型，生产厂家和引进的技术有哪些？

# 项目二　电力机车车体和设备布置认知及维护

**项目描述**

在一体化教室,以项目教学、任务驱动、教、学、做一体、现场评价的方式进行教学,以教材、实训设备及挂图、教学课件为学习载体,按照电力机车主要技术参数,引导学生认识主型电力机车车体和设备布置,掌握电力机车日常对车体和主要车上设备的维护方法等。

**学习目标**

【知识目标】

◆ 掌握电力机车车体的结构及主要技术参数。
◆ 掌握电力机车主要设备名称及布置位置。
◆ 掌握电力机车车体和主要设备的检查和维护。

【能力目标】

◆ 对照实物或模型说出主型车型和车体。
◆ 对照实物或模型说出设备名称及布置位置。
◆ 对照实物或模型说出车体和主要设备的维护。

## 任务一　电力机车车体的认知

车体是机车的主要承载部件之一,机车大部分机械、电气设备都安装在车体上,在机车运行过程中,车体除了要承受垂向载荷外,还要承受水平方向的冲击载荷和侧向力作用,并传递机车牵引力和制动力,所以车体结构首先必须有足够的强度和刚度,以保证机车运行的安全性和平稳性;同时,要给车内设备安装提供足够的空间,以保证其正常运转;另外,还必须为司乘人员提供良好的工作环境。

### 一、SS4 改型电力机车车体

(一)SS4 改型机车车体结构特点

SS4 改型电力机车是我国自行设计制造的大功率重载货运机车,其车体结构具有以下特点:

(1)SS4 改型电力机车车体首次采用 16Mn 低合金高强度钢板压型梁与钢板焊成整体承载式车体结构,次要结构采用 Q235A 钢及 LF21—Y2 防锈铝合金材料,既满足了强度和刚度的要求,又达到了轻量化的目的。锰最重要的用途是制造合金——锰钢。锰钢主要用于需要承受冲击、挤压、物料磨损等恶劣工况条件,破坏形式以磨损消耗为主,部分断裂、变形。锰钢的特性十分特殊:如果在钢中加入 2.5%～3.5% 的锰,那么所制得的低锰钢简直脆得像玻璃一样,一敲就碎。然而,如果加入 13% 以上的锰,制成高锰钢,那么就变得既坚硬又富有韧性。高锰钢加热到淡橙色时,变得十分柔软,很易进行各种加工。另外,它没有磁性,不会被磁铁所吸引。现在,人们大量用锰钢制造钢磨、滚珠轴承、推土机与掘土机的铲斗等经常受磨的构件,以及铁轨、桥梁等。上海新建的文化广场观众厅的屋顶中新颖的网架结构,就是用几千根锰钢钢管焊接而成。在纵 76 m、横 138 m 的扇形大厅里,中间没有一根柱子。由于用锰钢作为结构材料,非常结实,而且用料比别的钢材省,平均每平方米的屋顶只用 45 kg 锰钢。1973 年兴建的上海体育馆(容纳 18 000 人),也同样采用锰钢作为网架屋顶的结构材料。在军事上,用高锰钢制造钢盔、坦克钢甲、穿甲弹的弹头等。炼制锰钢时,是把含锰达 60%~70% 的软锡矿和铁矿一起混合冶炼而成的。

(2)吸收了国外电力机车的先进技术,在车体设计中采用了大顶盖预布线布管结构和推挽式牵引方式及横移式侧窗结构等。推挽式:功放的输出级有两个"臂"(两组放大元件),一个"臂"的电流增加时,另一个"臂"的电流则减小,二者的状态轮流转换。对负载而言,好像是一个"臂"在推,一个"臂"在拉,共同完成电流输出任务。

(3)为便于制造和检修,SS$_4$ 改型电力机车车体较多地进行了标准化、系列化和通用化设计,使其车体一些主要参数和零件结构尽量与 SS$_4$ 型、SS$_5$ 型和 SS$_{6B}$ 型车体通用。

(4)采用单端司机室和两侧贯通式走廊,尾端有一横走廊相通,后端墙上设有中间后端门及连挂风挡,把两节机车连接起来。

SS$_4$ 改型电力机车车体主要参数见表 2-1。

表 2-1 SS$_4$ 改型电力机车车体主要参数(mm)

| | |
|---|---|
| 两车钩中心线间距离 | 16 416 |
| 车体底架长度 | 15 200 |
| 车体宽度 | 3 100 |
| 车体车顶设备安装面与轨面高度 | 4 040 |
| 车体最高点与轨面高度 | 4 620 |
| 车钩水平中心线距轨面高度 | 880±10 |

SS$_4$ 改型电力机车车体由车体主要钢结构,车体内层和内部结构,其他部件结构组成,如图 2-1 所示。

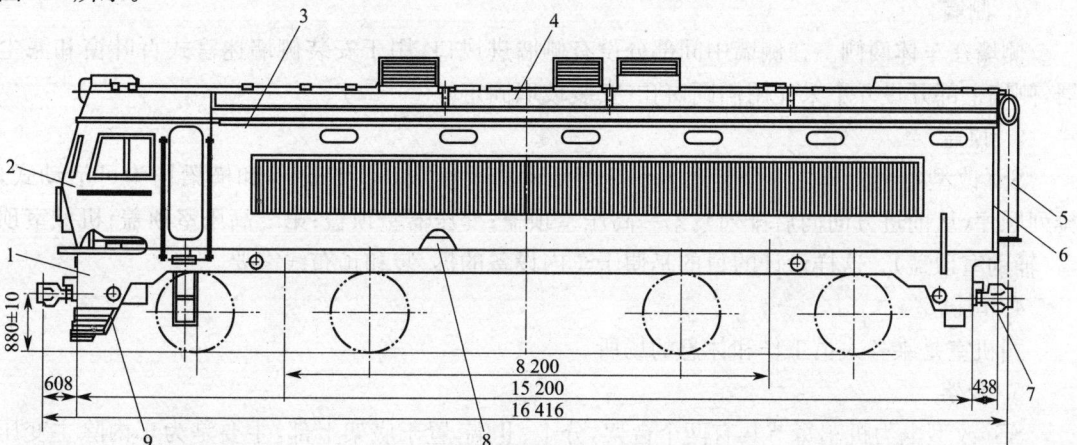

图 2-1

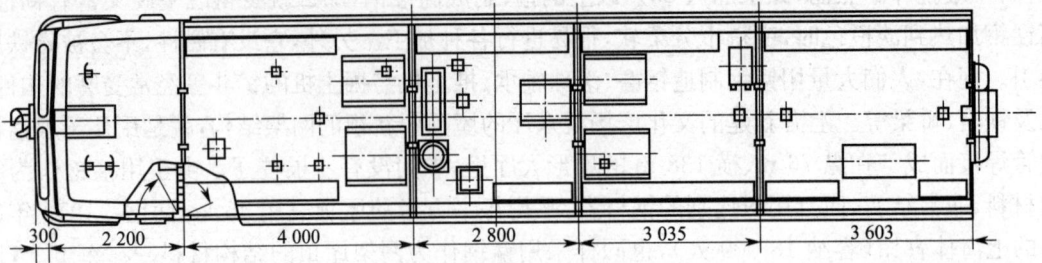

图 2-1　SS₄改型电力机车车体(续)

1—底架;2—司机室;3—侧墙;4—车顶盖;5—连挂装置;6—后端墙;7—牵引缓冲装置;8—台架;9—排障器

SS₄改型电力机车车体总装的要求:

(1)外墙表面平面度在 1 m 内不超过 3 mm。

(2)车体在 1、4 位枕梁间上挠度为 2～8 mm。

(3)车体两侧倾斜度不大于 5 mm。

(4)侧墙上部旁弯(司机室后端与后端墙之间)不大于 7 mm。

(5)两侧构组装时,必须严格控制与顶盖连接的孔距(2 633±2)mm。

(6)车体焊接应符合 TB/T 1580—1985 机车车辆新造焊接技术条件。

(7)车体组焊后,应对外壳进行漏水试验。

SS₄改型电力机车两节完全相同的 B₀—B₀机车组成,分离后单节可独立运行。车体较多地进行了标准化、系列化和通用化设计零件结构尽量与 SS₄型、SS₅型、SS₆型通用,便于检修工作。采用单节司机室,双侧多通式走廊,尾端有一横走廊相通,后端上设有中间后门及连挂风挡,把两节车连接起来。

(二)车体各部分主要结构

车体由底架、侧墙、车顶盖、司机室及台架等组成。

1. 底架

底架是车体的基础,车体坐落在底架上。底架的牵引梁呈"T"形,上部由钢板焊成中空箱形梁,下部车钩箱悬于空腹梁下。底架用于安装车钩箱,主要起传递牵引力、制动力和承受列车冲击力的作用。底架的纵横变压器梁主要安装主变压器。

2. 侧墙

侧墙在车体两侧。在侧墙中间部分设有侧墙进风口,用于安装侧墙迷宫式百叶窗和滤尘器,侧墙上部开设 6 个采光用椭圆窗孔(安装玻璃固定)。

3. 顶盖

SS₄改型电力机车由 4 个车顶盖和 3 根活动横梁组成。每个顶盖和横梁均为可活动式,排列顺序(从前进方向向后排列):第一高压室顶盖;变压器室顶盖;第二高压室顶盖;机械室顶盖(辅助室顶盖)。这样设计的目的是便于车内设备的拆、装和预布线需要。

4. 司机室

司机室是乘务人员工作和休息的场所。

5. 台架

SS₄改型电力机车每节共有两个台架,分Ⅰ、Ⅱ端,置于底架上部,主要是为车内除主变压器以外的其他电器和机械设备的安装而设置。

### 二、SS₉型电力机车车体

SS₉型电力机车是准高速客运机车，主要分为两类，一类为 SS₉型（0044 号以前的）机车，另一类为 SS₉改进型（0044 号以后的）机车，本节以后一类机型为主。

（一）车体结构的特点

（1）框架式整体承载结构，由高强度低合金结构钢 Q345A、16MnR、耐候钢 Q345GNHL 及普通碳素结构钢 Q235A 等钢板或钢板压型件组焊而成。

（2）司机室前部、顶部及与两侧连接部分均设计为曲面结构，曲面形状的司机室蒙皮采用便于成形的冷轧钢板 08AL，以满足司机室外表面光滑流畅的要求。

耐候钢（即耐大气腐蚀钢）的合金成份及重量百分比含量为：$0.12\% < W(c) < 21\%$，$0.2\% < W(si) < 2\%$、$0.7\% < W(Mn) < 2\%$、$W(s) \leqslant 0.036\%$、$W(p) \leqslant 0.034\%$、$0.1\% < W(Cu) < 0.4\%$、$W(Al) < 0.2\%$，其余为 Fe 和微量杂质，主要用于铁道、车辆、桥梁、塔架等长期暴露在大气中使用的钢结构。通过 Cu、Mn、Si、Al 等合金化，并简单调整普通低碳钢（Q235 钢）的部分元素含量，在不需改变 Q235 钢生产工艺条件下，就能生产出具有良好的耐大气腐蚀性能、综合机械性能的经济耐候钢。耐候钢是介于普通钢和不锈钢之间的价廉物美的低合金钢系列，在融入现代冶金新机制、新技术和新工艺后得以可持续发展和创新，属世界超级钢技术前沿水平的系列钢种之一。耐候钢由普碳钢添加少量铜、镍等耐腐蚀元素而成，具有优质钢的强韧、塑延、成型、焊割、磨蚀、高温、疲劳等特性；耐候性为普碳钢的 2～8 倍，涂装性为普碳钢的 1.5～10 倍，能减薄使用、裸露使用或简化涂装使用。该钢种具有耐锈，使构件抗腐蚀延寿、减薄降耗，省工节能的特性，使构件制造者、使用者受益。产品供制造集装箱、铁道车辆、石油井架、海港建筑、采油平台及化工石油设备中含硫化氢腐蚀介质的容器等结构件。

（二）SS₉型电力机车车体结构

SS₉型电力机车车体结构以横向中心线对称布置，由底架、司机室、台架、侧墙和大顶装置等组成，如图 2-2 所示。底架位于车体下部，是车体的基础，也是主要承载结构。车体侧墙、两

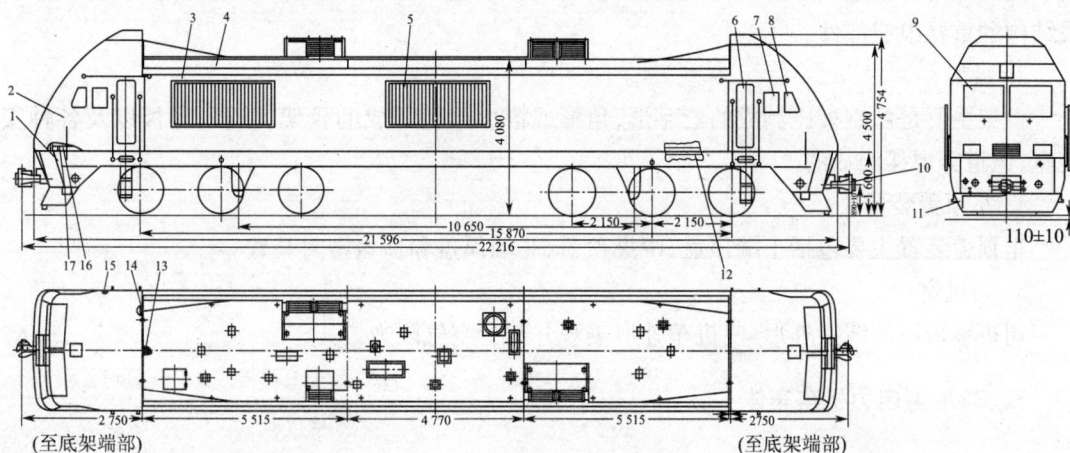

图 2-2　SS₉型电力机车车体

1—底架；2—司机室；3—侧墙；4—顶盖；5—侧墙百叶窗；6—机车门安装；7—司机室侧窗；
8—司机室固定窗；9—司机室前窗；10—车钩；11—排障器；12—台架；13—走廊地板；
14—司机室后墙；15—司机室内装；16—司机室地板；17—司机室设备骨架

端司机室焊装在底架上。底架上面焊有设备安装骨架(简称台架),它是车内设备安装和电缆布线等的基础。车体通过 3 根车体活动连接横梁将两侧侧墙连接成箱形壳体。在车体顶部有 3 个可拆卸的大顶盖。

1. 底架

底架各梁采用 16MnR 高强度低合金结构钢钢板压型而成。为适应光滑流畅司机室头形的需要,有效地减少风阻,底架两端横截面制成 $R10\ 000$ mm 的圆弧,并在纵截面以 1∶3.3 的斜度向横向中心线收拢,端部与两侧 $R300$ mm 的圆弧相切。底架主要由两端牵引梁,两侧侧梁,2 根一、四位枕梁,2 根二、三位枕梁,2 根变压器安装梁,2 根隔墙梁,4 个牵引座和一些辅助梁等组焊而成。

(1)侧梁

侧梁位于底架两侧,是主要的承载和传力部件。

(2)牵引梁

牵引梁位于底架两端,是承受和传递牵引力、承受制动力与冲击力的主要部件。

(3)枕梁

SS$_9$ 型电力机车有 4 根枕梁,它是承受机车垂直载荷的重要部件。

(4)变压器梁

SS$_9$ 型电力机车车体变压器梁位于底架中部,由两根变压器安装梁组焊而成,用于安装卧式变压器。

(5)司机室隔墙梁

司机室隔墙梁为 200 mm×140 mm×8 mm 的压型槽钢,司机室隔墙骨架和若干底架小纵梁均焊装在该梁上。其他各纵、横梁除用以加强结构的稳定性外,分别用作台架、座椅、风缸、固定地板等的连接和支撑梁。

2. 侧墙结构

侧墙结构为框架式承载结构,主要由侧墙板和车顶梁及各种纵、横梁组焊构成,是车体承载结构的重要组成部件。

3. 台架

台架主要是由钢板压制成的乙字形、角形或槽形梁组焊成的骨架、面板、底板以及各种安装座、风道等焊接组成的。

4. 车顶盖装置

车顶盖装置主要包括Ⅰ端顶盖、中央顶盖、Ⅱ端顶盖和顶盖密封装置。

5. 司机室

司机室采用流线型外形,使机车外形美观并减少空气阻力。

**三、SS7E 型电力机车车体**

(一)SS7E 型电力机车结构特点

(1)司机室采用流线型外观,将尖点下移,各平面间采用大圆弧过渡,提高了整个车体的美观性。

(2)轻量化框架式整体承载式全钢箱型壳体结构,无中梁式底架,减轻了轴重。

(3)小顶盖,双侧直通式走廊。

（二）SS7E 型电力机车车体结构

SS7E 型电力机车车体结构以横向中心线对称布置，由底架、司机室、侧墙和顶盖装置等组成。底架位于车体下部，是车体的基础，也是主要承载结构。车体侧墙、两端司机室焊接在底架上。车体组装时，用 4 根连接横梁将两侧侧墙连接成箱形壳体。在车体顶部有 5 个可拆卸的活动顶盖。

1. 底架

底架采用 Q345C 高强度低合金结构钢钢板及钢板压型件、槽钢组焊而成，底架采用两侧侧梁高、中间横梁低的"凹"字形结构。底架主要由两端牵引梁、2 根侧梁、2 根牵引横梁、2 根枕梁及一些小横梁、小纵梁等组成。

（1）侧梁

侧梁位于底架两侧，是主要的承载和传力部件。

（2）牵引梁

牵引梁位于底架两端，是承受和传递牵引力、制动力与冲击力的主要部件。

（3）枕梁

底架有 2 根枕梁，是承受机车垂直载荷的重要部件。

（4）牵引横梁

牵引横梁作为底架牵引梁的缓冲梁，又作为司机室后端的安装基础。

（5）牵引拉杆座

牵引拉杆座共有 4 组，由前板、后板、侧板、底板组成为箱形结构，内部高有横、竖隔板，底部焊有牵引底座。

2. 侧墙结构

侧墙结构为框架式承载结构，主要由侧墙蒙皮和顶横梁及各种纵梁、横梁、连接梁组焊构成，是车体钢结构的重要组成部件。

3. 车顶盖装置

车顶盖装置由 5 个顶盖和防滑角钢组成。5 个顶盖由前至后依次为 Ⅰ 端辅助室顶盖、Ⅰ 端高压室顶盖、变压器顶盖、Ⅱ 端高压室顶盖、Ⅱ 辅助室顶盖。

4. 司机室

司机室采用流线型外形，为多圆弧、多曲面结构形式，与前围板、排障器形成光滑曲面，以减少机车运行中的空气阻力，并使整节机车外形美观。

（1）司机室钢结构

司机室钢结构采用框架式结构形式，由于司机室前面为复杂曲线，因此前端骨架采用板梁结构。顶部外表面与侧墙、各室顶盖外表面相吻合。

（2）司机室后墙

司机室后墙座在台架上，它将司机室和车内各室隔开。其结构分为 3 部分，即门板结构、隔墙结构和框架结构，后墙两侧设有走廊门。

# 任务二 HXD2B 型电力机车车体维护

HXD2B 型机车车体采用了由底架、司机室钢结构、侧墙以及车顶连接横梁共同参与承载的整体承载式焊接结构，如图 2-3 所示。底架以及焊接在底架各梁上用于安装设备的支架或支座位于车体下部,是整个车体的基础,也是主要的承载结构。车体两侧是波纹板侧墙结构,车体两端设司机室,焊接在底架上。车体组装时,用三根车顶连接横梁将两边侧墙连接起来。在车体顶部安装有 4 个可拆卸顶盖装置,以便车内设备的吊装。

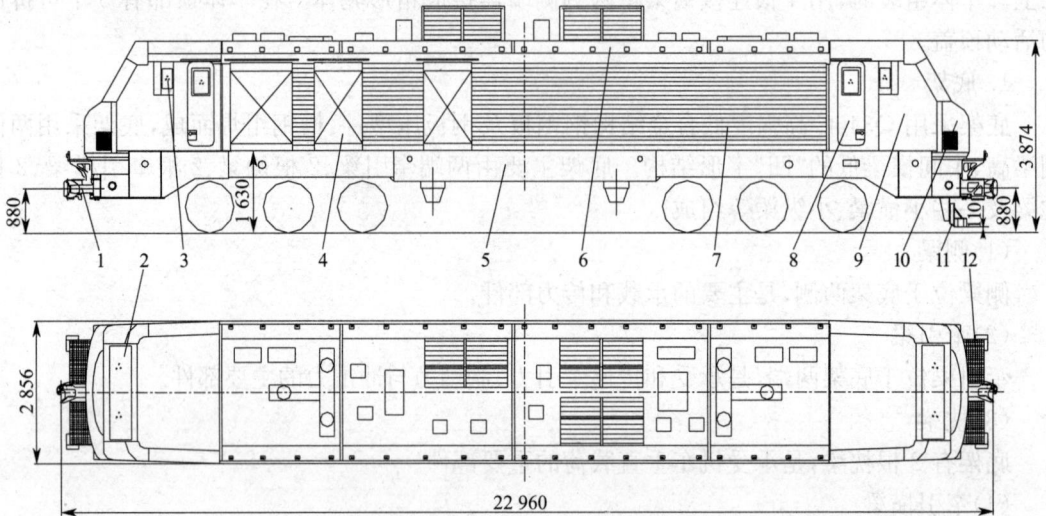

图 2-3　HXD2B 车体外形图

1—车钩缓冲装置;2—前窗玻璃;3—司机室侧窗;4—侧墙通风过滤器;5—底架;6—顶盖;7—侧墙;

8—机车入口门;9—司机室;10—玻璃钢导流罩;11—排障器;12—端部脚踏

从入口门可直接进入司机室。整个司机室结构按照 UIC 标准设计,前上部设有一整块宽敞明亮的前窗,在两侧的入口门上设有可上下滑动的侧窗。下部为一整块地板,后部是一扇可拆卸的司机室隔墙。通过司机室隔墙中央的走廊门可由司机室进入车内机械间。车内采用中央走廊方式,走廊宽度为 700 mm,走廊地板由 5.4 mm 厚的菱形花纹铝板制成。车体两侧墙设有除主变流柜外的各种设备的通风过滤器,在右侧墙还单独开设了专供设备维修出入的维修舱门,既方便了维修作业,也可保持司机室的清洁。

机车前端外部前窗下部安装有采用大圆弧曲面过渡的玻璃钢导流罩,底架下部装有排障器,用于排除线路上的障碍物,保证机车安全运行。排障器及机车前端部设有脚踏板,便于前部设备的维护、前窗整洁及调车作业。

作为货运机车,HXD2B 型机车可适应我国铁路大部分线路的列车牵引任务。按照 HXD2B 型机车总体技术规范要求,机车车体纵向能够承受 3 000 kN 的压缩载荷和 2 500 kN 的拉伸载荷,这已经突破了我国目前机车车体设计规范规定的 2 000 kN 的要求,如何在机车限定轴重下,通过选用适当的材料,并经过结构优化设计,最终达到上述指标要求,是整个车体设计的关键所在。

在材料的选用方面,由于 HXD2B 型机车工作环境温度(采取加温措施后)为 −40 ℃ ～ +40 ℃,因此车体承载结构还应具有很好的耐低温性能。HXD2B 型机车车体主要选用了 EN10025/S275J2G4、S355J2G4 两种质量等级较高的耐低温性能的可焊结构钢。这两种材料在室温下的屈服强度分别达到了 355 MPa 和 275 MPa 以上,在 −40 ℃ 条件下冲击功不小于 27 J。为了满足机车设计要求,中国中车联合鞍山钢铁公司,在国内首次开发成功了符合欧洲标准的这两种材料,保证 HXD2B 型机车在 −40 ℃ 的环境温度下的强度安全性。

一、车体主要技术参数（表 2-2）

表 2-2　HXD2B 型电力机车车体主要技术参数（mm）

| 车体宽度（侧墙外表面） | 2 856 |
| --- | --- |
| 车体高度（司机室顶部到轨面） | 3 874 |
| 车体底架长度 | 21 608 |
| 车体底架宽度 | 2 850 |
| 车体底架上平面距轨面高度 | 1 630 |
| 两车钩中心线间距离 | 22 960 |
| 车钩中心线距轨面高度（新轮） | 880 |
| 排障器距轨面高度（新轮） | 110 |
| 枕梁中心距 | 10 120 |
| 车体牵引座间距 | 12 950 |
| 排障器总宽度 | 2 050 |

二、HXD2B 型机车车体

HXD2B 型机车车体的承载结构，由底架、司机室、侧墙、排障器及车顶连接横梁等部分组成，如图 2-4 所示。

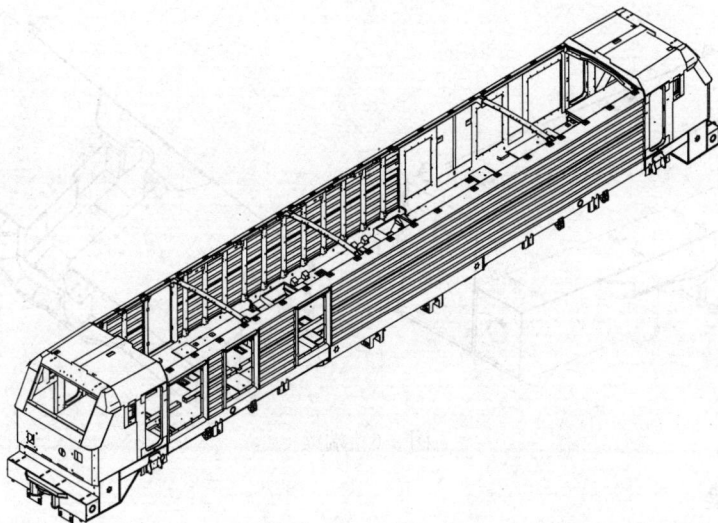

图 2-4　车体承载结构

1. 底架

如图 2-5 所示，底架是整个车体的承载基础，它不但承受车体本身的重量和所有车内设备的重量，同时还传递牵引力和制动力。HXD2B 型机车车体底架是由端梁、牵引横梁、枕梁、砂箱梁、纵梁和侧梁及地板等组成的一个整体承载框架式结构。

为减少机车端部风阻和便于曲线通过，分别在底架前后端 2 870 mm、2 745 mm 长度处，底架两侧以 2.2°向端部中心倾斜，底架全部采用 S355J2G4 钢板制造。

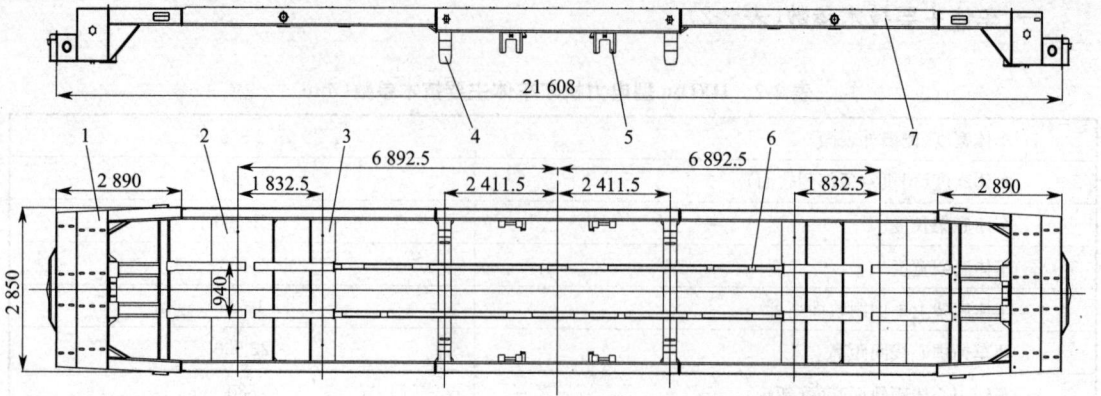

图 2-5　底架总图

1—端梁;2—牵引横梁;3—枕梁;4—砂箱梁;5—变压器安装座;6—纵梁;7—侧梁

**(1)端梁**

端梁是直接传递机车的纵向牵引力和纵向冲击载荷的主要部件。如图 2-6 所示,它主要由 12 mm 厚的前端板、后端板、侧立板、下盖板及 8 mm 厚的上盖板、中立板组焊而成"L"形封闭箱体。其下部为车钩箱,用于安装车钩和缓冲装置。前后丛板座采用厚钢板焊接而成,其形位公差由专用焊接工装保证。车钩箱周围焊有磨耗板。端梁前端焊有冲击座,两侧设有机车救援用吊销孔。在端梁侧面利用箱体内部空间,设置了机车前后端砂箱。

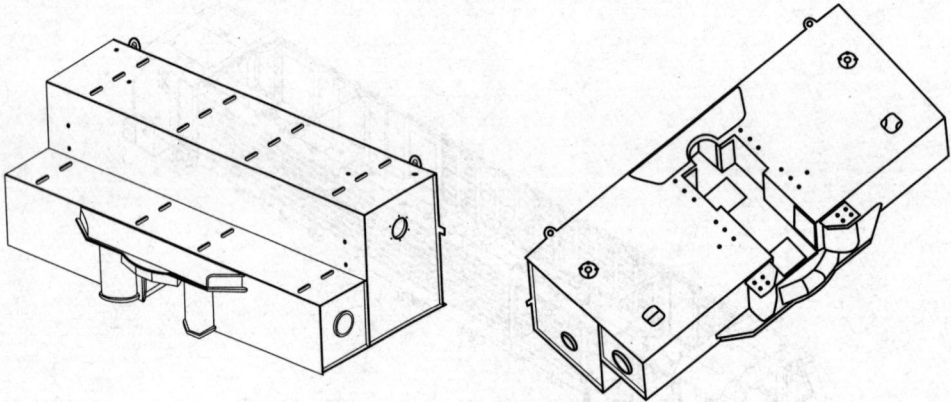

图 2-6　端梁

**(2)牵引横梁**

牵引横梁不仅承受机车垂向载荷及垂向冲击,同时还承受牵引力的作用。牵引横梁由 20 mm 的上盖板、12 mm 的立板及压形钢板组成的箱形体结构,其两端有二系橡胶堆安装口与机车转向架相连接。牵引横梁中部与牵引座连接,牵引座与转向架牵引杆相连接,因此,牵引横梁起传递牵引力的作用。此外垂向减振器座也安装在牵引横梁上,如图 2-7 所示。

**(3)枕梁**

枕梁主要承受垂向载荷,因此其结构相对较为简单。如图 2-8 所示,主要由 1 块 32 mm 厚的上盖板和 2 块 20 mm 厚的侧板,中间为 12 mm 厚的 U 形板与侧板和上盖板组成箱形体结构,枕梁两端焊有用于安装二系橡胶堆筋板。

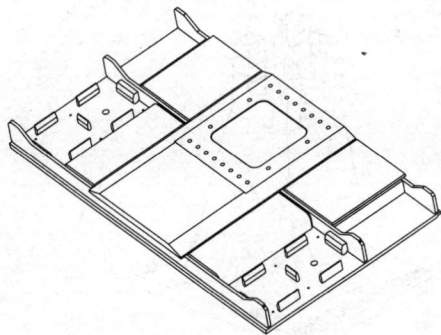

图 2-7 牵引横梁　　　　　　　　　　　图 2-8 枕梁

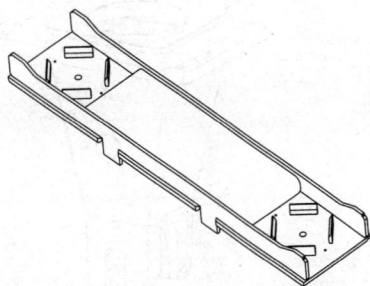

（4）砂箱梁

底架共有两根完全相同的砂箱梁，位于底架中部，两端与底架侧梁连接，如图 2-9 所示，砂箱梁是砂箱横梁和砂箱体组成承载结构。砂箱横梁由上下盖板、两侧立板及隔板组成，侧立板和上盖板的厚度为 8 mm，下盖板的厚度为 12 mm，横梁高 220 mm，宽 283 mm。在梁的底部两侧设有砂箱体，砂箱体呈漏斗形状，砂箱体高度为 550 mm，宽度为 717 mm，厚度为 250 mm，可盛砂子约 750 L，砂箱体由 4 mm 的钢板焊接而成，底部有法兰，用于安装撒砂装置。

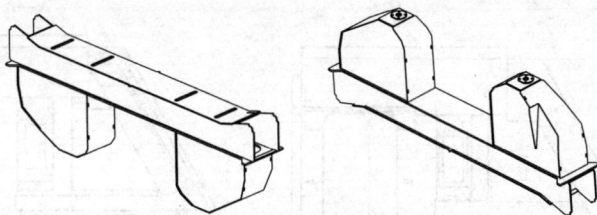

图 2-9 砂箱梁

（5）侧梁

侧梁位于底架两侧，包括端部侧梁、中部侧梁和左右侧梁三部分，它是主要的承载和传力部件。由于 HXD2B 型机车采用中间走廊，车内设备主要分布在中部两侧和左右侧梁上，中部侧梁处在底架的正中间，由两块 12 mm 厚的"L"形压形板组焊成高度为 400 mm 的狭长的封闭箱体，内部沿纵向分布有隔板。在中部侧梁的左右两侧连接着左右侧梁，高度为 300 mm，结构形状类似于中部侧梁，这样的封闭截面有着较大的抗弯扭刚度。端部侧梁位于底架端梁和左右侧梁之间，截面形状及高度与左右侧梁相同，端部侧梁上安装有登车用的脚踏孔。在左右侧梁上设置了用于机车整体起吊的吊销孔。在中部侧梁上对应砂箱梁的位置处开有砂箱孔用于注砂。根据车内设备安装的要求，在侧梁上安装有设备定位销。

（6）牵引座

牵引座为铸钢件，材料为 GS24Mn6，结构为空腔锥体，通过螺栓连接安装在牵引横梁上，高度为 861 mm，牵引座下部与拉杆连接，车体钢结构通过牵引座来牵引运行，因此，牵引座承受着拉力和扭力，是主要的承载部件，如图 2-10 所示。

2. 司机室钢结构

司机室钢结构采用模块化设计，由前墙、左右侧墙及顶部结构四部分组焊而成。前墙上部向后倾斜 30°，由四根封闭的梁柱组成前窗窗口，用来安装前窗玻璃，下部用一块 8 mm 厚的整

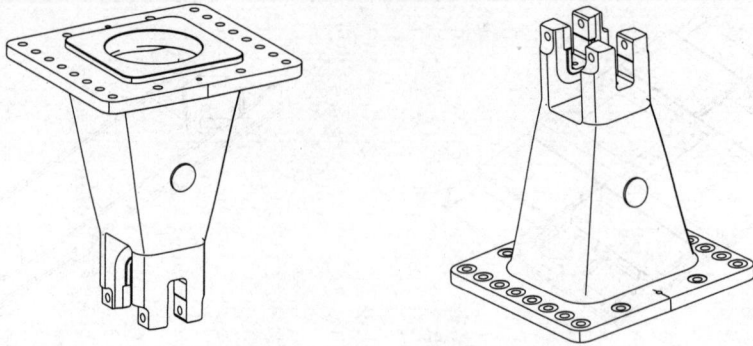

图 2-10　牵引座

板压形蒙皮与前墙的 5 根立柱组焊成一体。左右侧墙的斜度与底架相同,其结构主要由门框立柱与连接司机室前墙的横、斜梁和 4 mm 厚的侧板组成,两侧上弦梁后部设计成与侧墙上弦梁截面形状一致的箱形结构,保证组焊后与侧墙上弦梁完全衔接起来。其前部与司机室前窗上梁采用一块 4 mm 厚的压型三维曲面板平滑过渡联接,在应力较高的门窗孔角处均焊有加强的圆弧板,保证了机车承受纵向压缩或拉伸时力流在整个车体内平稳传递,充分发挥整体承载作用。司机室结构如图 2-11 所示。

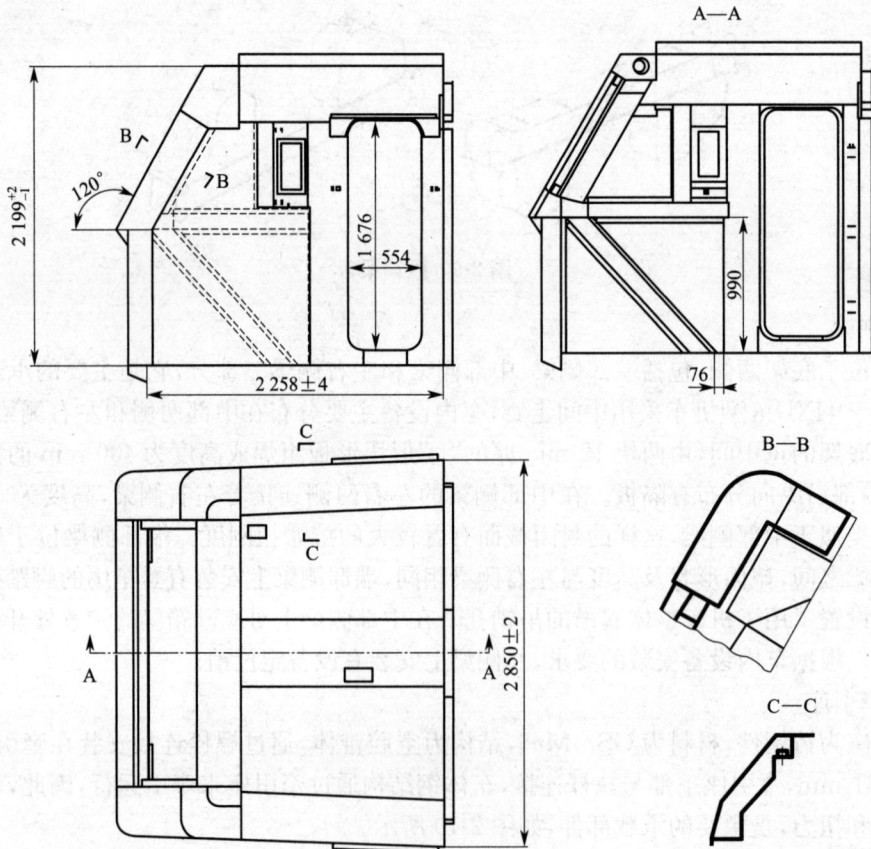

图 2-11　司机室钢结构

司机室两侧的斜度与底架相同,其后部与底架宽度相同,为 2 850 mm,前墙下部内侧与底架端部平齐,距离司机室后墙为 2 258 mm,顶部距底架上平面 2 199 mm。

车体司机室结构强度符合 UIC 566 标准要求,结构设计充分考虑安全性、可维修性及人机工程学,并加强了司机室的气密性设计,对主要的长大焊缝都有气密性要求。

### 3. 侧墙结构

侧墙结构(简称侧构)是车体钢结构的重要组成部分,主要由侧墙板和车顶侧梁及压形槽钢立柱组焊构成,如图 2-12 所示。侧构部分总长 16 229 mm,高度均为 1 950 mm。在侧构上设有车内各种设备的进风口,用于安装过滤器装置,在右侧墙后部还开有专供设备维修使用的维修门舱口及机车生活间侧窗开口。

侧墙板为波纹板形状,采用 3 mm 厚的 S275 钢板预先压制而成,它既起到封闭机车的功能,又承载着机车所受到的纵向载荷。立柱为 120 mm×60 mm×6 mm 槽钢。顶侧梁由 6 mm 厚的钢板折弯成形的内外顶板组焊成一斜向的空腹梁,以增强侧构的承载能力。顶侧梁内部焊有与截面形状一致的隔板,顶部焊有活动螺母座,用于安装、支撑车顶活动顶盖。在内侧面焊有用来连接车内设备及车体连接横梁的固定座。

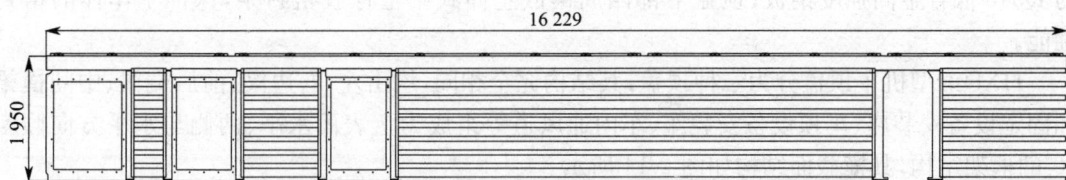

图 2-12　右前端侧墙结构

### 4. 车顶连接横梁

车顶连接横梁用来将车体侧墙的上部连接起来,同时与车体侧墙顶侧梁共同支撑车顶盖。HXD2B 型机车车体共有 3 根连接横梁,为可拆卸结构,横梁两端用螺栓与焊接在侧墙上的支座固定,这样便于车内设备的吊装。3 根连接横梁均采用 4 mm 厚的压型槽钢和封板焊接而成。

### 5. 排障器

为排除线路上的障碍物,在机车前端安装有排障碍。排障器形状应利于排除轨道上障碍物。HXD2B 型机车排障器为板式焊接结构,如图 2-13 所示。主体为 8 mm 厚的"L"形压型弯板,中部焊有 6 mm 厚的筋板,在筋板和弯板之间向后倾斜对称焊接两块 6 mm 厚的三角形翼

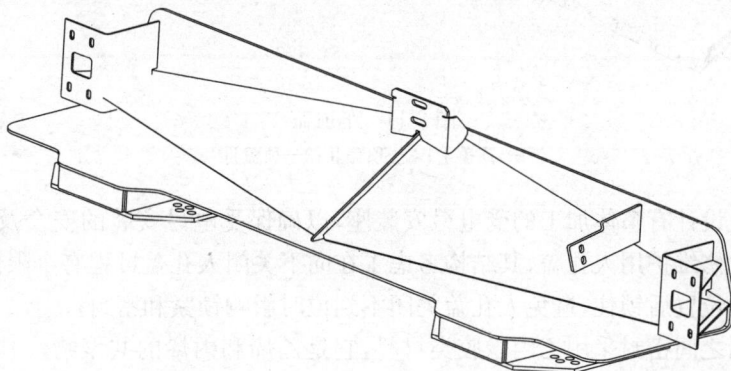

图 2-13　排障器

板。两边焊有工作人员调车用的脚踏板座,中部有各种管子卡座,后部为排障器安装座板。座板上开设能够调整排障器高度的长圆孔。

排障器用 8 个 M16 的螺栓安装于底架牵引梁下部。按要求,机车落车后其高度需要调整为距轨面$(110\pm10)$mm。

### 6. 车顶盖装置

HXD2B 型机车车顶盖装置是机车车体的重要组成部件,每台机车有四个顶盖。车顶盖装置包括位于车内机械间上的顶盖Ⅰ、顶盖Ⅱ和顶盖Ⅲ,其中顶盖Ⅰ每台车两个位于车体的两端,其余顶盖每台车各一个。顶盖外部顶面上有各种顶部设备的安装支座,其主要作用是能够安全可靠地支撑车顶上安装的所有设备。另外,顶盖上焊接有百叶窗,为车内设备提供清洁冷却空气。顶盖下部四周有密封装置,满足车体密封要求。顶盖的安装布置如图 2-14 所示。

车顶盖装置主要特点:

外形尺寸较长,顶盖Ⅰ、Ⅱ、Ⅲ的长度分别为 2 910 mm、3 796 mm 和 6 506 mm,顶盖上平面为水平平面,在方便制造的同时,有利于机车顶部设备布置;采用单层大顶盖结构,主要材料为 Q345 低合金高强度钢板;顶盖下部四周镶嵌整体式中空橡胶密封条,保证了车体的密封性能。

HXD2B 型机车顶盖分为三种顶盖,其结构完全相同,均由左、右边梁、前后端梁、中间横梁和固定设备安装座、车顶设备安装座、车内通风道等组成为上表面水平、两侧与水平方向倾斜 50°的框架结构,其横截面结构如图 2-14 所示。

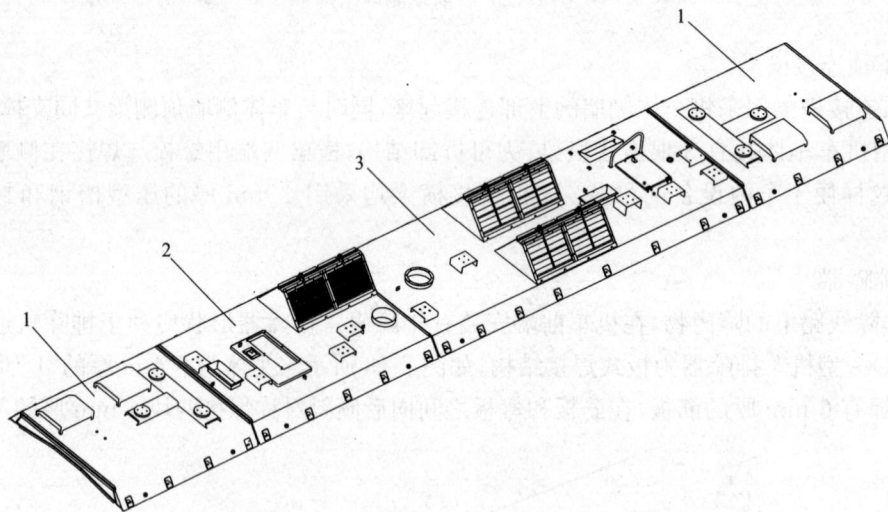

图 2-14　车顶盖
1—顶盖Ⅰ;2—顶盖Ⅱ;3—顶盖Ⅲ

在顶盖Ⅰ上设计有整体加工的受电弓安装座,以确保受电弓安装的安全及可靠性。在顶盖Ⅲ上设计有检修维护用人孔盖,其结构考虑了在向下关闭人孔盖过程有个限位装置,使人孔盖直接压到锁紧位置后锁住,避免人孔盖关闭不到位时影响锁紧和密封。

顶盖与侧墙之间密封采用乙丙橡胶类材料,它是乙烯和丙烯的共聚物,一般分为二元、三元乙丙橡胶两类。设计选择材料为:三元乙丙橡胶(EPDM),其特性为密度小、成本低、耐化学稳定性很好、耐臭氧及耐候性和耐水性优异、耐高温可达 150℃、气密性优异。

顶盖锁紧装置最大的特点是在横向不设计锁紧装置仅设计定位装置,在纵向锁紧可在车体外部完成,使顶盖安装、拆卸非常方便。

由于车内设备布置为中间走廊结构,车体两侧安装设备,顶盖纵向锁紧只能在车外完成。因此,顶盖纵向锁紧结构能在顶盖外侧方便、快捷地将顶盖与侧墙锁紧,如图 2-15 所示。

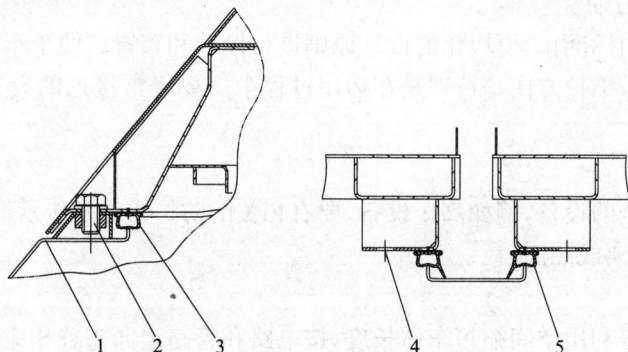

图 2-15　顶盖密封连接装置
1—顶侧梁；2—锁紧装置；3—纵向密封条；4—定位座；5—横向密封条

顶盖与侧墙之间的密封结构是密封条环绕镶嵌到顶盖密封槽里,通过与侧墙顶侧梁、连接横梁贴靠来压缩密封条达到密封的。密封条的横截面为空心结构,其表面质量、内部组织、性能指标都比较高,并在国内机车上广泛应用密封效果很好。

### 三、车体的日常检查和维护保养

(1)车内外保持清洁,不许有油垢、异物。

(2)各门窗开闭灵活、密封良好,窗玻璃完好、清洁。门锁及侧窗作用可靠。司机座椅、遮阳帘、扶手、司机台等安装牢固、作用可靠。

(3)百叶窗安装螺栓齐全,不许有松动。百叶窗状态良好,叶片完好,不许有脱落、变形现象。

(4)底架底板(铁地板)不许有裂损及焊缝开裂现象。

(5)走廊地板平整,走廊地板固定螺钉须紧固可靠。

(6)司机室设备骨架须完好。头灯、标志灯具齐全、完好,外罩密封不漏水,光照良好。

(7)车顶各顶盖的连接螺栓要确保紧固齐全,相应部位要紧贴密封。

(8)雨檐排水良好。

(9)车体不许有裂损,车体各通风道须密封,清除风道内杂物、污物。

(10)底架枕梁、变压器梁、减振器座及侧梁间不许有开裂及破损。前后牵引梁不许有裂损。

(11)排障器及前围板不得有裂纹和破损,固定螺栓要确保安装牢固。排障器距轨面高度保持在 100～120 mm 之间。

## 任务三　电力机车主要设备的认知和维护

电力机车的设备布置是将机车上各种屏柜及部件进行合理布置,主要分为车体内、外设备布置。设备布置应满足安全可靠、便于运用、检修,不危及人身安全,并能充分利用车体内、外

空间,故设备布置主要需要考虑以下原则:

1. 重量分配均匀

重量分配均匀使机车轴重均匀分布,能充分发挥机车的最大牵引力。因此,凡成对的设备采用两端对称或斜对称布置。

2. 安装和维修方便

设备应尽量采用标准化、模块化的设计原则进行设计和布置。便于车下组装和车上吊装,结构紧凑,易于接近,维护方便。特别是在运用过程中需要经常接近的设备,应该留有足够的作业空间。

3. 安全性

凡危及人身安全的设备,例如高压设备,要有相关的防护措施及警示标志。不耐热的设备和器件,应与热源远离或隔离。

4. 经济性

设备布置应充分利用空间缩短车体长度,按电路和管路走向布置相应设备,电缆、母线、风管、风道尽可能集约化设计,以简化施工,节约用料。

5. 舒适性

对于司机室设备布置,在设计上应符合美学设计和人机工程的要求,人机之间的作业范围合适,操作方便,视线角度合理,有良好的瞭望和采光条件,易于正确观察显示屏、仪器仪表及信号灯指示。留出必要的工作和生活空间,尽量减少司机室噪声。对于某些部件需兼顾机车维修时检修人员的操作舒适性。

**一、SS₄改型电力机车设备布置**

(一)设备布置的特点

(1)两节车完全相同,单节车共分为5个室,依次为:司机室、Ⅰ端电气室、变压器室、Ⅱ端电气室、辅助室,如图2-16所示。

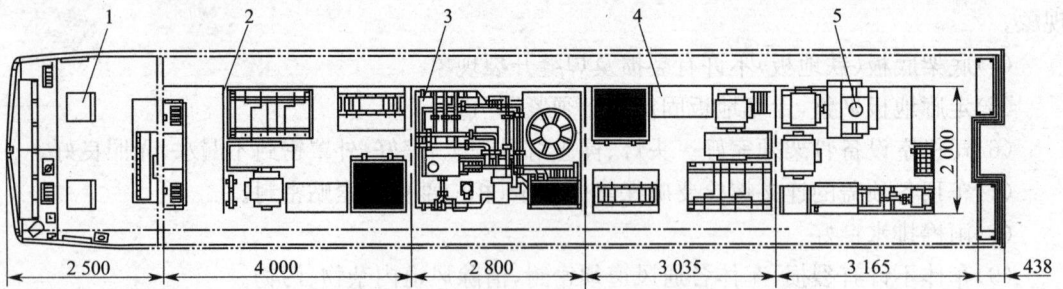

图 2-16  SS₄改型机车设备室布置

1—司机室;2—Ⅰ端电气室;3—变压器室;4—Ⅱ端电气室;5—辅助室

(2)继承SS系列传统优点:双边走廊,分室斜对称布置,设备成套化,便于车下组装、车上吊装,结构紧凑,维修方便。

(3)噪声较大的劈相机、压缩机远离司机室,减少了司机室噪声,改变了乘务人员的工作环境。

(4)平波电抗器采用油冷方式,与主变压器共用油箱和油散热器系统。

## (二)各室及设备布置

### 1. 司机室设备布置

SS₄改型电力机车司机室设备布置如图2-17所示。

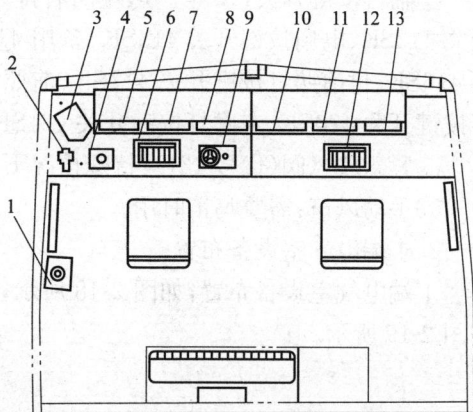

图 2-17 司机室设备布置

1—调车司控器；2—空气制动阀；3—速度表；4—电空制动控制器；5—主台气表；6—主司机按键开关；7—主台电表；8—主台显示器开关；9—主司机控制器；10—副台电表；11—副台显示屏；12—副司机按键开关；13—副台开关

**(1)正司机操纵台**

①辅助司机控制器（又称调车司机控制器）：主要用于调车作业。简化的司机控制器只有前、后位及低级位的进级（没有高级位、磁场削弱和电制动）。

②空气制动机（俗称小闸）：在正常情况下，控制机车的制动与缓解；当DK-1型制动机故障，可以用空气制动机操纵全列车。

③DK-1型制动机（俗称大闸）：在正常情况下，控制列车的制动与缓解。

④主台气表（品字形）：上部显示后制动缸压力；下左双针表，红针总风缸，黑针均衡风缸；下右双针表，红针前制动缸，黑针制动管。检查按钮：充气，向制动管充过充压力（一般为15辆车左右）。消除，停止向制动管充气，过充压力并慢慢消除。空电恢复，主要用于长大下坡道。

⑤主台电表安装：全部为双针表。（从左向右排列）左1、2上下表分别显示八台牵引电机运用中电流；左3上下表分别显示四台转向架牵引电机电压；左4上表，右针网压，左针辅压，换算系数63。左4下表，分别显示电阻制动时两节车的励磁电流。

⑥主台显示屏及开关：主台显示屏共有32个灯，运用中出现故障灯亮；重联控制开关："0"单机位，"1"重联位，指两台及以上机车牵引；自起劈相机设置开关："0"手动位，又称故障位，"1"自动位，又称运行位。

⑦主按键开关箱：共有11个键。分别是主断路器断、主断路器合、受电弓后、受电弓前、劈相机、压缩机、通风机、制动风机、强泵风、副前灯、前灯。受电钥匙由570QS控制。

⑧主司机控制器：分调速手轮和换向手柄。调速手轮牵引顺时针，电制动逆时针；换向手柄有7个位置，后、0、制、前、1、2、3级磁场削弱。

⑨其他：速度表、记点灯、手动风笛。

**(2)副司机操纵台**

①辅台电表安装：辅助风缸压力表一块，用辅助压缩机打风时看此压力。

控制电源电压、电流表一块，左显示控制电源电压，不升弓正常为92.5 V，升弓后充电电压为110 V；右显示照明灯的用电量。

插座控制开关：控制电源插座板二极、三极插座。

②辅台开关安装：辅助压缩机控制按钮，按此按钮，看辅助风缸压力表显示，一般打风600 kPa以后可以供升弓合主断用。

紧急制动按钮：按此按钮机车断电、跳主断，只有在特殊情况下才能使用。

自动撒砂控制开关、空调、取暖、窗加热。

③辅台显示屏：显示机车故障的性质和处所。

④辅台按键开关:12个。从左向右排列顺序为自动信号按键开关411SK、信号检查按键开关412SK、电扇按键开关413SK、备用414SK、前标志灯按键开关415SK、后标志灯按键开关416SK、付前照灯按键开关417SK、前照灯按键开关418SK、仪表灯按键开关419SK、各室灯按键开关420SK、走廊灯按键开关421SK、司机室灯按键开关422SK。

⑤紧急放风阀(代号121):特殊情况下使用。

⑥手动风笛:需要鸣笛时用。

2.Ⅰ端电气室设备布置

Ⅰ端电气室设备布置,如图2-18所示,高压部分,升弓后不得进入。Ⅱ端电气室设备布置如图2-19所示。

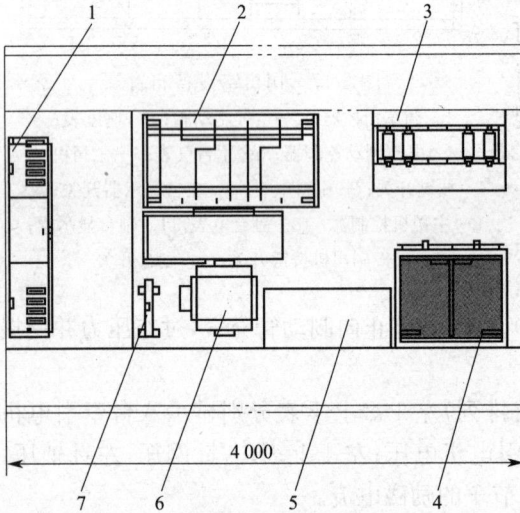

图2-18　Ⅰ端电气室
1—1号端子柜;2—1号硅机组和PFC电容柜;
3—1号高压电气柜;4—制动电阻柜;5—1号
低压电气柜;6—1号牵引通风机组;7—复轨器

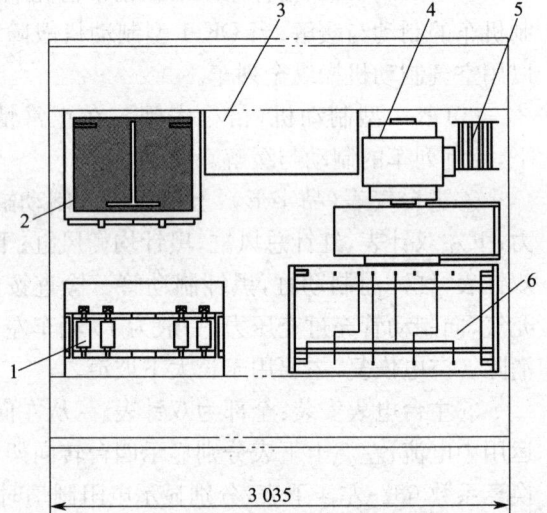

图2-19　Ⅱ端电气室
1—2号高压电气柜;2—制动电阻柜;3—2号低压电气柜;
4—2号牵引通风机组;5—上车顶梯;
6—2号硅机组和PFC电容柜

(1)1号端子柜:内部全部为接线排。

(2)1号硅机组和PFC(功率补偿)电容柜:为主电路第一整流器晶闸管和二极管及功率补偿电容。

(3)1号高压柜:内部全部为主电路第一、二牵引电机的高压电气设备。(由于和2号高压柜基本相同,所以,一并介绍)

①固定分路电阻,14R、24R、34R、44R。

②Ⅰ级磁削电阻,15R、25R、35R、45R。

③Ⅱ级磁削电阻,16R、26R、36R、46R。

④磁场削弱接触器,Ⅰ级为17KM、27KM、37KM、47KM,Ⅱ级为18KM、28KM、38KM、48KM。

⑤线路电空接触器,12KM、22KM、32KM、42KM。

⑥牵引电机故障隔离开关,19QS、29QS、39QS、49QS。有三个位置,上合运行位,中间牵引工况故障位,下合制动工况故障位。

⑦主库用转换开关,20QP、50QP。上合运行位,下合库内动车位。

⑧空载试验开关，10QP、60QP。上合运行位，下合高压高级位试验位。

⑨二位置转换开关，作用是改变机车工作工况。分牵—制鼓，前—后鼓。靠电、风转动。

⑩ 主接地继电器，97KE、98KE。线圈得电跳主断。

⑪ 接地保护电阻，191R、192R、193R、194R、195R、196R。

⑫接地保护隔离开关，95QS、96QS。运用中上合，确认一点接地时下合。此时保护失去作用，学习司机应加强走廊巡视。

⑬励磁电空接触器，91KM、92KM。电阻制动时，连接牵引电机主极绕组1、2、4、3。

⑭电压传感器，112SV、122SV、132SV、142SV。设置在电枢两端。有两个优点，一是在牵引与制动时，司机台均能看到牵引电机电压，二是两台并联的牵引电机之一空转时，电枢电压的反应较快。

⑮电流传感器，111SC、121SC、131SC、141SC。牵引工况时，牵引电机过流，通过其对应的电流传感器给电子柜送过流信号，然后跳主断进行实现保护。

(4)1号制动电阻柜：柜子上部内装制动电阻，下面是风道，电阻制动时，其热量经风道从车顶排出。

(5)1号低压电气柜：柜子内部基本为低压电器，运行中柜子门需要时可以打开。安装设备有：头灯降压电阻、升弓电空阀。

①左侧门：零压故障隔离开关236QS、辅接地故障隔离开关237QS、功补故障隔离开关573QS、牵引风速故障隔离开关573QS、通风机1故障隔离开关575QS、受电弓隔离开关587QS、受电弓风压隔离开关588QS、制动风速1隔离开关589QS。

②柜子内部上：零压时间继电器286KT、劈相机自起时间继电器528KT、头灯时间继电器529KT、风速时间继电器530KT、零位时间继电器532KT、劈相机时间继电器533KT。

③柜子内部中：撒砂中间继电器540KA、制动风速1中间继电器541KA、制动风速2中间继电器542KA、重联中间继电器545KA～548KA、牵引风速1中间继电器550KA、PFC功补中间继电器555KA、预备中间继电器556KA、牵引电机过流中间继电器557KA、零位中间继电器558KA、励磁过流中间继电器559KA、牵引制动中间继电器560KA、零压中间继电器563KA、原边过流中间继电器565KA、空调电源中间继电器284KA、辅接地中间继电器285KE。

④柜子下部：辅助电路保护电容255C、零压保护电阻261R、辅接地电阻262R、劈相机起动继电器283AK、零压电容256C、辅接地电容257C、辅助电路整流装置290U～291U、二极管503V～504V、509V、辅助压缩机接触器442KM、零压变压器281TC、低级位电子时间继电器525KT、过压保护电容260R、分相起动电阻264R、牵引风机1电机接触器205KM、制动风机电机接触器209KM、210KM、变压器风机电机接触器211KM、头灯接触器440KM。

⑤柜子背面：辅机移向电容247C、249C、251C。

(6)牵引通风机组：包括通风机和通风机电机。

(7)复轨器：脱线时用。

3. 变压器室设备布置(图2-20)

变压器室主要包括主变压器、电压表，交接班抄写用电量。顶上主断路器低压部分、油位表，注意上油量。导电杆、油泵及继电器、功补PFC开关柜、变压器风机组。

4. 2号高压室

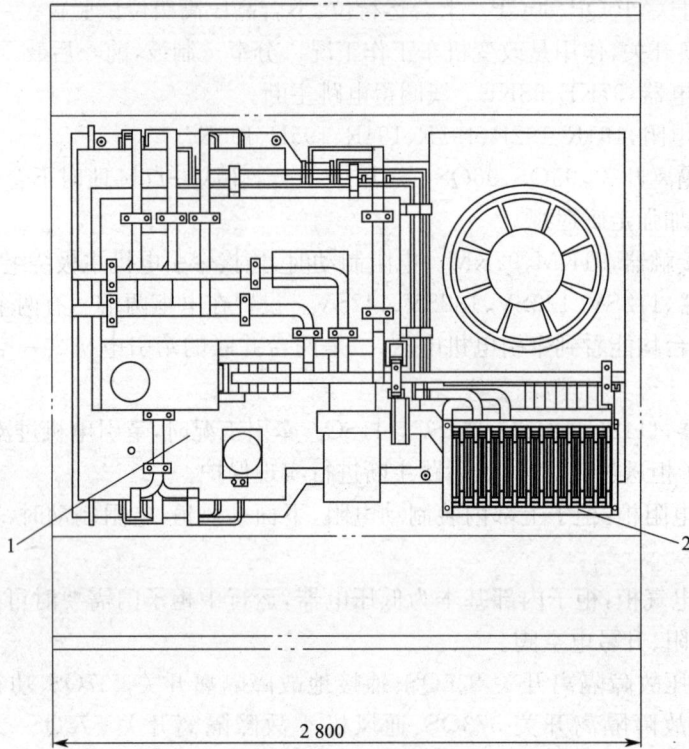

图 2-20　变压器室
1—主变压器；2—PFC 开关柜

2 号高压室低压柜的侧门上安装 242QS、574QS、590QS。柜子内部安装 296QS、235QS。

5. 辅助室设备布置(图 2-21)

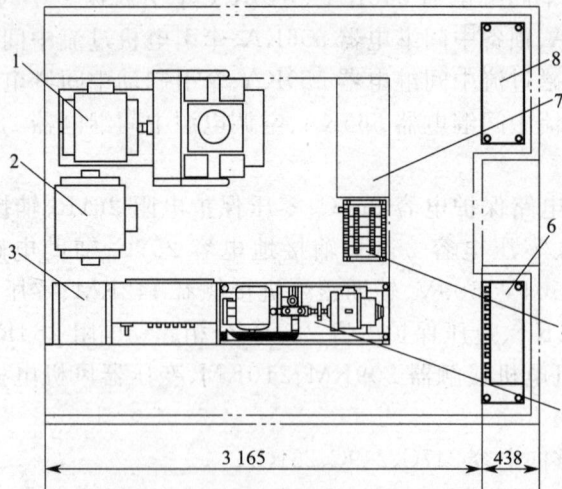

图 2-21　辅助室
1—空气压缩机；2—劈相机；3—电子电源柜；4—空气管路柜；
5—启动电容柜；6—2 号端子柜；7—空气干燥器；8—综合柜

(1)空气压缩机组：包括空气压缩机和空气压缩机电机，一节车一台。
(2)劈相机：一节车一台。

(3)电源电子柜：

①电源柜

上：A—B挡转换开关，运用中置"A"或"B"。电压表显示蓄电池电压，降弓90 V以上，升弓合闸后110 V。

中：24个自动开关QA，其中2个备用，要求熟记。分别为600QA交流电源、601QA蓄电池、602QA受电弓、603QA主断路器、604QA司机控制器、605QA辅机控制、606QA头灯、607QA副前照灯、608QA车内照明、609QA电子控制、610QA电扇、611QA自动信号、612QA自动停车、613QA无线电台、614QA逆变电源、615QA电空制动机、616QA控制回路接地、617QA重联、623QA备用、229QA电炉、230QA空调、231备用、232QA窗加热、233QA取暖。

下：666QS，110V整流输出刀开关(又称充电闸刀)、运用中上合。667QS、蓄电池输出刀开关(又称负载闸刀)、运用中上合。668QS、重联输出刀开关(又称重联闸刀)、运用中上合。

②电子柜、A—B挡切换开关。A挡：闭环，正常运行位。B挡：开环，故障运行位。

要求：运用中两节车同步。

(4)空气管路柜(现场叫制动柜或气阀柜)：空气管路多、制动机部分集中、风路塞门。

(5)起动电容柜：按设计劈相机故障时，用第一通风机代替劈相机时用。

(6)2号端子柜：顶部安装内重联面包插座、内部安装控制电路接线排，控制电路熟记后，处理故障非常快。

(7)空气干燥器：空气压缩机所打风经此干燥后送入总风缸。

(8)综合柜：内部安装电制动记录器及防护用品(响墩、火炬、短路铜线)等。

6. 车顶设备布置(图2-22)

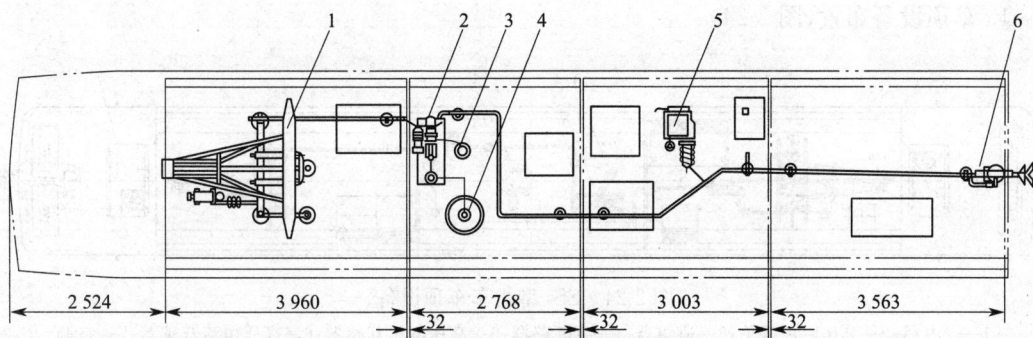

图2-22　车顶设备

1—受电弓；2—主断路器；3—金属氧化物避雷器；4—高压电流互感器；5—高压电压互感器；6—高压连接器

**二、SS₉型电力机车设备布置**

(一)SS₉型电力机车设备布置特点

(1)SS₉型电力机车总体布置采用新型的设计平台布置方式，即采用中央直通走廊(宽度不小于600 mm)。

(2)标准化双司机室，司机室的结构和设备的布置满足《机车动车司机室布置规则》的有关规定，并符合人机工程学的要求。

（3）主变压器采用卧式结构，悬挂在主变压器室底部，节约了车上空间；车内设备采用斜对称布置方式，可以使机车重心下降，重量分配均匀。

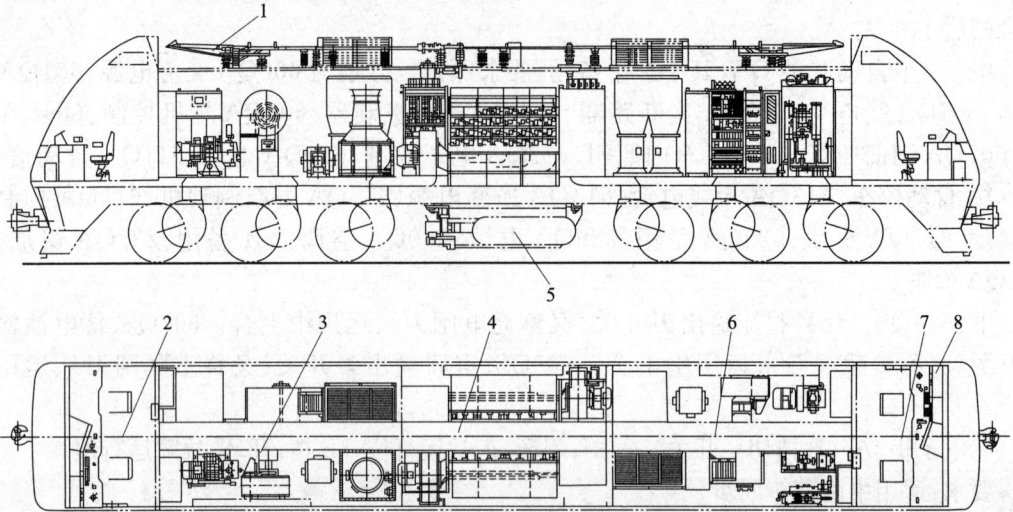

图 2-23　SS₉ 型机车设备布置总图

1—车顶设备的安装；2—Ⅰ端司机室设备布置；3—Ⅰ端电气室设备安装；4—主变流器室设备安装；
5—辅助设备安装；6—Ⅱ端电气室设备安装；7—Ⅱ端司机室设备安装；8—司机操纵台

机车车内设备布置可分为：Ⅰ、Ⅱ端标准化司机室设备布置；Ⅰ、Ⅱ端电气室设备安装；主变压器室设备安装。机车电气设备主要安装在各室内，尚有一些设备布置在车顶及其他部位，如图 2-23 所示。

（二）SS₉ 型电力机车设备布置

1. 车顶设备布置（图 2-24）

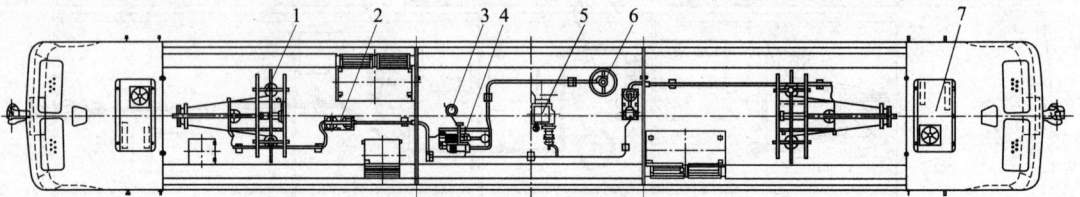

图 2-24　SS₉ 型机车车顶设备

1—受电弓；2—高压隔离开关；3—避雷器；4—主断路器；5—高压电压互感器；6—高压电流互感器；7—空调

机车车顶设备属高压户外电气设备，既要满足机车电气性能的要求，还要具有足够的高压绝缘性能和抗击风沙雨雪等恶劣气候的侵害及雷电过电压袭击的能力。车顶设备布置主要分为：Ⅰ端机械室车顶设备安装、主变压器室车顶设备安装、Ⅱ端机械室车顶设备安装。

机车车顶主要布置有高压电气设备、导电杆母线及支持绝缘瓷瓶：在Ⅰ、Ⅱ端机械室车顶上各安装有 1 台 DSA200 型受电弓、THG2-400/25 型高压隔离开关（仅Ⅰ端），还有受电弓和母线支持瓷瓶，并设有制动电阻的出风口，该出风口为百叶窗结构，通风时自动打开；在主变压器室顶盖上安装有 TBY1-10 型高压电压互感器、TBL1-25 型高压电流互感器、H10WT-42/105 型金属氧化锌硅胶避雷器以及 TDZ1A-10/25 型空气主断路器。另外司机室车顶安装有空调机。

**2. 标准化司机室设备布置**(图 2-25)

SS$_9$ 型电力机车设有两个标准化司机室,两个司机室的布置基本相同。司机室正、副司机侧各设有 1 扇通向车外的门,后墙中间设有 1 扇通向电气设备室的门,与车内中央走廊连通。

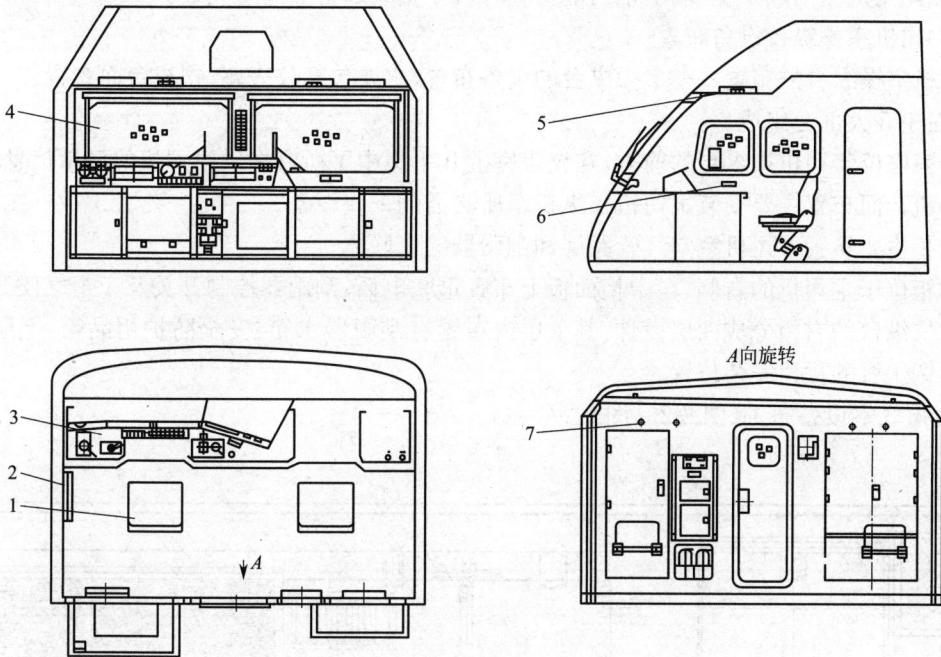

图 2-25　司机室设备布置

1—司机座椅;2—左侧墙设备布置;3—操纵台设备布置;4—前墙设备布置;
5—顶盖设备布置;6—右侧墙设备布置;7—后墙设备布置

(1)司机室侧墙设备布置

司机室的左侧墙上安装的设备有司机控制器组装、侧窗遮阳帘、烟灰缸、机车标识牌、下拉式活动侧窗和一个固定的三角侧窗,车外侧还装有机车后视镜。辅助司机控制器组装包括一个辅助司机控制器、一个风笛按钮以及一个由无线列调电台控制盒、无线调度指令接收器和扬声器组成的模块。

司机室的右侧墙上安装的设备有侧窗遮阳帘、烟灰缸、下拉式滑动侧窗和一个固定的三角侧窗,车外侧还装有后视镜。

(2)前墙设备布置

司机室的前墙布置刮雨器装置、前窗遮阳帘、双面八色显示机车信号机。其中刮雨器装置主副司机侧各一个,采用下置式安装,用来清除灰尘和雨水,保证司机的视野前方清晰。

(3)司机室顶面设备布置

司机室顶面布置的设备有前照灯、司机室灯、吸顶风扇和空调的进出气风扇等。前照灯和司机室灯均分强弱两挡分别进行控制。

(4)司机室后墙设备布置

每个司机室后墙上安装有一台多功能饮水机,在饮水机下方装有灭火器,上方安装有衣帽钩,在主司机侧的后墙上装有紧急制动放风阀。中间安装有通往电气室的走廊门。两侧还安装乘座椅。

Ⅰ、Ⅱ端司机室后墙上安装的设备不同之处有,Ⅰ端司机室后墙主司机侧为信号柜,里面装有行车安全装置,包括监控装置主机箱、信号主机、轮喷控制器、信号接线盒、TAX2 监测装置主机箱、列车供电集控盒等;Ⅱ端司机室后墙主司机侧下部为逻辑控制单元,上部为微机柜;Ⅰ、Ⅱ端副司机侧为端子柜,端子柜门上安装有机车相关设备隔离开关板。

(5)司机室操纵台设备布置

司机室操纵台的布置。整个操纵台的设备布置,主要包括仪表座、司机台面布置、左柜、中间柜、右柜 5 大部分组成。

①表座位于司机操纵台的前方,在仪表座上几乎集中了所有提供给司机的显示信息。

②机台面布置主要安装了司机操纵机车所必需的一些设备。

③柜主要布置了司机室空气管路屏和刮雨器的二联体。

④柜位于主司机的右侧,在中柜面板上布置重联电话、刮雨器控制开关及 4 个气候开关。

⑤操纵台的右柜分成两层设计,其下层内布置有刮雨器水箱、安全防护用品箱,上层作为无线列调主机的预留安装位置。

3. 电气室设备布置(图 2-26、图 2-27)

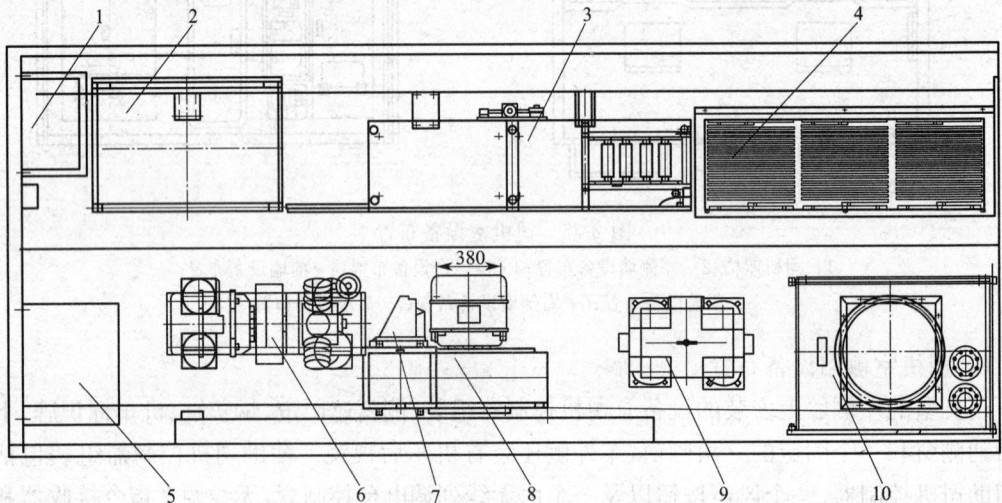

图 2-26　Ⅰ端电气室设备布置

1—1 号端子柜;2—列车供电柜;3—Ⅰ号电气柜;4—制动电阻柜;5—控制柜;
6—压缩机组装;7—复轨器;8—1 号牵引通风机组;9—劈相机;10—变压器风机

SS₉ 型电力机车的电气设备室紧邻司机室,两端电气设备室的设备布置呈基本斜对称分布:

Ⅰ端电气设备室内的设备有:1 号电气柜(含控制电源柜及部分蓄电池柜);列车供电柜;1 号牵引通风机组;往复式活塞压缩机;制动电阻柜;复轨器;劈相机;变压器风机。

Ⅱ端电气设备室的设备有:空气管路柜;螺杆压缩机、干燥器、4 号牵引通风机组;制动电阻柜;2 号电气柜(含部分蓄电池柜);劈相机;储油柜(下部为空调电源)。

4. 主变流器室设备布置(图 2-28)

SS₉ 型电力机车的主变流器室位于机车中部,变压器改为卧式结构,悬挂在主变流器室底部。车上主要设备为 1 号、2 号硅整流柜,1 号、2 号高压柜,2 号、3 号牵引通风机组。

(1)硅整流柜(1、2 号硅整流柜):主要由大功率晶闸管、整流管元件组成,具有主电路整流和相控调压、制动励磁、加馈制动和作为无极磁场削弱分路开关的功能。

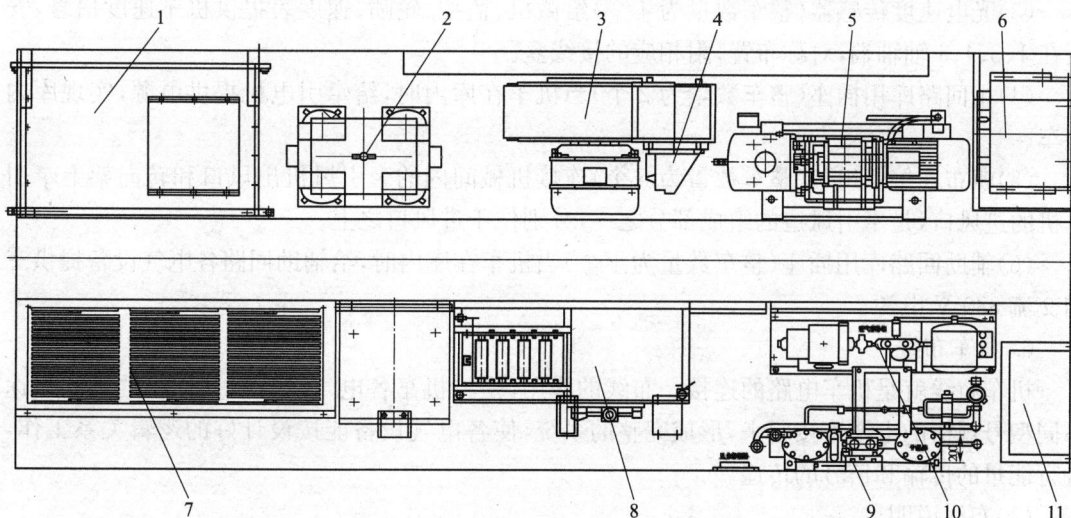

图 2-27　Ⅱ端电气室设备布置

1—储油柜；2—劈相机 2；3—4 号牵引通风机组；4—复轨器；5—压缩机；6—逻辑控制柜组装；

7—制动电阻柜；8—2 号电气柜；9—干燥器；10—空气管路柜；11—2 号端子柜

(2)高压柜(1、2 号高压柜)：安装的主要是主电路直流供电电路中除平波电抗器和制动电阻以外所有的电气设备。

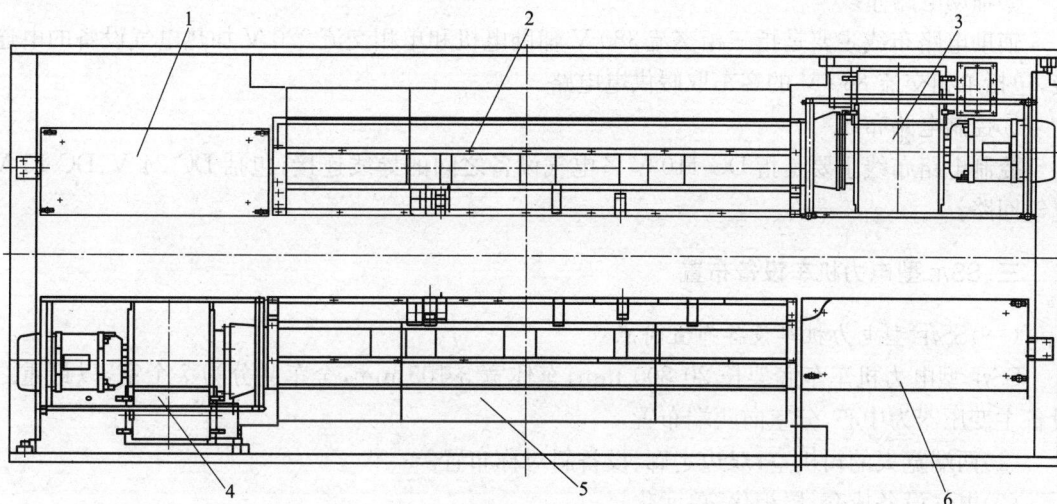

图 2-28　主变流器室设备布置

1—1 号高压柜；2—1 号硅整流柜；3—2 号牵引通风机组；4—3 号牵引通风机组；5—2 号硅整流柜；6—2 号高压柜

5. 辅助设备布置

机车辅助设备布置主要包括库用插座、110 V 照明插座、感应线圈，在机车的两端还装有列车供电装置的插座及电空制动用的插座等。

(1)感应线圈安装(整车数量为 4 个)给安全系统提供地面信号，安装在车体排障器的后方，每端 2 个，附相应的接线盒。

(2)控制回路库用插座(整车数量 1 个)当机车在车库内时，给蓄电池充电和给车内控制系统提供直流 110 V 电源。

（3）光电速度传感器（整车数量为 4 个）给微机、监控、轮喷、速度表提供机车速度信号，安装在 1、3、4、6 轴轴端，对称布置，附相应的接线盒。

（4）主回路库用插座（整车数量为 2 个）当机车在库内时，给牵引电机提供电源，实现库内动车。

（5）帆布连接管组装（整车数量为 6 个）连接机械间内的牵引风机出风口和转向架上牵引电机的进风口，是牵引风道的组成部分之一，分别位于进风口之上。

（6）辅助回路库用插座（整车数量为 1 个）当机车在库内时，给辅助回路各电气设备提供三相交流 380 V 电源。

6. 机车布线

机车布线就是机车电路的连接。布线的作用，是将机车各电气设备按其作用的不同用途不同型号规格的电缆连接起来，形成完整的系统，使各电气设备能按设计好的逻辑关系工作，进行能量的传输和信号的传递。

（1）布线说明

机车设备布置以 44 号车为界分为完全不同的两种类型。1～43 号车为双侧走廊结构，变压器为立式，于车体中央；44 号及以后车为中央走廊结构，变压器为卧式，布置在车下。

（2）布置种类

①主电路布线

主电路布线是指主电路中从变压器牵引绕组、励磁绕组至牵引电动机之间的电连接。

②辅助电路布线

辅助电路布线主要是指三相交流 380 V 辅助电机和单相交流 220 V 加热电气设备的电连接，包括单相交流 860 V 的客车取暖供电电路。

③控制电路布线

控制电路布线主要是指 DC 110 V 各电气设备之间的导线连接，包括 DC 24 V、DC 15 V 电气回路。

### 三、SS7E 型电力机车设备布置

（一）SS7E 型电力机车设备布置特点

SS7E 型电力机车车底架长 20 800 mm，车体宽 3 105 mm，全车共分为 7 个室，以最重之设备主变压器为中心，分室向两端布置。

（1）两端宽大的司机室；双边走廊，设备斜对称布置。

（2）电气设备成套、屏柜化、单元化。

（3）平波电抗器、供电电抗器及辅助电抗器、高压电流互感器全部装在变压器内组成为组合式变压器。

（4）中央端子板分设在两端司机室后墙内，门开向司机室，以便于布线、查线、处理故障。

（5）布线的原则是高、低压线分开，各行其道，以防止对弱电干扰。

（二）SS7E 型电力机车设备布置

1. 司机室设备布置

司机室是乘务人员工作的空间，司机通过各操纵设备按运行图控制机车各区段速度、监视机车各设备工作状态，瞭望车外环境及信号变化，及时准确地与调度联系。

司机室内各设备的布置，都以为司机提供舒适环境、方便操纵、准确信号为核心，对各种操

纵监控设备按人机工程学要求,同时按照标准化司机室的要求,做合理的布置。司机室分为Ⅰ、Ⅱ端,Ⅰ、Ⅱ端的前部、左侧、右侧、顶部和后墙外面的设备安装完全一样。只有后墙内安放的设备不同。

(1)司机操纵台

SS7E型电力机车司机操纵台主要由仪表台、面板、左柜和右柜组成。同时在左、中、右柜之间有脚炉和膝炉,在左柜和中柜之间安装有低音喇叭脚踏开关和撒砂脚踏开关。

①仪表台由仪表架、气表模块、监控显示器、功能状态模块、微机显示器和辅助综合模块组成。

②面板安装的控制开关。

③左柜主要安装有管路屏。右柜主要安放有信号旗和刮雨器水箱。

(2)司机控制器

SS7E型电力机车采用S640K2型司机控制器,面板上有两个控制器,一个为推拉式推杆,它是机车调速用控制推杆,它分为"牵引"区"制动"区;另一个为手柄式,它是机车换向用,有"后"、"0"、"前"、"制"四位。推杆在"牵引"区内的"＊"位及"6"级位有定位。在"制动"区内"17"级位及"0"位有定位。"牵引"、"制动"区的其他级位为无级平滑调节。手柄的每个位都能定位。

(3)司机室内的其他设备

司机室前窗玻璃采用电热式玻璃,通电后可以除雪化霜,以改善乘务人员瞭望条件。

2. 辅助室设备布置

辅助室与司机室相邻,室内以辅助设备为主,两端设备为斜对称布置。

Ⅰ端辅助室的设备有:辅助变流器、电源电子控制柜、低压电气柜、支座、牵引电机通风机组及NPA5(A)电动空气压缩机组。

Ⅱ端辅助室的设备安装只是把电源柜和NPT5(A)电动空气压缩机组更换为气阀柜和TSA-230A螺杆式压缩机,其他和Ⅰ端辅助室完全一样。

3. 高压室设备布置

SS7E型电力机车Ⅰ端高压室设备有高压电气柜(Ⅰ)、制动电阻装置、供电柜、变流装置等;Ⅱ端高压室设备有高压电气柜(Ⅱ)、制动电阻装置、供电柜、变流装置及上车顶的梯子等。

SS7E型电力机车高压室介于辅助室与变压器室之间,室内以高压电气设备为主,Ⅰ、Ⅱ端设备斜对称布置。

4. 变压器室设备布置

由于SS7E型电力机车整个变压器放置在车体内,考虑机车总体布置及减重等因素,将6台平波电抗器和2台供电电抗器、4台辅助电抗器及高压电压互感器组成一个整体主变压器,共用一个油冷却系统;变压器室除变压器外还有主变风机、风压继电器、电流互感器、电度表以及连接铜排等。

主变压器是将额定25 kV网压变换成牵引电动机等电器设备所需的各种电压。用铜排将变压器输出端与变流装置相连,在连接铜排上装有4只LWZR-4000/10V的电流互感器。

组合式变压器的结构为壳式导向油循环及特殊的绝缘结构。这种结构的最大特点是数组部件共用一个冷却系统,体积小、重量轻。主变压器油箱采用低合金、高强度钢板。油散热器采用铝合金,高效板翅式散热。散热器上方装有轴流式通风机,通过阻燃帆布软风道与散热器相连。冷却风由车顶吸入后经油散热器排向车下。

5. 车顶设备布置

车顶设备布置设有高压设备及支持绝缘子,这些高压设备不但要满足机车性能和具有足够的绝缘强度,而且能承受风、砂、雨、雪等侵袭及污染的危害。

(1)受电弓

各辅助室顶盖上装有一台 DSA200 受电弓。

(2)主断路器

Ⅰ端高压室顶盖装有一台型号为 BVAC.N99.205 的真空主断路器。

(3)放电间隙

在主断路器和高压电流互感器之间,装有大气过电压保护放电间隙,其间隙为 110 mm,球面半径为 5 mm,击穿保护电压值为 90 kV,无论主断路器合闸或分闸状态,都能起到大气雷击过电压的保护作用。

(4)高压电压互感器

高压电压互感器装于变压器室顶盖,型号为 TBY1-25,电压比为 2 500/100,用以测量机车电网电压和作为机车电度表电压线圈的电压源,质量 145 kg。

(5)避雷器

YH10WT-42/105 型无间隙金属氧化锌避雷器,它具有良好的非线性特性,正常情况下泄漏极小,避雷器呈断开状态。

(6)高压隔离开关

高压隔离开关的主要作用是当受电弓发生故障时将其隔离,避免因受电弓带电造成其他事故。THG2-400/25 高压隔离开关的主要结构和主要部件有:隔离闸刀、支持瓷瓶和转动瓷瓶、底座安装板、转动机构、锁固机构、辅助接点、手柄等组成。

车顶上设有人孔天窗,当乘务员需上车顶进行检查和维修作业时,必须确认接触网停电并采取相应安全措施情况下,通过Ⅱ端高压室内扶梯,从天窗口而上。人孔天窗设有安全接地连锁装置,将车顶 25 kV 电路接地,以确保安全。天窗设置电气链锁开关,当打开天窗时,受电弓不能升起,确保工作人员安全。

6. 辅助设备

辅助设备包括用插座、蓄电池柜、安全设施及照明、标志灯等,遍布全车。

7. 机车布线

$SS_{7E}$ 型电力机车布线是指机车各个电气设备之间,必须通过电路连接起来形成完整的系统,才能使各电气设备按逻辑关系工作,机车也就能按指令工作。机车布线就是电路连接。

(1)主电路布线

主电路布线是指主电路中电气设备之间的电连接。

(2)辅助电路布线

辅助电路布线主要是辅助电路中 380～220 V 电压的交流电气设备之间的电连接。

(3)控制电路布线

控制电路主要是 110 V 控制电路之间导线的布置。

# 任务四　HXD2B 型电力机车的设备布置

HXD2B 型电力机车的设备布置是按照标准化、模块化的设计理念和上述设备布置总体要求,结合国内机车设备的外形特点而完成的。HXD2B 型电力机车为六轴货运机车,在机车的两端各设有一个司机室,两个司机室的中间为机械室。在机械室内设有 700 mm 宽的中央通道,在通道左右两侧设有机车主传动系统、辅助传动系统、空气制动系统、通风系统集成的模块等设备。在车体下设有两台三轴的转向架及主变压器,在顶盖上设有高压电器。车内设备布置以平面斜对称布置为主,设备成套安装,有利于机车的重量分配、机车的制造、检修和部件的互换。全车分为司机室设备安装、车顶设备安装、车内机械室设备安装、车端设备安装和车下设备安装,另外,在机械间还布置了供司机餐饮的生活设备和休息的折叠床。机车设备布置及外形如图 2-29 所示。

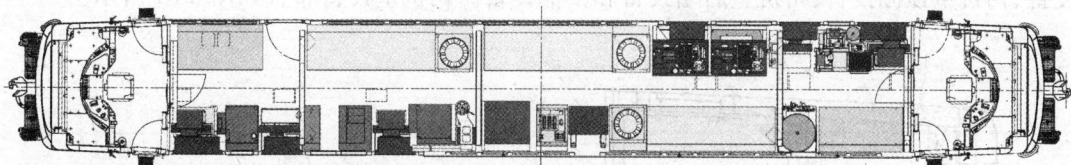

图 2-29　HXD2B 型机车设备布置及外形

HXD2B 型机车设备布置的特点是:采用 2(C0—C0)轴式,由两端司机室和中间机械室组成的单台机车。

从结构上分,机车设备布置大致可分为司机室设备布置、机械间设备布置、车顶设备布置、车端设备布置和车下设备布置等部分。HXD2B 机车设备布置如图 2-30 所示。

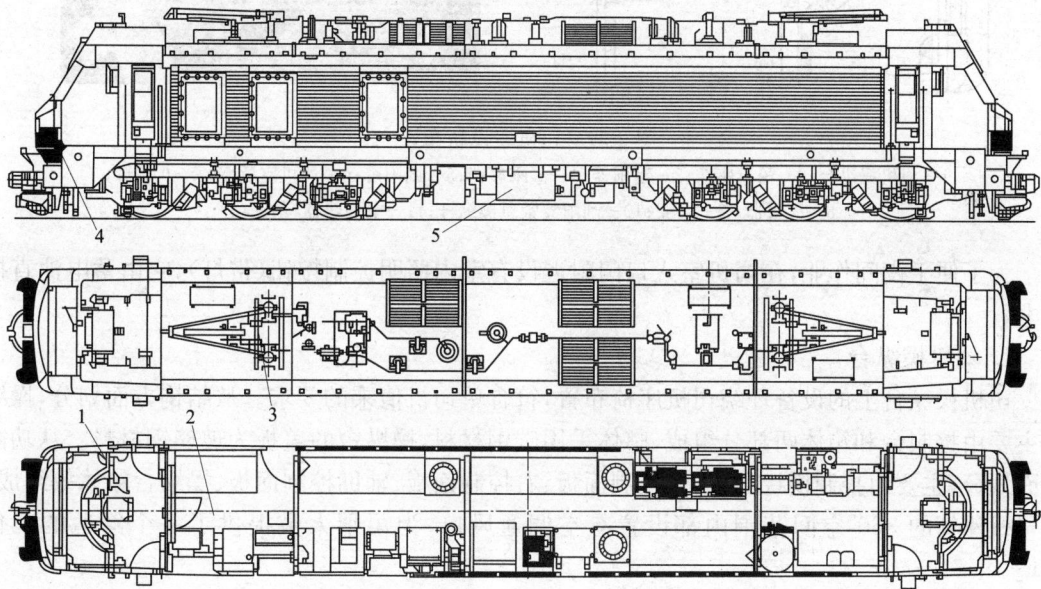

图 2-30　HXD2B 型机车设备布置总图

1—司机室设备布置;2—机械间设备布置;3—车顶设备布置;4—车端设备布置;5—车下设备布置

机车通风系统采用独立通风方式,主变流柜、辅助变流柜、主变压器、牵引电机等均采用独立通风进行冷却。为了保证机械间的正压和清洁,设有机械间风机,在过隧道时,控制回路会自动关断机械间风机,一旦机械间温度过高,控制回路会强迫开启机械间风机。另外辅助变流柜是从机械间取风,通过风道从车顶排出。同时在风道内设有一个开闭装置,在春夏秋季时,打开开闭装置使辅助变流柜的热量散发到车外,在冬季时,关闭开闭装置,利用辅助变流柜的热量给机械间供热。压缩机采用车内循环方式。

为了给司乘人员提供一个方便、安全的操纵条件和舒适的工作环境,在司机室的设计上除符合单司机值乘外又要求人机之间的作业范围合适,操纵方便,视线角度合理,有良好的瞭望和采光条件,容易正确观察仪表、显示屏、信号灯、开关的指示,并尽量使噪声源远离司机室。

### 一、司机室设备布置

HXD2B 型机车司机室内设备布置,满足单司机值乘和人机工程学的要求,对各种操纵、监控设备合理布置,为司乘人员提供舒适的工作环境。司机室设备主要包括操纵台、司机室前墙设备、司机室顶棚设备、司机室后墙设备和其他设备。司机室设备布置如图 2-31 所示。

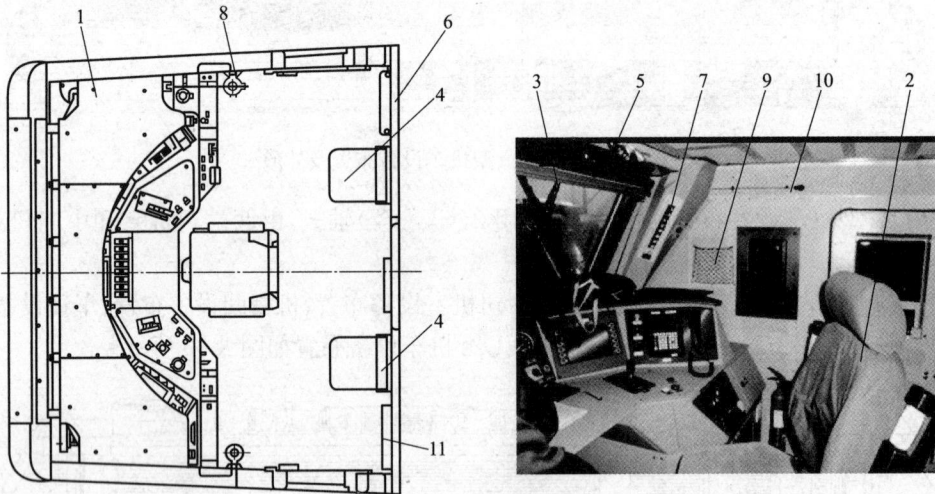

图 2-31 司机室设备布置

1—司机操纵台;2—司机座椅;3—刮雨器;4—添乘座椅;5—遮阳帘;6—司机室后墙;7—八显灯;
8—灭火器;9—网兜;10—刮雨器紧急操纵杆;11—电加热器(预选项)

为了便于夜间作业,在司机室入口门附近设有室内照明控制按钮(带灯),它由蓄电池直接供电。

#### 1. 司机操纵台

司机操纵台上的设备环绕司机座椅布置,符合单司机值乘的要求。从结构方面划分,操纵台主要由控制台和箱体两部分组成,整体采用碳钢材料,操纵台的盖板为玻璃钢材料。从功能方面划分,主要由控制模块面板、左控制面板、右控制面板、辅助控制面板、操纵台箱体等组成。在司机座椅的 360°空间范围内都设置有空调通风口,为司乘人员提供了一个舒适的工作环境。

人机界面功能区域划分清晰、合理。操纵台上的设备主要包括主司机控制器、制动控制器、两个微机显示屏、速度表、风压表以及其他整备控制开关如受电弓、主断、司机室控制等。操纵台上还设有无线通信装置以及监控显示屏、重联电话等设备。司机操纵台布置图如图 2-32 所示。

#### 2. 控制模块面板

控制模块面板由模块 1、主显示屏模块、模块 3、辅助显示屏模块、模块 5 组成。

模块 1 主要是机车制动系统的操纵界面,安装有两块双针压力表、LOCOTROL 显示屏(预留)、中立开关、中立指示灯和制动隔离指示灯,如图 2-33 所示。

压力表用于显示机车总风管、列车管和制动缸的压力。总风管—列车管压力表量程为

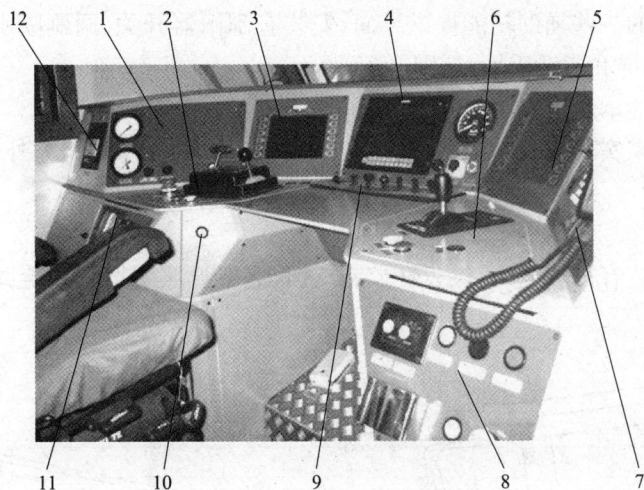

图 2-32　司机操纵台布置

1—模块 1；2—左侧控制面板；3—主显示屏；4—模块 3；5—辅助显示屏；6—右侧控制面板；7—模块 5；
8—右控制模块；9—辅助模块；10—记点灯按钮；11—左控制模块；12—打印机和扬声器

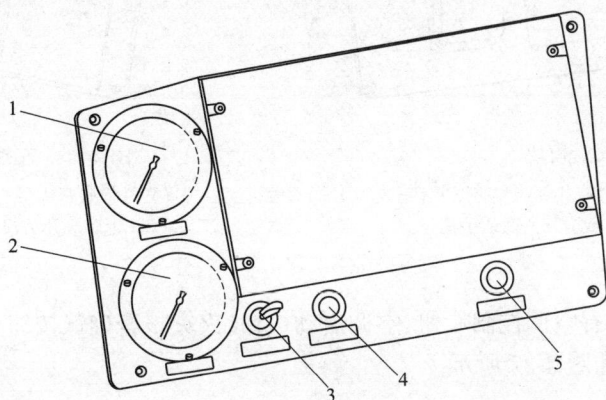

图 2-33　模块 1

1—制动缸压力表；2—总风管—列车管压力表；3—中立开关；4—中立指示灯；5—制动隔离指示灯

0～1 600 kPa，红针指示总风管，黑针指示列车管；制动缸压力表量程为 0～1 000 kPa，红针指示制动缸 1 压力，黑针指示制动缸 2 压力。

　　图 2-34 主要是机车行车安全状态的操纵界面（模块 3），安装有双针速度表（规格 160 km/h）、LKJ2000 监控显示屏、电控紧急制动按钮、备用速度开关、屏幕转换开关，如图 2-34 所示。

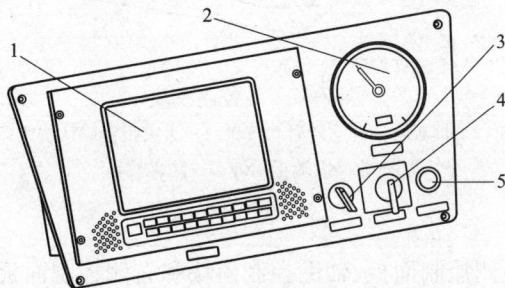

图 2-34　模块 3

1—LKJ2000 显示屏；2—双针速度表；3—屏幕转换开关；4—备用速度开关；5—电控紧急制动按钮

　　模块 5 是机车的一些辅助功能操纵界面,安装有刮雨器开关、雨刷喷水按钮、显示屏启动按钮、LCIR-M 显示屏和通话手柄,如图 2-35 所示。

　　主显示屏用于显示牵引界面,辅助显示屏用于显示故障及维护界面。主显示屏主要是通过图形化显示界面来实现人机交换功能。当其中一个显示屏故障时,另外一个显示屏将会接管所有的功能。

　　3. 左控制模块

　　左控制模块安装有重联电话、仪表灯控制旋钮、底架灯照明按钮和走廊灯开关,如图 2-36 所示。

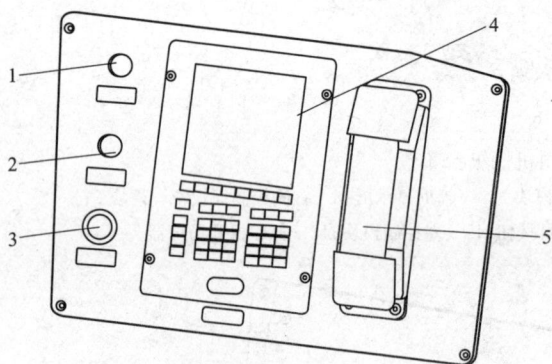

图 2-35　模块 5
1—雨刷喷水按钮;2—刮雨器开关;3—显示屏启动按钮;
4—LCIR-M 显示屏;5—通话手柄

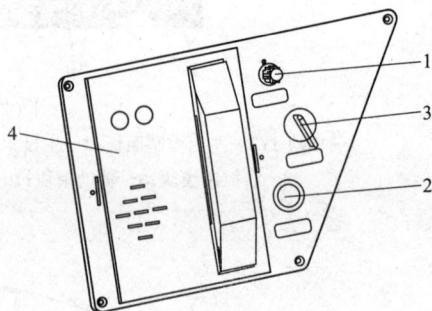

图 2-36　左控制面板
1—仪表灯控制旋钮;2—底架灯照明按钮;
3—走廊灯开关;4—重联电话

　　4. 右控制模块

　　右控制模块安装有空调控制旋钮、空调启动按钮、火灾报警确认按钮、非操纵端指示灯、操纵台开关和烟灰缸,如图 2-37 所示。

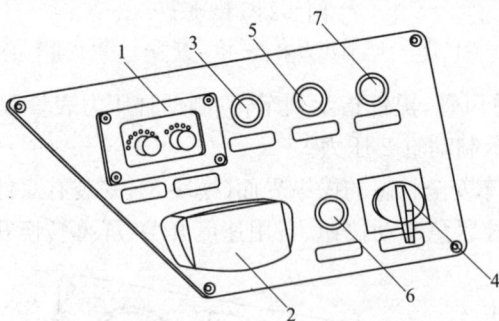

图 2-37　右控制模块
1—空调控制旋钮;2—烟灰缸;3—空调启动按钮;4—火灾报警确认按钮;5—操纵台开关;
6—非操纵端指示灯;7—除霜按钮

　　5. 操纵台面板

　　操纵台面板主要由左侧控制面板、辅助控制模块和右侧控制面板组成。

　　左侧控制面板安装有制动控制器、紧急按钮、无人警惕按钮、高音风笛按钮、停车制动按钮及停车制动缓解按钮。左控制模块如图 2-38 所示。

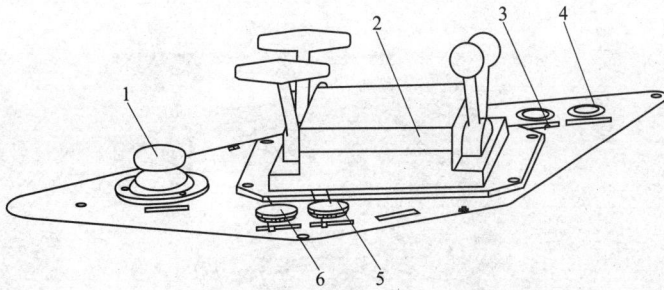

图 2-38　左控制模块

1—紧急按钮；2—制动控制器；3—停车制动缓解按钮；4—停车制动按钮；
5—无人警惕按钮；6—高音风笛按钮

辅助控制模块安装有主断路器、受电弓、压缩机、前照灯、辅照灯、标志灯和司机室灯扳键开关，如图 2-39 所示。

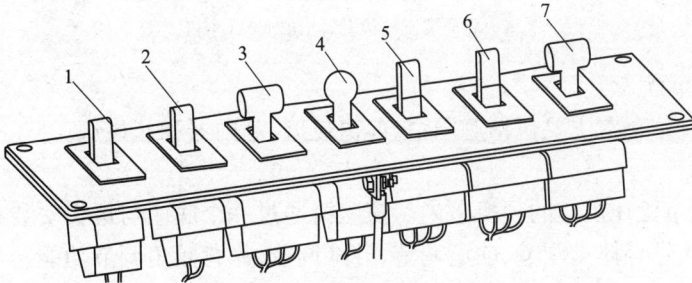

图 2-39　辅助控制模块

1—主断路器扳键开关；2—受电弓扳键开关；3—压缩机扳键开关；4—前照灯扳键开关；
5—辅照灯扳键开关；6—标志灯扳键开关；7—司机室灯扳键开关

右侧控制面板安装有主司机控制器、无人警惕按钮、高音风笛按钮和撒砂切除按钮，如图 2-40 所示。

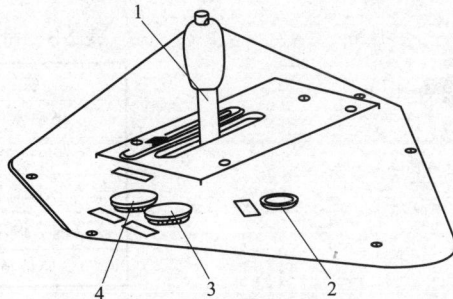

图 2-40　右控制模块

1—主司机控制器；2—撒砂切除按钮；3—高音风笛按钮；4—无人警惕按钮

### 6. 操纵台箱体

操纵台箱体内部主要安装了空调控制箱、文件箱、状态显示屏 CPU 主机、脚踏开关、制动系统阀板、端子排以及空调通风管路。操纵台箱体如图 2-41 所示。

图 2-41 操纵台箱体

1—空调控制箱;2—文件箱;3—制动系统阀板;4—空调通风管路;5—脚踏开关;
6—端子排;7—状态显示屏 CPU 主机

**7. 前墙设备布置**

司机室前墙设备布置主要包括遮阳帘、前窗玻璃、刮雨器和八显灯。

**8. 其他设备**

(1)司机座椅布置在机车的司机室内。该座椅通过一个底座与地板安装在一起,该底座可以前后移动。座椅具有体重调节、前后调节、升降调节、靠背倾角调节功能。

司机座椅主要由靠背、座垫、可调整扶手、头枕、座拖架、人字架、底座、移动底座组成,司机座椅的结构如图 2-42 所示。

①司机座椅主要技术参数(表 2-3)

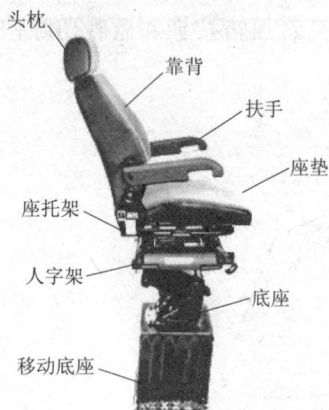

图 2-42 司机座椅结构图

表 2-3 司机座椅主要技术参数

| 项　　目 | 参数 |
| --- | --- |
| 坐垫宽度(mm) | 460 |
| 靠背角度调节范围(°) | 9~19 |
| 座椅上下调节范围(mm) | 0~83 |
| 座椅前后调节范围(mm) | 0~210 |
| 座椅旋转(°) | 360 |

②检修与维护

a. 预防性维护:目测检查司机座椅外观;检查座椅紧固件是否牢固;操纵各手柄,检查手柄是否运动灵活;定期加注润滑脂。

b. 修复性维修:座垫更换;扶手更换;头枕更换。

(2)后视镜是机车上的一种辅助安全设施,便于司机眺望列车后部情况及运行中车辆的意外事故(如火灾、物品坠落等),防止事故扩大。每个司机室外侧分别装有左、右后视镜,用螺栓固定在机车左、右侧窗前部。手动控制镜面以调节观察角度并带有电阻除霜功能。

后视镜主要由固定支座、固定臂、镜子、除霜电阻和电缆及插头组成,如图 2-43 所示。其主要技术参数见表 2-4。

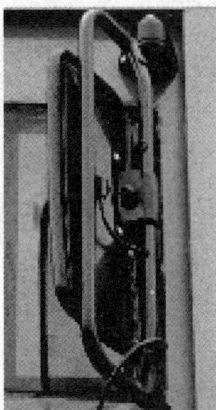

图 2-43 后视镜外形图

表 2-4 后视镜主要技术参数

| 项　目 | 参　数 |
| --- | --- |
| 除霜电阻功率 | 34 W |
| 电压 | 24 V |
| 反射面曲率半径 | 2 150×(1±15%) mm |
| 镜面尺寸 | 336 mm×146 mm |
| 除霜时间 | <40 min(环境温度-40 ℃) |

如因机械撞击使其镜面破损或常年积满灰尘污垢,经擦拭后镜面光亮度不够,观察时产生模糊不清时,必须重新更换镜体。

(3)在司机室与机械间之间的隔墙上,司机室内走廊门两侧适当高度分别设有两个简单的添乘座椅。添乘座椅按照中国既有机车标准化司机室添乘座椅的结构设计。

**二、机械间设备布置**

机械间设备按功能斜对称均衡布置,机械间设备具体布置如图 2-44 所示。

在每节机车的机械室内设有 700 mm 宽的中间通道,在通道左右两侧布置有:主变流柜、牵引通风机、机械间通风机、辅助变流柜、系统柜、安全设备柜、工具柜、通用柜、制动柜、风源柜、1 号气动柜、2 号气动柜、无线电台柜、卫生间等。在机械间还放置了用于提供司机休息的折叠床和生活设备(冰箱、微波炉)。

布置在机械间的设备分属于机车各系统,各柜内设备的功能与技术特性将通过其他各章的系统描述详细介绍。下面重点介绍各柜柜体结构及柜内设备、单元的安装位置以及在系统描述中较少关注的系统柜、通用柜、工具柜、生活设备等部件的详细情况。

**三、车顶设备布置**

每台机车设有四个顶盖,第一、第四顶盖设备布置完全相同。机车顶盖布置如图 2-45 所示。

车顶设有高压设备及支持绝缘子,这些高压设备不但能满足机车电气性能和具有足够的绝缘强度,而且能承受风、沙、雨、雪侵袭及污染的危害。

(1)第一顶盖设备布置

第一顶盖的上面装有受电弓、支持绝缘子,下面除装有机械间照明灯、受电弓升弓阀板外,

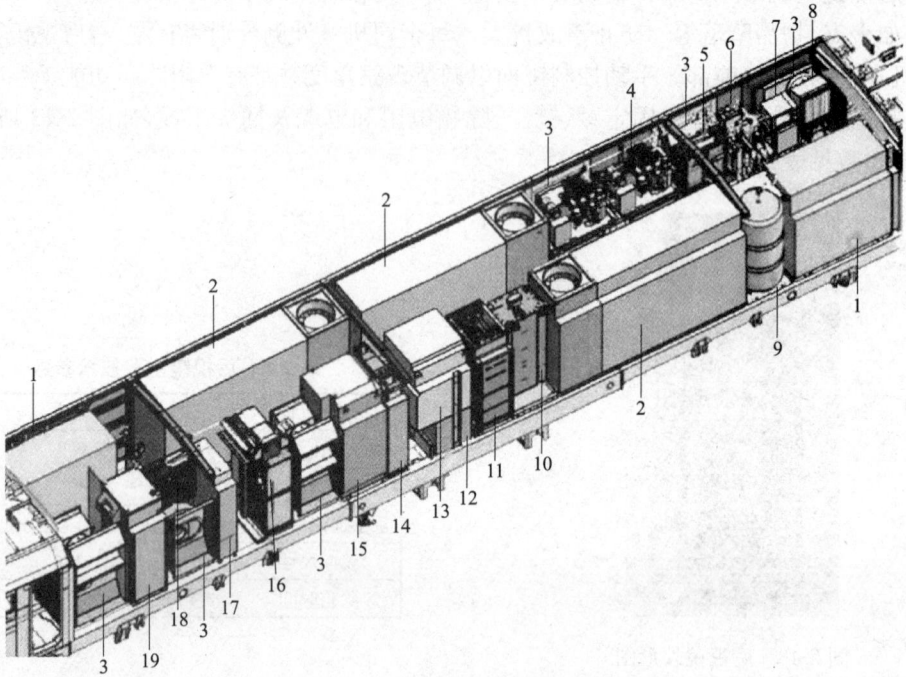

图 2-44 机械间设备具体布置

1—辅助变流柜；2—主变流柜(1、2、3)；3—牵引通风机(1~6)；4—风源柜；5—辅助变流箱 1；
6—1 号气动柜；7—生活设备(冰箱和微波炉)；8—机械间风机；9—2 号气动柜；10—无线电台柜；
11—通用柜；12—配重块；13—制动柜；14—储油箱；15—卫生间；16—系统柜；17—工具柜；
18—辅助变流箱 2；19—安全设备柜

图 2-45 顶盖布置

1—第一顶盖；2—第二顶盖；3—第三顶盖；4—第四顶盖

还安装有顶盖上设备的线路和控制管路。第一顶盖设备布置如图 2-46 所示。

(2)第二顶盖设备布置

第二顶盖的上面装有真空主断路器、接地开关、避雷器、支持绝缘子、高压隔离开关、母线，下面除装有机械间照明灯外，还安装有顶盖上设备的线路和控制管路。第二顶盖设备布置如图 2-47 所示。

(3)第三顶盖设备布置

第三顶盖的上面装有高压电压互感器、高压隔离开关、车顶入口门及其接地装置、母线、高压报警天线、支持绝缘子，下面装机械间照明灯、登顶梯、高压报警器、伸缩杆、顶盖上设备的线路和控制管路等。第三顶盖设备布置如图 2-48 所示。

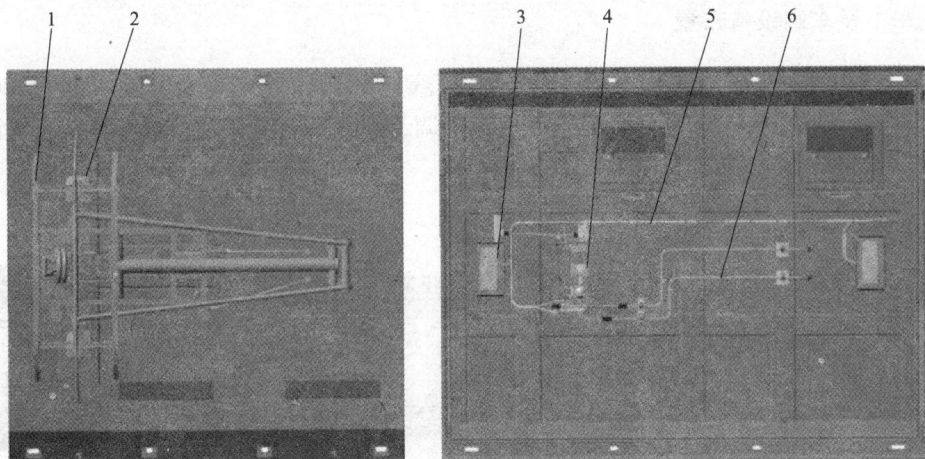

图 2-46 第一顶盖设备布置(左为顶盖上,右为顶盖下)

1—受电弓;2—支持绝缘子;3—机械间照明灯;4—受电弓升弓阀板;
5—第一顶盖下布线;6—第一顶盖下控制管路

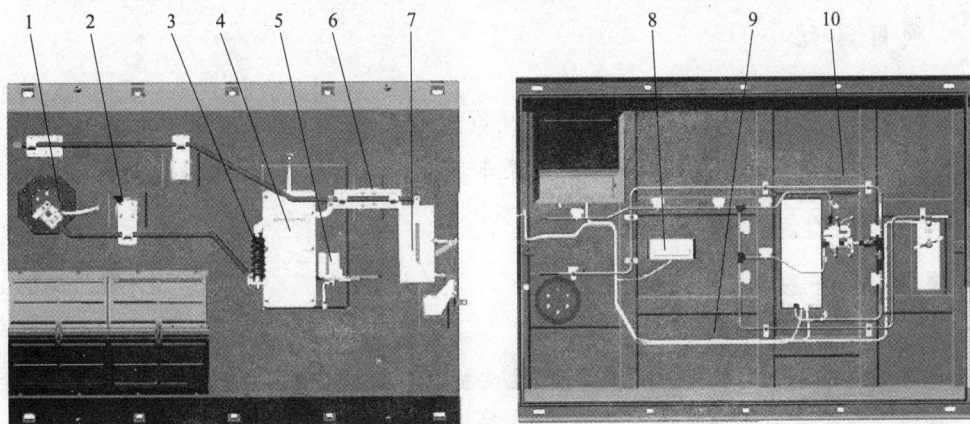

图 2-47 第二顶盖设备布置(左为顶盖上,右为顶盖下)

1—穿墙套管;2—支持绝缘子;3—避雷器;4—主断路器;5—接地开关;6—母线;
7—高压隔离开关;8—机械间照明灯;9—第二顶盖下布线;10—第二顶盖下控制管路

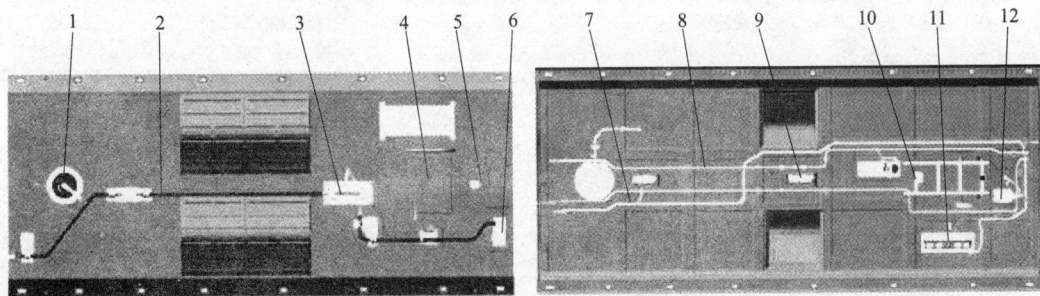

图 2-48 第三顶盖设备布置(左为顶盖上,右为顶盖下)

1—高压电压互感器;2—母线;3—高压隔离开关;4—车顶入口门及其接地装置;5—高压报警器天线;
6—支持绝缘子;7—第三顶盖下布线;8—第三顶盖下控制管路;9—机械间照明灯;10—登顶梯;
11—伸缩杆;12—高压报警器

### 四、车下及车端设备布置

车下设备主要有转向架、蓄电池柜、主变压器、复轨器箱、库用变压器、卫生间管、380 V 库用插座、底架照明灯等；车端设备主要有司机室空调、前照灯、副前灯及标志灯等。车下设备布置如图 2-49 所示。

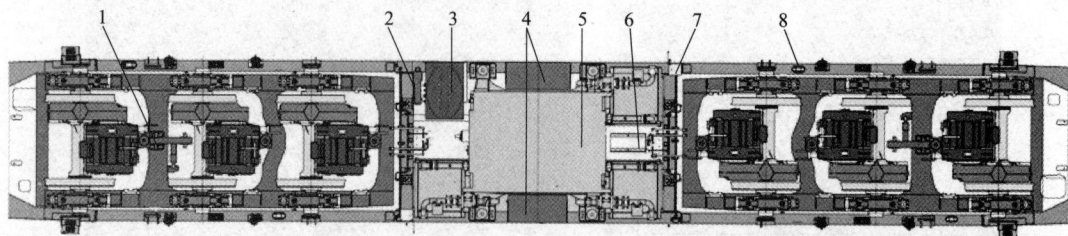

图 2-49　车下设备布置图

1—转向架；2—卫生间管；3—复轨器箱；4—蓄电池柜；5—主变压器；
6—库用变压器；7—380 V 库用插座；8—底架照明灯

## 项目小结

本项目主要介绍了电力机车主型车体结构以及车顶、车内、车下设备及布置，通过教学做一体化教学和现场评价，让学生掌握认知各型车车体构造和维护，主要系统的设备及设备的布置。

## 复习思考题

1. 试述 SS4 改型电力机车结构及车种、主要技术参数、车下主要设备布置。
2. 试述 SS9 型电力机车的结构及车种、主要技术参数、车下主要设备布置。
3. 试述 SS7E 型电力机车的结构及车种、主要技术参数、车下主要设备布置。
4. 试述 HXD2B 型电力机车的编组结构及车种、主要技术参数、车下主要设备布置。

# 项目三 电力机车通风系统和 空气管路系统的维护

## 项目描述

在一体化教室,以项目教学、任务驱动、教、学、做一体、现场评价的方式进行教学,以教材、实训设备及挂图、教学课件为学习载体,以讲授和实训的方式进行介绍,以教材、实物或模型、教学课件为学习载体,按照通风系统的结构、作用及特点讲解各型机车通风系统的结构、组成、作用以及各型机车通风冷却的通路。

## 学习目标

**【知识目标】**

◆ 掌握 SS4 改型电力机车的通风系统和空气管路系统的基本组成、结构、特点、通风通路和日常维护。

◆ 掌握 SS9 型电力机车的通风系统和空气管路系统的基本组成、结构、特点、通风通路和日常维护。

◆ 掌握 SS7E 型电力机车的通风系统的基本组成、结构、特点、通风通路和日常维护。

◆ 掌握 HXD2B 型电力机车的通风系统的基本组成、结构、特点、通风通路和日常维护。

**【能力目标】**

◆ 对照实训设备或挂图,掌握并说出 SS4 改、SS9 型机车的通风系统和空气管路系统的的基本组成、结构、特点、通风通路和日常维护。

◆ 对照实训设备或挂图,掌握并说出 HXD2B 型机车的通风系统的基本组成、结构、特点、通风通路和日常维护。

## 任务一 SS4 改型电力机车通风系统的通路及维护

机车通风系统是电力机车的一个非常重要的系统,它的主要作用是对机车上一些需要进行强迫冷却的电气设备进行通风冷却,电力机车装有的强电设备的工作电流和电压都较大。如主变压器、牵引变流器、牵引电动机等都需要采用强迫冷却,使这些强电设备工作中产生的大量热量经空气强制循环,散发到大气中,使工作温升不超过允许值,从而保证机车正常可靠的工作。

机车通风方式通常有两种:一种是独立通风,设置专用风道,集中去尘;另一种是车体通风,风由侧墙吸入车体内,再进入各个风道内。SS4 改型电力机车采用的是车体通风的通风方式。

### 一、通风机的类型和特点

按工作的原理,分为两大类型通风机。

1. 离心式通风机

离心式通风机又称鼓风机,是工业上广泛采用的一种通风机。其结构如图 3-1 所示。

离心式通风机具有以下特点:风压较大,风力比较集中,适应于较远距离通风。

2. 轴流式通风机

轴流式通风机通常称风扇,其结构如图 3-2 所示。

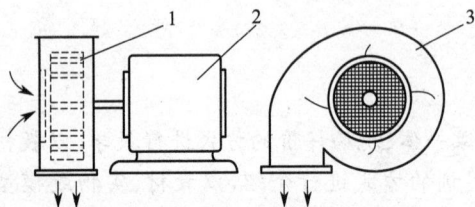

图 3-1　离心式通风机
1—叶轮;2—电动机;3—涡壳

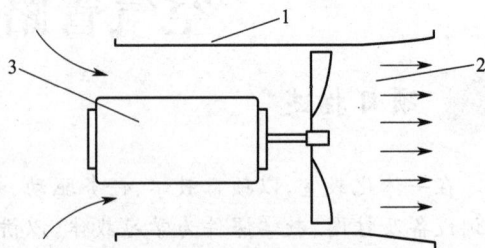

图 3-2　轴流式通风机示意图
1—风道;2—叶片;3—电动机

轴流式通风机具有以下特点:风压小,风力较分散,因此不适宜远距离送风,体积小,但转速高,效率较高。

离心式通风机和轴流式通风机在电力机车通风系统中均被采用。对于一些距离车体较远的设备,如牵引电机,通常用离心式通风机冷却;一些设备因位置局限,如制动电阻柜,通常用轴流式通风机冷却。

## 二、SS₄ 改型电力机车通风系统介绍

SS$_4$ 改型电力机车采用车体通风方式,分为三大通风系统:牵引通风系统、主变压器通风系统和制动通风系统。在三大通风系统中共采用了 2 台离心通风机,3 台轴流式风机。

具体通风通路如下:

1. 牵引通风系统

车外冷空气→侧墙百叶窗→滤尘网

①1 号硅机组→1 号 PFC 电容柜→1 号牵引通风机→1、2 位牵引电动机→车底大气。

②2 号硅机组→2 号 PFC 电容柜→2 号牵引通风机→3、4 位牵引电动机→车底大气。

2. 主变压器通风系统

主变压器通风系统仅有一个通风支路,冷却对象为主变压器和平波电抗器(两者共用同一油箱),采用轴流式通风机,每节机车 1 台,其冷却通路为:

车外冷空气→侧墙百叶窗→滤尘网→主变压器油散热器→变压器通风机→车顶百叶窗→车顶大气。

3. 制动通风系统

制动通风系统每节机车有两个独立的且完全相同的通风支路,冷却对象为制动电阻柜,用轴流式通风机,每节机车共 2 台。

其冷却通路为:车底冷空气→进风口(不过滤)→I(Ⅱ)端制动通风机→风道→I(Ⅱ)端制动电阻柜→车顶百叶窗→大气。

冷却示意图如图 3-3 所示。

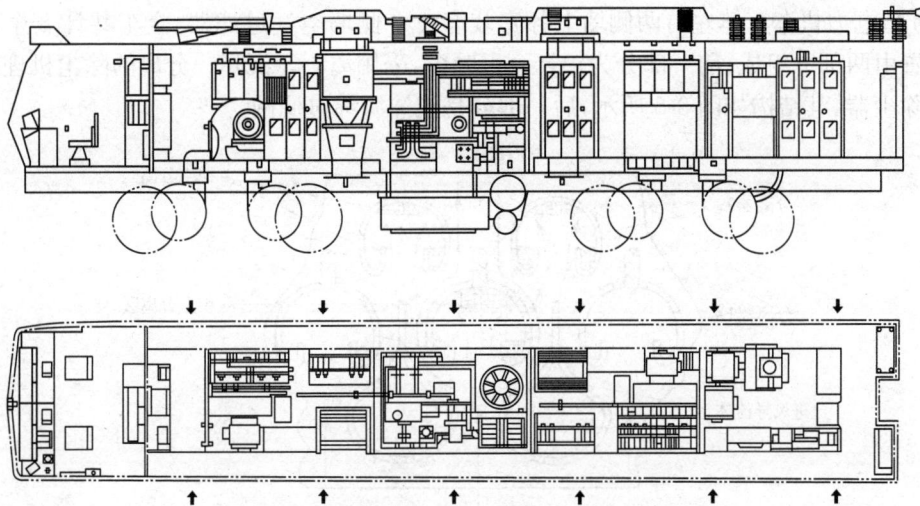

图 3-3 SS₄ 改型电力机车通风系统示意图

## 任务二　SS₉ 型电力机车通风系统的工作通路及维护

　　SS₉ 型(0044 号以后)电力机车采用独立通风系统,即车外空气不直接进入车体,而是通过各自独立的风道对各部件进行冷却。

　　按照被冷却对象分为三大通风系统:牵引通风系统、制动通风系统和主变压器通风系统。在三大通风系统中共采用了 4 台离心通风机,5 台轴流式风机,如图 3-4 所示。

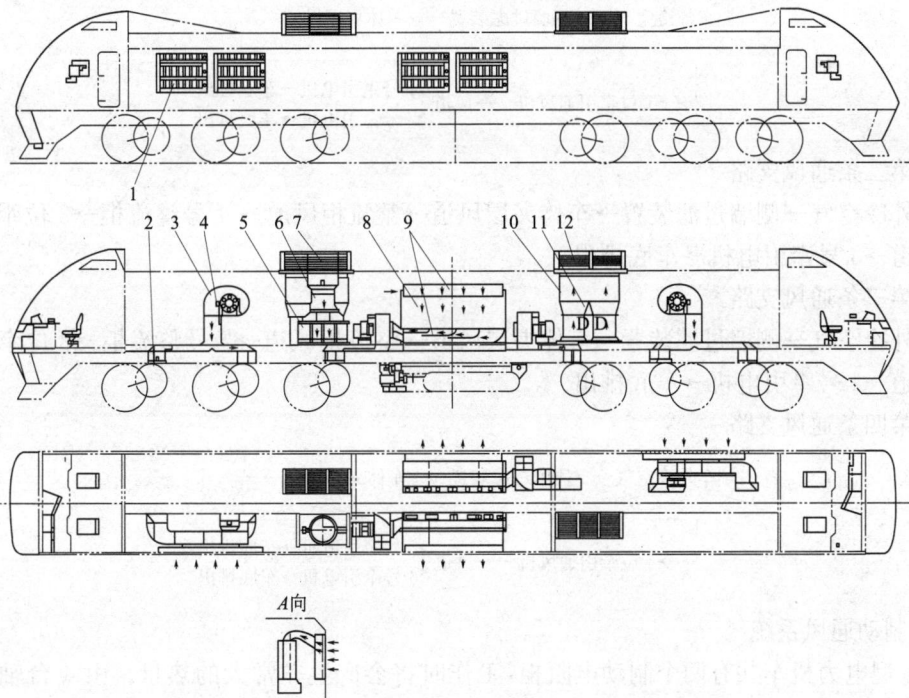

图 3-4　SS₉ 型电力机车通风系统示意图
1—侧墙百叶窗;2—牵引电机;3—牵引通风机;4—风道;5—变压器油散热器;6—主变风机;7—变压器;
8—整流柜;9—整流柜风道;10—制动电阻柜;11—制动风机;12—制动电阻通风罩

　　SS₉ 型电力机车车体左右两侧墙上各安装有 4 个侧墙空气过滤器,全车共计 8 个。新型过滤装置由两部分组成:前一部分为铝合金百叶窗,采用离心—沉降—分离的除尘机理的一种机械式除尘器,其结构如图 3-5 所示,后一部分是泡沫海绵过滤网。

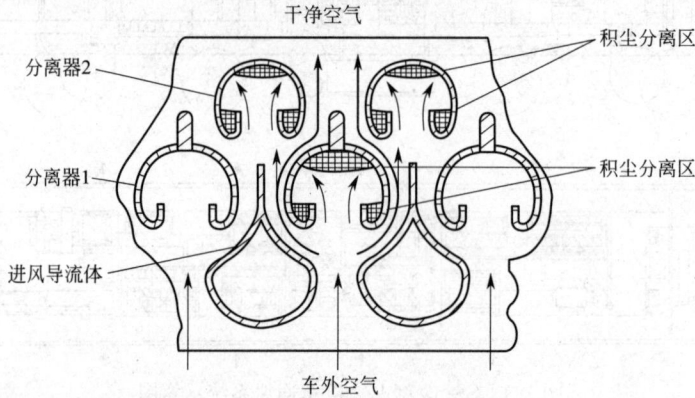

图 3-5　侧墙百叶窗结构图

　　SS₉ 型电力机车三大通风系统通风通路如下:

**1. 牵引通风系统**

　　SS₉ 改型电力机车的 6 台牵引电动机和 2 个整流柜,在工作中会产生非常大的热量,因而需要对其进行强迫通风冷却,由 4 台离心式通风机构成 4 条各自独立通风支路,对其进行通风冷却。各风道中冷却风经由路线如下所述。

　　①第一条通风支路

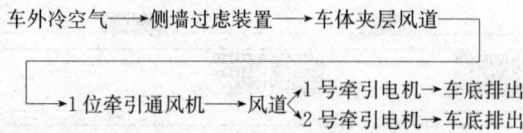

车外冷空气 → 侧墙过虑装置 → 车体夹层风道 →

→1 位牵引通风机 → 风道 ⟨ 1 号牵引电机 → 车底排出 / 2 号牵引电机 → 车底排出

　　②第二条通风支路

　　车外冷空气→侧墙过滤装置→车体夹层风道→整流柜风道→ 1 号整流柜→3 位牵引通风机→风道→3 号牵引电机→车底排出。

　　③第三条通风支路

　　车外冷空气→侧墙过滤装置→车体夹层风道→整流柜风道→2 号整流柜→2 位牵引通风机→风道→4 号牵引电机→车底排出。

　　④第四条通风支路

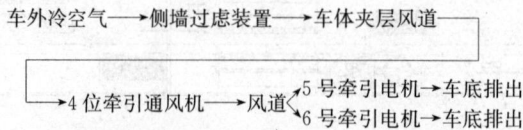

车外冷空气 → 侧墙过虑装置 → 车体夹层风道 →

→4 位牵引通风机 → 风道 ⟨ 5 号牵引电机 → 车底排出 / 6 号牵引电机 → 车底排出

**2. 制动通风系统**

　　SS₉ 型电力机车共有两个制动电阻柜,工作时将会产生非常大的热量。由 4 台轴流式通风机对其进行强迫通风冷却,每 2 台制动风机并联冷却 1 个制动电阻柜。

　　冷却通路为:车底冷空气→制动风机→过渡风道→制动电阻柜→车顶通风罩→车顶排出。

**3. 主变压器通风系统**

主变压器工作时,会使油散热器中的冷却用油温度急剧上升。变压器风机为轴流式风机,主变风机的作用就是冷却油散热器。

冷却车顶通路为:冷空气→车顶通风罩吸入→过滤器→过渡风道→变压器风机→变压器油散热器→车底排出。

# 任务三　HXD₂B 型电力机车通风系统的检查和维护

HXD₂B 型机车采用侧墙独立通风方式,主要具有以下优点。

(1)通风系统设计采用高度集成化、模块化的设计思路。根据机车总体斜对称布置的被冷却装置的要求,采用独立通风冷却技术,具有结构简单,进风面积大,风阻小,各通风支路风量分配均匀等特点。

(2)通风系统的冷却空气尽量进行净化。如牵引电动机通风冷却系统采用惯性过滤器,分为一、二级过滤器,具有自动排尘功能。进入机械间的空气经过三级过滤器防尘,保持了机械间的清洁,使机械间内电气部件少积灰尘,提高了工作的可靠性。并且它的部分净化空气排入机车机械室内使机械间成为正压。

(3)牵引变流器水冷却器与主变流器、主变压器右冷却器与主变压器采用一体化技术,两个冷却器之间采用过渡风道相连,缩减了油、水联接管路,提高了制造工艺性,减少了流阻,提高了冷却性能,减轻了重量,使得机车总体设计更加合理。

(4)为了保证机械间清洁和维持在正压状态,设有机械间通风系统,主要包括侧墙一二级过滤器、过渡风道、机械间风机和三级过滤器。当机车通过隧道时,为了避免灰尘进入机械间,控制系统会自动关断机械间风机。

### 一、通风系统的整体认知

HXD₂B 型机车独立通风系统由侧墙过滤器、牵引电机通风系统、主变流柜和主变压器冷却器通风系统、辅变流柜通风系统、机械间补风系统、压缩机通风系统和空调通风系统等组成,除辅变流柜通风系统和压缩机通风系统为车内吸风,其余各部分均为独立从车外进风,经过风道,最后排出车外。机车的通风系统按机车纵向中心线斜对称布置在机车中间走廊两侧。司机室通风系统布置在两端司机室端部。各通风系统有各自相对独立的通风部件和管道,各风路系统相互不影响,进风量均匀,不需进行风量再分配。HXD₂B 型机车通风系统流向示意图如图 3-6 所示。

1. 牵引电机通风系统的认知和维护

牵引电机通风系统采用独立通风方式,在机车机械间内前后斜对称各设三台牵引电动机通风机。每台通风机给一台牵引电动机通风冷却。通风机进风口和车体侧墙过滤器之间通过过渡风道连接,车外空气经车体侧墙过滤器进入过渡风道、在通过通风机进风口进入通风机,再经下风道和车体和转向架之间的软风道进入牵引电动机。过渡风道采用焊接结构,下风道焊接在车体台架上。牵引电机通风系统冷风流向示意图如图 3-7 所示。

2. 主变流柜和主变压器冷却器通风系统的认知和维护

主变流柜通风系统采用独立通风方式,每台机车共有三套完全相同的主变流柜通风系统,通过主变流风机将空气从车顶百叶窗吸入,向下先冷却主变流柜的水/乙二醇混合液散热器,再通过主变流柜和主变压器的连接风道冷却主变压器的油散热器,最后热风吹向大气。主变流柜通风系统冷风流向示意图如图 3-8 所示。

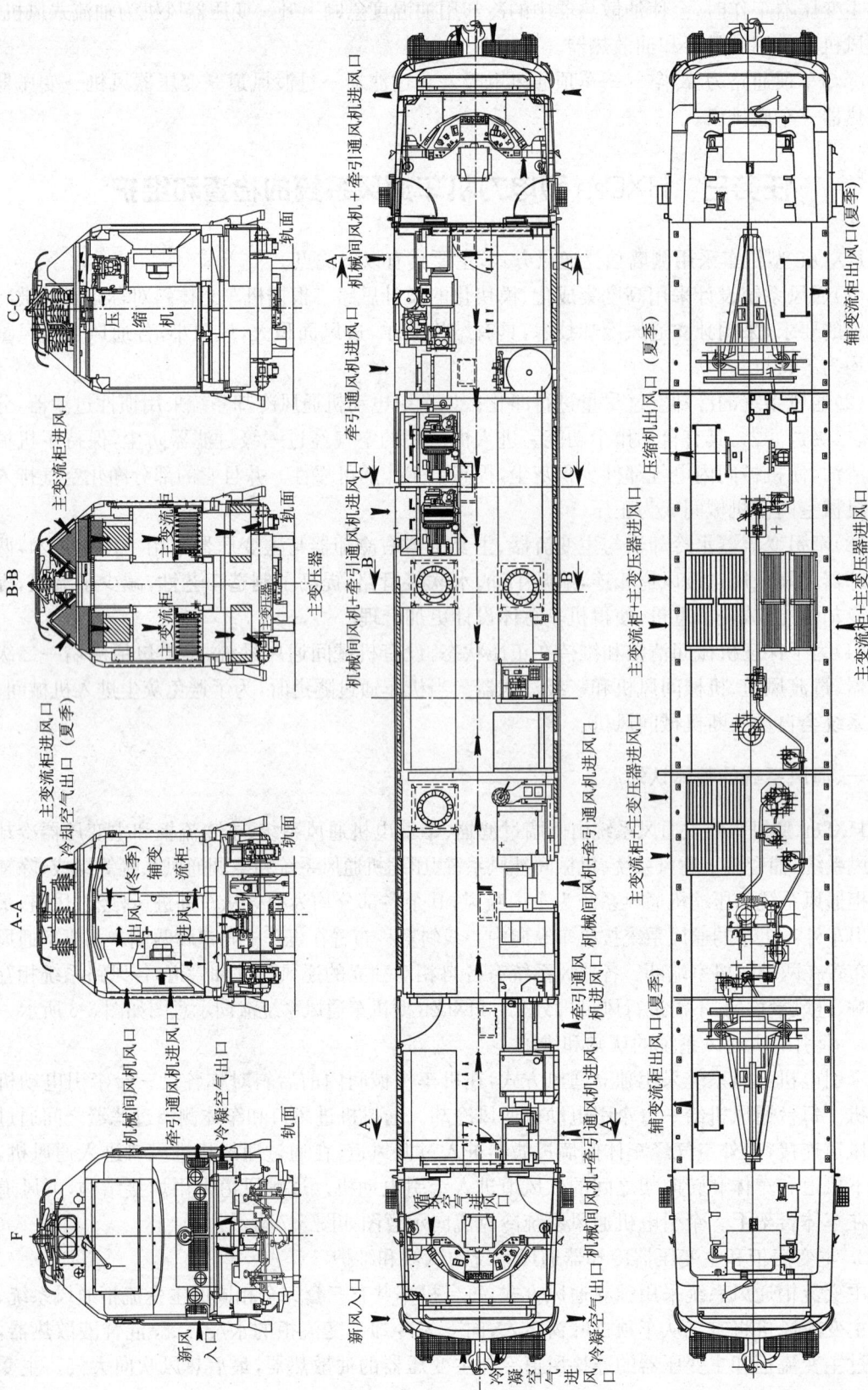

图 3-6 HXD₂B 型机车通风系统流向示意图

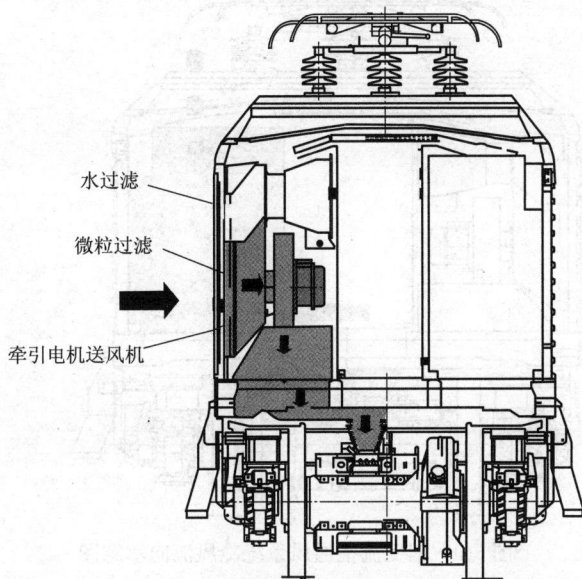

图 3-7 牵引电机通风系统冷风流向示意图

水过滤
微粒过滤
牵引电机送风机

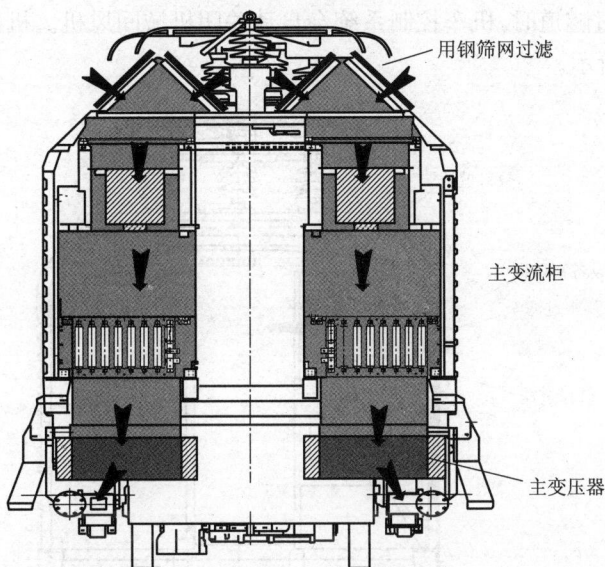

图 3-8 主变流柜通风系统冷风流向示意图

用钢筛网过滤
主变流柜
主变压器

### 3. 辅变流柜通风系统的认知和维护

辅变流柜通风系统在冬季采用车内循环的方式,夏季采用车内吸风车顶排风的方式,通过辅变流柜上部风道隔板进行调整,在机车机械间内前后斜对称各设一台辅变流柜,每个辅变流柜有两台轴流通风机。进风方式为车内吸风,在春夏秋季为车内吸风车外排风,降低机械间的温度,冬季为车内循环,即车内吸风车内排风,有利于机械间的保温。辅变流柜通风系统冷风流向示意图如图 3-9 所示。

### 4. 机械间补风系统的认知和维护

机械间补风系统采用独立通风方式,在 1、3、5 位牵引电机通风机上部设有机械间通风机。

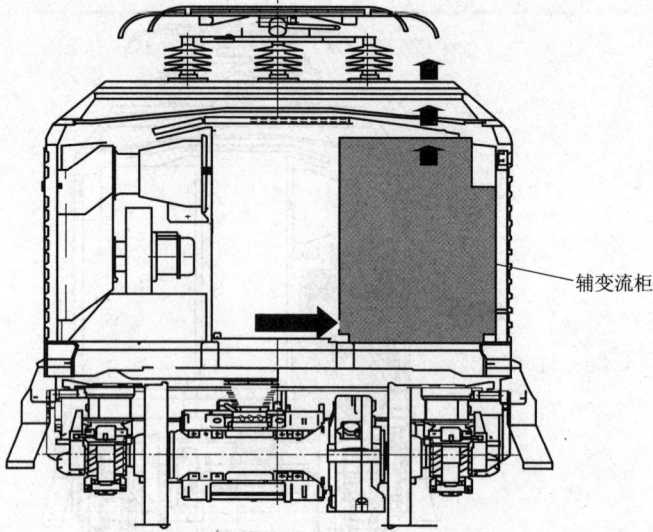

图 3-9 辅变流柜通风系统冷风流向示意图

空气从侧墙过滤器引入,经过渡风道、机械间风机 1、机械间风机 2 三级过滤器后进入机械间,空气质量可达到 G4 级,从而给机械间补风,使机械间保持微正压。另外,为了保证机械间的相对清洁,当机车通过隧道时,机车控制系统会自动关闭机械间风机。机械间补风系统冷风流向示意图如图 3-10 所示。

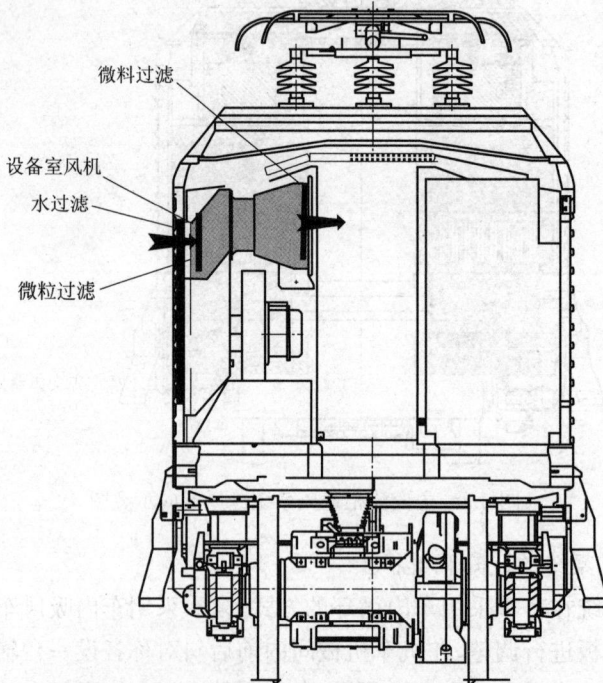

图 3-10 机械间补风系统冷风流向示意图

5. 压缩机通风系统的认知和维护

压缩机通风系统采用车内循环的方案,压缩机电机轴上装有风扇,风扇将空气经过渡风道吸入,经压缩机散热后,经出风口排到车内。压缩机通风系统冷风流向示意图如图 3-11 所示。

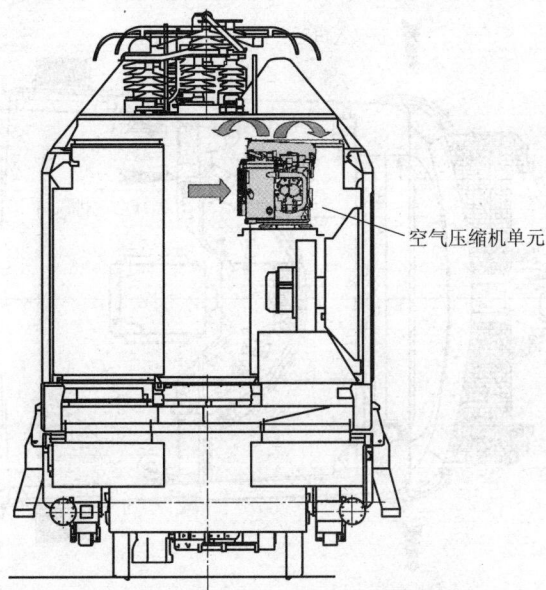

图 3-11 压缩机通风系统冷风流向示意图

6. 机械间排风系统的认知和维护

当机械间温度达到一定值时,控制系统会作用顶盖上部的气动伸缩杆,使其打开通风口,机械间内的热量通过通风口排到车外。当机械间温度没有达到此值时,机械间通过自然对流的方式将热量均匀分布。

7. 空调通风系统的认知和维护

空调通风系统采用独立通风方式,冷凝风从机车前鼻端中部进入,经空调主机单元的冷凝器后,被冷凝风机吸入机组,再通过压缩冷凝单元底面上的出口被吹出,从前鼻端的两侧排出车外;新鲜风从车下吸入,通过机组侧壁上一个开口进入空气处理单元,以保证司机室内空气新鲜;司机室回风通过操纵台上的空调软管经机组侧壁上一个开口进入空气处理单元,混合风由送风风机吸入,期间经过空气过滤器、蒸发器及加热器,空气将在一个内部风道中得到一定程度压缩并通过机组后侧的送风口吹出至司机室,从而形成一个室内循环。空调通风系统冷风流向示意图如图 3-12 所示。

**二、通风系统各主要部件的维护**

1. 牵引通风机组

在机车机械间内前后斜对称各设三台牵引电机通风机组,每台通风机组由一台 FVF180S-2 型牵引通风机电动机驱动一台离心通风机。

离心式通风机主要由叶轮、蜗壳和集流器、电动机等组成。叶轮在蜗壳内通过锥轴直接装在电机轴上,并用锁紧垫与螺栓连接紧固,蜗壳通过电动机法兰盘与电机连接起来。外形及结构如图 3-13 所示。

FVF180S-2 型牵引通风机电动机由定子、转子、端盖、轴承、接线盒等组成。机座顶部有出线孔和接线盒。电机两端盖上铸造有扇形出风口,三相绕组为 Y 形连接。

定子绕组在浸漆前进行绝缘介电强度试验,试验电压为 2 500 V,历时 1 min,不许有击穿闪

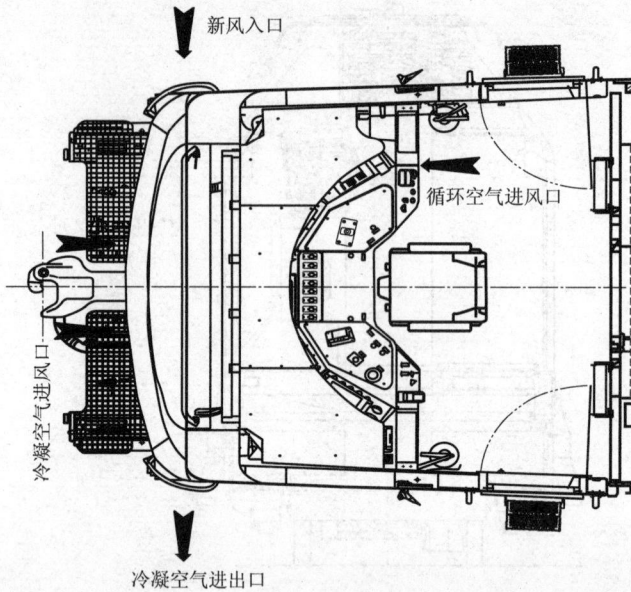

图 3-12　空调通风系统冷风流向示意图

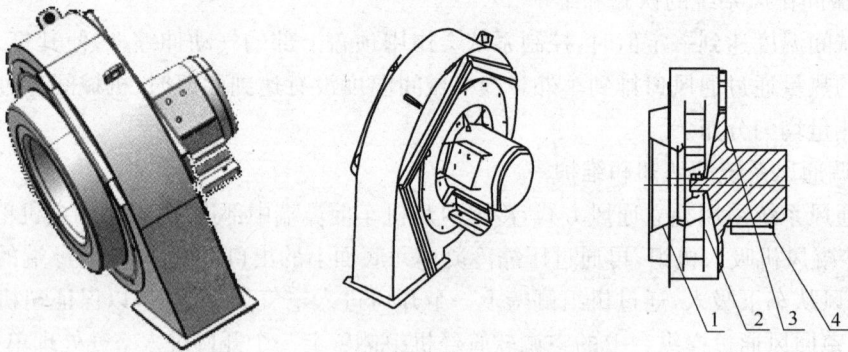

图 3-13　牵引通风机外形图及组结构图
1—集流器；2—蜗壳；3—叶轮；4—电动机

络现象。新的干燥定子绕组对地绝缘电阻一般不小于 100 MΩ，要求最小冷态值不小于 10 MΩ。受潮电机其绝缘电阻应不小于 0.5 MΩ，否则，需要将其清洗干净或烘干，必要时需重新浸漆。

　　转子为铸铝转子结构。电机传动端轴承和非传动端轴承均为进口 NSK 全封闭球轴承。在轴承寿命周期内，无需加油。其主要参数见表 3-1。

表 3-1　牵引风机及其机组技术参数

| 牵引通风机参数 | | 电动机参数 | | | |
|---|---|---|---|---|---|
| 风量 | 1.85 m³/s | 额定功率 | 12.5 kW | 极数 | 2 极 |
| 风压 | 4 800 Pa | 额定电压 | 400 V | 绕组接法 | Y |
| 额定轴功率 | 12.5 kW | 额定电流 | 24 A | 绝缘等级 | H 级 |
| 额定转速 | 2 920 r/min | 额定效率 | 88% | 安装方式 | B35 |
| 机组总重 | 200 kg | 额定功率因数 | 0.87 | 电机重量 | 80 kg |

**2. 辅助变流柜通风机组**

每台辅变流柜有两台轴流通风机,每台通风机组由一台 FVF90S-2 型通风机电动机驱动一台 4RDUKL797C0 型离心通风机。

通风机组结构通风机组主要由叶轮、蜗壳和集流器、电动机等组成。蜗壳为焊接结构,又称螺线形机壳。外形及结构如图 3-14 所示。

叶轮通过键直接装在电机轴上,并用锁紧垫与螺栓连接紧固,蜗壳通过电动机法兰盘与电动机连接起来。

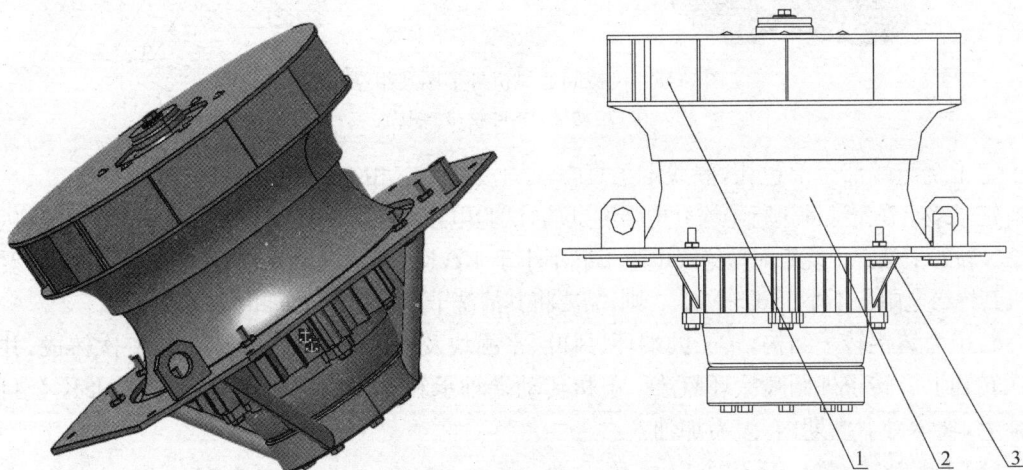

图 3-14 牵引通风机外形图及组结构图
1—叶轮;2—集流器;3—电动机

FVF90S-1 型电动机由定子、转子、端盖、轴承等组成。机座顶部有出线孔。定子无散齿,可改善电机槽口电气绝缘强度。定子绕组端部全部包扎,嵌线定子真空压力浸漆。三相绕组采用 Y 形连接。

定子绕组在浸漆前进行绝缘介电强度试验,试验电压为 2 500 V,历时 1 min,不许有击穿闪络现象。新的干燥定子绕组对地绝缘电阻一般不小于 100 MΩ,要求最小冷态值不小于 10 MΩ。受潮电机其绝缘电阻应不小于 0.5 MΩ,否则,需要将其清洗干净或烘干,必要时需重新浸漆。转子为铸铝转子结构,转子外圆喷涂环氧漆。端盖采用 HT200 铸铁,电机传动端轴承和非传动端轴承均为进口 NSK 全封闭球轴,轴承寿命周期内,无需加油。

**3. 机械间通风机组**

机械间补风系统采用独立通风方式,在 1、3、5 位牵引电机通风机上部各设一台机械间通风机组,每台通风机组由一台 FVF90S-2 型通风机电动机驱动一台轴流通风机。

(1)通风机组结构

通风机组主要由叶轮、机壳、集风器、电动机等组成。机壳和集风器均为焊接结构。叶轮采用 ZL104 铝铸造结构,轮芯采用 S355J2 或 1Cr18Ni9Ti 加工成型后与叶轮体铸造成一体。

叶轮在机壳内通过键直接装在电机轴上,并用锁紧垫与螺栓连接紧固,电机垂直安装在机壳内筒的固定环上。外形及结构如图 3-15 所示。

(2)FVF90S-2 电动机结构

FVF90S-2 型电动机由定子、转子、端盖、轴承等组成。机座顶部有出线孔。机座由灰铸铁 HT200 铸造而成,轴端顶部有出线孔和接线盒。定子无散齿,可改善电机槽口电气绝缘强

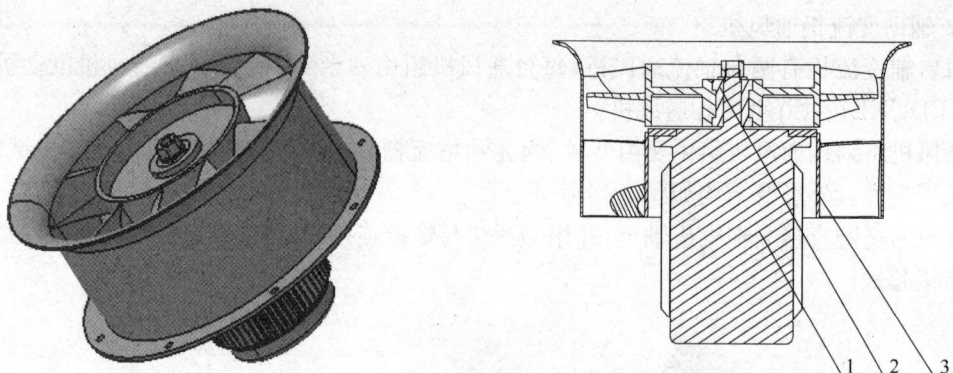

图 3-15　机械间通风机外形图及组结构图
1—电动机；2—叶轮；3—机壳

度。定子绕组端部全部包扎，嵌线定子真空压力浸漆。三相绕组采用 Y 形连接。

定子绕组在浸漆前进行绝缘介电强度试验，试验电压为 2 500 V，历时 1 min，不许有击穿闪络现象。新的干燥定子绕组对地绝缘电阻一般不小于 100 MΩ，要求最小冷态值不小于10 MΩ。受潮电机其绝缘电阻应不小于 0.5 MΩ，否则，需要将其清洗干净或烘干，必要时需重新浸漆。

转子为铸铝转子结构，转子的端环、风叶、平衡块及槽内导体用 99.5AL 铝一次铸成，并热套在转轴上。转子外圆喷涂环氧漆。电机传动端轴承和非传动端轴承均为进口 NSK 全封闭球轴承，轴承寿命周期内，无需加油。

(3)主要技术参数(表 3-2)

表 3-2　机械间风机及其机组技术参数

| 通风机参数 | | 电机参数 | | | |
|---|---|---|---|---|---|
| 风量 | 1.65 m³/s | 额定功率 | 1.5 kW | 极数 | 2 极 |
| 风压 | 500 Pa | 额定电压 | 400 V | 绕组接法 | Y |
| 额定轴功率 | 1.5 kW | 额定电流 | 3.4 A | 绝缘等级 | H 级 |
| 额定转速 | 2 830 r/min | 额定效率 | 77% | 安装方式 | B14 |
| 机组总重 | 37 kg | 额定功率因数 | 0.84 | 电机重量 | 21 kg |

(4)通风机组检修维护

风机维修检查间隔见表 3-3，机械间风机检修维护见表 3-4。

表 3-3　风机维修检查间隔表

| 项　　目 | 里程(×10³ km) | |
|---|---|---|
| | 最小值 | 最大值 |
| 1 级机械检查 MOL1 | 20 | 25 |
| 2 级机械检查 MOL2 | 40 | 50 |
| 其他系统性检查 OSI | 65 | 75 |
| 有限检查 LI | 130 | 150 |
| 常规检查 GI | 260 | 300 |
| 深度全面检查(间隔 1)MGI1 | 550 | 600 |
| 深度全面检查(间隔 2)MGI2 | 1 150 | 1 200 |
| 其他定期维修(间隔 1)OSM1 | 2 200 | 2 400 |

| 项　　目 | 里程(×10³ km) | |
|---|---|---|
| | 最小值 | 最大值 |
| 其他定期维修(间隔 2)OSM2 | 2 800 | 3 000 |
| 其他定期维修(间隔 3)OSM3 | 3 400 | 3 600 |
| 每年进行的安全检查 SI12 | | |
| 每两年进行的安全检查 SI24 | | |

表 3-4　风机检修维护表

| 序号 | 项　　目 | MOL1 | MOL2 | OSI | LI | GI | MGI1 | MGI2 | OSM1 | OSM2 | OSM3 |
|---|---|---|---|---|---|---|---|---|---|---|---|
| 1 | 外观检查 | × | × | × | × | × | × | × | × | × | × |
| 2 | 更换轴承 | | | | | | × | | | | |
| 3 | 更换叶轮 | | | | | | | | | × | |
| 4 | 电机更换绕组 | | | | | | | | × | | |
| 5 | 检查清理机壳 | | | | | | | × | | | |
| 6 | 检查电器连接 | × | × | × | × | × | × | × | × | × | × |
| 7 | 紧固件检查 | × | × | × | × | × | × | × | × | × | × |
| 8 | 轴身弯曲或转轴弯曲 | | | | | | × | | | | |

注：×表示执行，下同。

4. 过滤器装置

(1)概述

HXD2B 型机车过滤器装置有侧墙过滤器和顶盖百叶窗装置两种。侧墙过滤器共设 6 组进风滤水除尘装置，为牵引通风和机械间通风系统服务。采用两级过滤系统，第一级为滤水装置，其特点是阻力小、阻水效率高、免维护自清洁等特点；第二级为除尘装置，采用纤维层过滤器，框架采用焊接结构；滤料采用可反复水洗的无纺布，其特点是根据通风系统的要求采用 G2～G4 级的滤料，满足通风系统的要求，具有拆装方便，滤料易更换的特点。顶盖百叶窗装置共有 3 组，安装在顶盖主变流柜进风口处，为主变流柜和主变压器通风除尘和挡雨。

(2)滤水装置

①滤水装置原理

滤水装置即侧墙百叶窗采用竖式结构，在其前部设有前部导流体，中间设有中部漩流体，后部设有后部出风体，下部设有沉积室，在沉积室的下部前方设有排尘排水口，外界空气在前部导流体的进风口处加速，加速后的灰尘和水滴因含有较高的冲量而进入中部漩流体和后部出风体并减速，由于本身的重力而下坠至沉积室，随即排出，实现免维护和自清洁。滤水装置采用不锈钢合页定位在机车侧墙通风口上，用锁固定，为防止滤水装置在开启状态自由摆动，在下部设有防开锁。滤水装置原理如图 3-16 所示。

②滤水装置结构

滤水装置主要由框架、滤芯、不锈钢合页、以及防开锁等组成，框架采用铝板压型焊接结构，滤芯主要由滤材、卡子、门楣等组成，滤芯通过铆钉固定在框架上。滤水装置外形如图3-17 所示。

③除尘装置

除尘装置采用纤维层过滤器，主要由骨架、滤料等组成，骨架(框架、前支架、后支架)采用铝板焊接结构，滤料采用可清洗重复利用的无纺布，无纺布在过滤器前部和过滤器后部之间，该结构设计简单,易于检修维护,除尘装置通过紧固件固定在风道上。外形如图 3-18 所示,结构如图 3-19 所示。

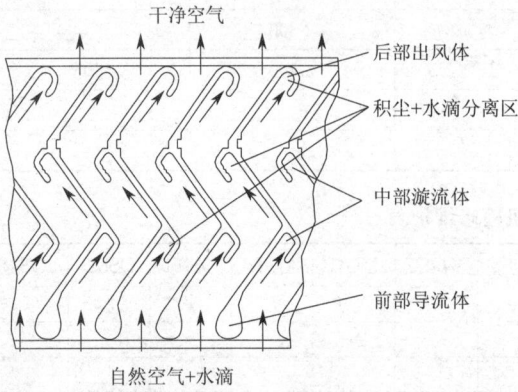

图 3-16　滤水装置原理图

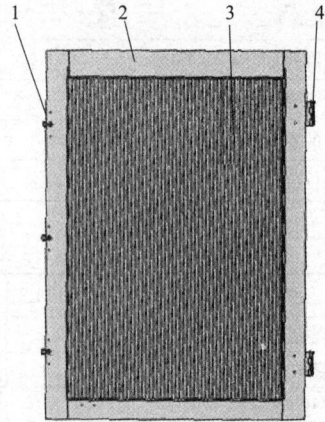

图 3-17　滤水装置外形

1—防开锁;2—框架;3—滤芯;4—不锈钢合页

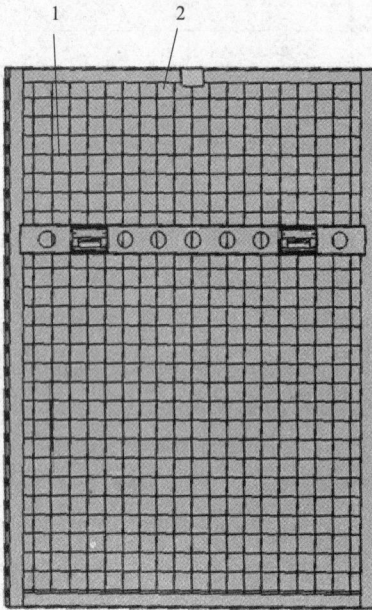

图 3-18　除尘装置外形

1—骨架;2—滤料

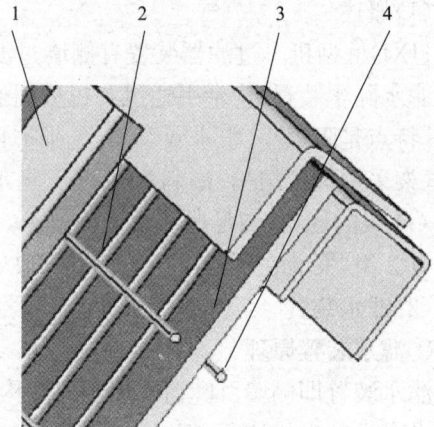

图 3-19　除尘装置结构图

1—框架;2—前支架;3—无纺布;4—后支架

(3)滤水除尘装置主要技术参数(表 3-5)。

表 3-5　滤水除尘装置技术参数表

| 序号 | 项目 | MOL1 | MOL2 | OSI | LI | GI | MGI1 | MGI2 | OSM1 | OSM2 | OSM3 |
|------|------|------|------|-----|-----|-----|------|------|------|------|------|
| 1 | 外观检查 | × | × | × | × | × | × | × | × | × | × |
| 2 | 紧固件检查 | × | × | × | × | × | × | × | × | × | × |
| 3 | 滤芯检查(一级) | | | | | | × | | | | |
| 4 | 滤料检查(二级) | × | × | × | × | × | × | × | × | × | × |
| 5 | 锁检查 | | | | × | | | | | | |

（4）滤水除尘装置检修维护（表 3-6）

表 3-6　滤水除尘装置检修维护表

| 序号 | 名　　　称 | 风速（m/s） | 最终阻力（Pa） | 效率（%） |
|------|-----------|-----------|--------------|----------|
| 1 | 滤水除尘装置—牵引通风系统 | 4.5 | 400 | 85 |
| 2 | 滤水除尘装置—机械间通风系统 | 3.6 | 300 | 85 |

### 4. 顶盖百叶窗装置

顶盖百叶窗装置安装在顶盖主变流柜进风口处，为主变流柜和主变压器通风除尘和挡雨。主要由骨架、叶片和过滤装置等组成，骨架和叶片采用钢板焊接结构，过滤装置采用钢板和不锈钢丝网组成。该结构设计简单，易于检修维护，百叶窗装置通过紧固件固定在风道口上。外形如图 3-20 所示。

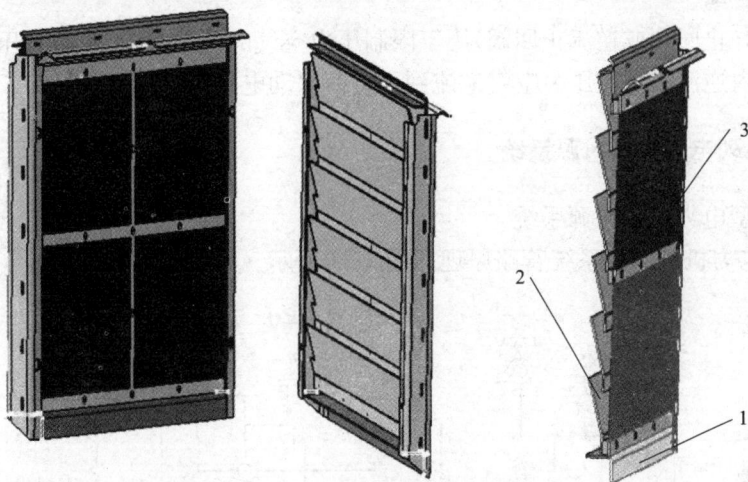

图 3-20　百叶窗装置外形与结构图
1—骨架；2—叶片；3—过滤器装置

# 任务四　电力机车风源系统的组成和维护

电力机车空气管路系统按其功能可分为风源系统、制动机气路系统、控制气路系统和辅助气路系统四大部分。其中，风源系统的作用是生产、储备、调节控制压力空气，并向全车各气路系统提供所需的高质量的，洁净、稳定的压力空气。

本章重点介绍 SS₄ 改型和 SS₉ 型电力机车的风源系统及其组成部件。

## 一、风源系统的构成

韶山系列电力机车风源系统由主空气压缩机组、压力控制器、总风缸、止回阀（止回阀或逆流止回阀）、高压安全阀、无负载启动电空阀、空气干燥器（或油水分离器）、塞门及连接管等组成。

（1）主空气压缩机组（简称主压缩机组，包括主压缩机及其驱动电动机）用于生产具有较高压力的压力空气，供全车空气管路系统使用。

(2)总风缸(又称主风缸)用来储存压力空气的容器。为保证压力稳定的压力空气的充分供应,机车上必须配备容量足够大的总风缸。工作中,总风缸内的压力空气经总风缸管送至制动机系统、控制气路系统和辅助气路系统供使用。

(3)空气压力控制器(即空气压力调节器)是利用总风缸压力的变化,自动控制空气压缩机的工作,使总风缸压力空气的压力保持在一定范围内。当总风缸空气压力达到最大规定值时,自动切断主空气压缩机电动机的电源电路,主空气压缩机停止工作;当总风缸空气压力低于最小规定值时,自动闭合主空气压缩机电动机的电源电路,主空气压缩机恢复打风。

(4)空气干燥器用于去除主空气压缩机组生产的压力空气中的油、水、尘及机械杂质等杂物后,储存在总风缸内,供全车空气管路系统使用。

(5)无负荷启动电空阀用于减小主空气压缩机组在启动过程中的启动负载,以保证主空气压缩机组顺利启动。

(6)止回阀(止回阀或逆流止回阀)用于限制压力空气的流动方向,以防止压力空气向主空气压缩机气缸内逆流或防止压力空气逆流到无负荷启动电空阀排入大气。

### 二、韶山系列电力机车风源系统

#### 1. SS₄ 改型电力机车风源系统

SS₄ 改型电力机车风源系统管路原理如图 3-21 所示。

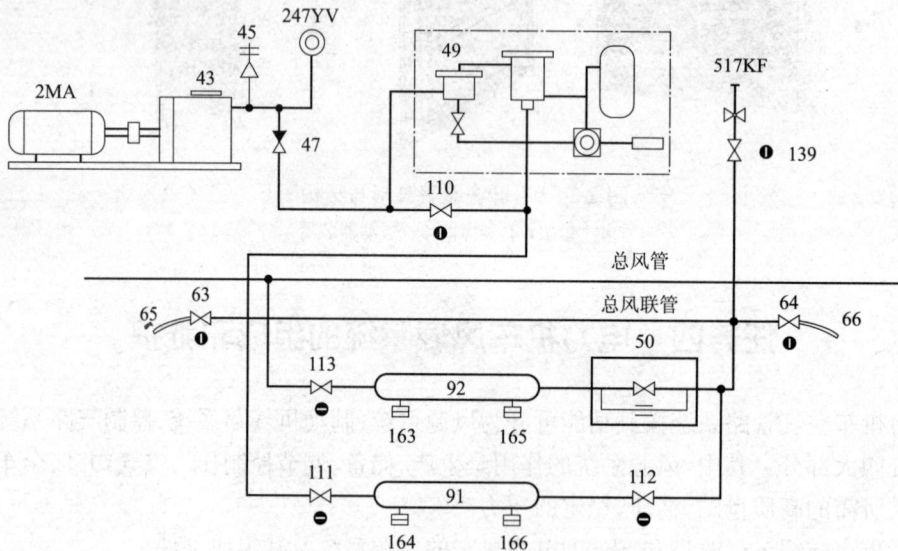

图 3-21　SS₄ 改型电力机车风源系统管路原理图

43—主空气压缩机组;45—高压安全阀;47—止回阀;49—空气干燥器;50—逆流止回阀;63、64—总风折角塞门;65、66—总风软管连接器;91—第一总风缸;92—第二总风缸;111~113、139—塞门;163~166—排水阀;247YV—无负载启动电空阀;517KF—压力控制器;2MA—主空气压缩机电机

SS₄ 改型电力机车风源系统可分为压缩空气的生产、压缩空气的压力控制、压缩空气的净化、压缩空气的储存以及总风的重联 5 个环节。其正常工作时的气路如下:

空气压缩机 43 ━┳━━→高压安全阀 45(调整动作压力 950±20 kPa)
　　　　　　　┣━→止回阀 47→冷却管→空气干燥器 49→塞门 111→第一总风缸 91→塞门 112┓
　　　　　　　┗━→无负载启动电空阀 247YV→塞门 110(关闭)

　　　　　┏━→塞门 139→压力控制器 517KF(开断 900±20 kPa,闭合 750±20 kPa)
　　　　　┣━→逆流止回阀 50→第二总风缸 92→塞门 113→总风管→制动机、气动器械
　　　　　┗━→总风联管→总风折角塞门 63 或 64→总风软管连接器 65 或 66←→重联机车风源系统

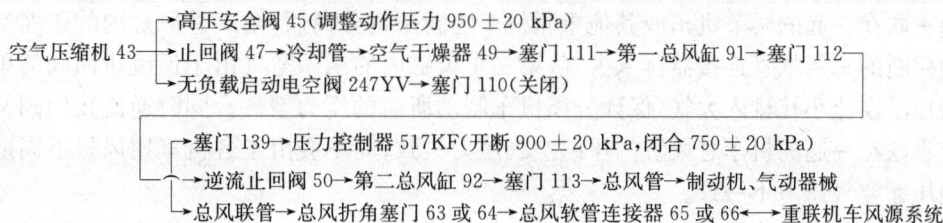

SS₄ 改型电力机车由两节完全相同的机车组成,每节机车上均设置一套完整的空气管路系统,可以单独运用,并且可通过空气管路系统的重联环节实现两节或多台 SS₄ 改型电力机车空气管路系统的重联运用。

(1)压缩空气的生产

每单节 SS₄ 改型电力机车主压缩空气的生产由一台生产量为 $3\ m^3/min$ 的 VF-3/9 型空气压缩机 43 完成。该空气压缩机为四缸 V 形排列两级单动风冷固定式,其额定排气压力为 900 kPa,额定转速为 980 r/min,并由一台功率为 37 kW 的 YYD-280S-6 型三相交流异步电动机驱动。在运行中,如果压缩机组出现故障,可利用另一节机车上的压缩机组继续维持运行。

(2)压缩空气的压力控制

压缩空气压力由 YWK-50-C 型压力控制器 517KF 来调整。该压力控制器性能稳定,调整方便。

压力控制器是根据总风缸压力的变化,自动闭合或切断主空气压缩机电动机电源,从而控制主空气压缩机的运转或停止,使总风缸内压力空气的压力保持在规定的压力范围(750~900 kPa)内。即当总风缸空气压力达到最大规定值 900 kPa 时,自动切断主空气压缩机电动机的电源电路,主空气压缩机停止工作;当总风缸空气压力低于最小规定值 750 kPa 时,自动闭合主空气压缩机电动机的电源电路,主空气压缩机恢复打风。

压力控制器故障时,可通过塞门 139 切除,这时司机可利用强泵风按钮操作压缩机组。

(3)压缩空气的净化

压缩空气的净化处理由空气处理量为 $3\sim5\ m^3/min$ 的 DJKG-A 型空气干燥器 49 完成。压缩机组生产的压缩空气先经过一段较长的冷却管冷却后进入干燥器,在干燥器的滤清筒、干燥筒内进行干燥净化处理后,送入总风缸内储存。

(4)压缩空气的储存

经过干燥净化处理后的压缩空气,进入两个串联的总风缸内储存。其中第一个总风缸 91 容积为 290 L,第二个总风缸 92 容积为 612 L。

机车入库后可关闭塞门 111、113,保存总风缸内的压缩空气;在机车无火回送时,应将塞门 112 关闭,切除第一总风缸,缩短列车的充气时间。

在使用中还应定期打开总风缸排水阀 163~166,检查和排除总风缸内的积水。

(5)总风的重联

为适应铁路运输的高速和重载要求,SS₄ 改型电力机车设置了重联功能,经过干燥、净化处理后的压力空气进入第一总风缸后,一路经逆流止回阀 50 进入第二总风缸提供本节机车使用;另一路经总风联管、总风折角塞门 63 或 64、总风软管连接器 65 或 66 等总风重联装置进入另一台重联机车,使得所有重联机车的总风缸相通。当一台机车空气压缩机组出现故障后,可由另一台机车通过总风重联装置提供压力空气。

当重联在一起的两节机车或其他重联机车之间断钩分离后,第一总风缸内的压缩空气将很快随拉断的总风软管连接器排入大气,第二总风缸内的压缩空气由于逆流止回阀的单向作用将缓慢沿逆流小孔排入大气,保证分离机车制动所需的压力空气。同时逆流止回阀又能保证所有重联在一起的机车总风缸内压缩空气压力一致,而不会由于各机车用风量不同造成总风缸内压缩空气压力不一致。

2. SS$_9$ 型电力机车风源系统

风源系统是机车空气管路系统的基础,它为机车与车辆制动系统及全列车气动器械提供稳定和洁净的压缩空气。

SS$_9$ 型电力机车的风源系统由空气压缩机、高压安全阀、止回阀、空气干燥器、逆流止回阀、折角塞门、软管连接器、总风缸、双管供风调压阀、排水阀、起动电空阀、压力控制器及塞门等部件组成。机车风源系统的组成及管路原理如图 3-22 所示。

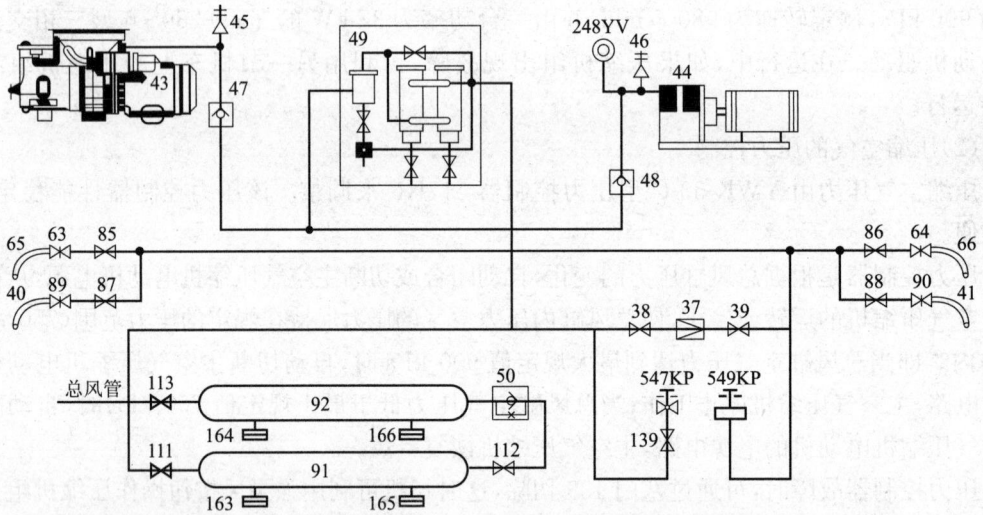

图 3-22　SS$_9$ 型电力机车风源系统管路原理图

40、41、65、66—供风软管连接器;43—TSA-230A 压缩机;44—V-2.4/9 压缩机;45、46—高压安全阀;47、48—止回阀;49—双塔干燥器;50—逆流止回阀;63、64、89、90—供风折角塞门;85~88—防撞塞门;91、92—总风缸;111~113—截断塞门;139—截断塞门;163~166—排水阀;547KP—压力开关;248YV—起动电空阀

SS$_9$ 型电力机车的风源系统可分为压缩空气的产生、压力控制、净化处理、储存、风源保护5 个环节。SS$_9$ 型电力机车风源系统正常工作时通路如下:

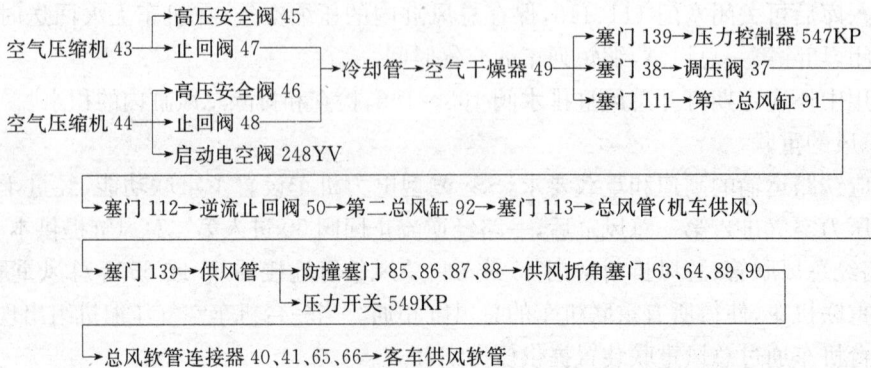

因为机车空气压缩机起动频繁,为保证压缩机在任何工况下都能顺利起动正常工作,在压缩机44排风口和止回阀48间装有起动电空阀248YV。

高压安全阀是确保总风管路不超压的安全设施,其整定值为950 kPa。

给客车供风的调压阀37整定值为600 kPa,用于供风压力状态指示的压力开关549KP整定值为480 kPa。可以从司机台上的指示灯判断供风风压的正常与否,或者从双管供风装置的风压表可观察到供风风压。

为保证风源系统的功能在不同工况下的正常发挥,一般应按照表2-1的要求操作塞门的开闭。表中"√"表示塞门处于开通状态,"×"表示塞门处于关闭状态。

压力控制器547KP若在运行中发生故障而影响压缩机正常工作,可关闭139塞门,靠司机手动控制压缩机的停启。库停时应定期将总风缸内水排尽,尤其在冬季,长时间库停需要先将总风缸排水阀163～166打开排尽压缩空气后再关闭。

# 任务五　电力机车控制管路系统和辅助管路系统的组成和维护

## 一、SS₄改型电力机车控制管路系统

### (一)受控电器设备

SS₄改型电力机车控制管路系统主要向下列设备提供压缩空气。

(1)主断路器:主断路器的分合闸动作主要由压缩空气控制。

(2)受电弓:受电弓的升起和保持状态,需要压缩空气来完成。

(3)门联锁阀:在受电弓升起时,依靠压缩空气将门联锁阀把各带有高压电的机器间门插上,以防止乘务人员误入危及安全。

(4)高压电器柜:高压电器柜内的转换开关、电空接触器的动作依靠压缩空气来实现转换。

### (二)控制管路系统原理图

如图3-23所示,SS₄改型电力机车控制管路系统分为下列三种工作情况,系统原理图如下:

1. 机车正常运用时的工作过程

机车正常运用时,由总风缸向控制管路系统供风,机车总风缸压缩空气经塞门140,一路经调压阀51将总风压力调至500 kPa后经塞门141、142供给Ⅰ、Ⅱ号高压柜,并经塞门146供给机车吹扫用风,另一路经止回阀108分为4路:一路经止回阀106截止;一路经膜板塞门97进入控制风缸102内储存;一路经塞门145,经分水滤气器207再次净化后向主断路器4QF风缸供风;第四路经调压周52调整至500 kPa,再经保护电空阀287YV和门联锁阀37、38,再经塞门143进入升弓电空阀1YV,在电空阀得电后,进入受电弓气缸1AP,使受电弓升起。工作通路如下:

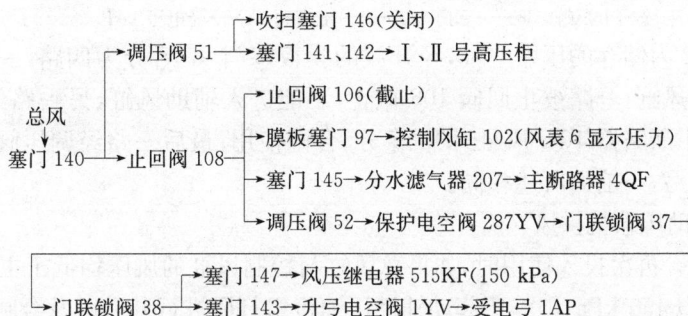

```
                        ┌→吹扫塞门146(关闭)
                ┌→调压阀51─→塞门141、142─→Ⅰ、Ⅱ号高压柜
                │
                │       ┌→止回阀106(截止)
  总风          │       ├→膜板塞门97─→控制风缸102(风表6显示压力)
  塞门140─┬─止回阀108─┤
                        ├→塞门145─→分水滤气器207─→主断路器4QF
                        └→调压阀52─→保护电空阀287YV─→门联锁阀37┐
                                                                  │
        ┌────────────────→塞门147─→风压继电器515KF(150 kPa)
        │
        └→门联锁阀38─┬→塞门143─→升弓电空阀1YV─→受电弓1AP
```

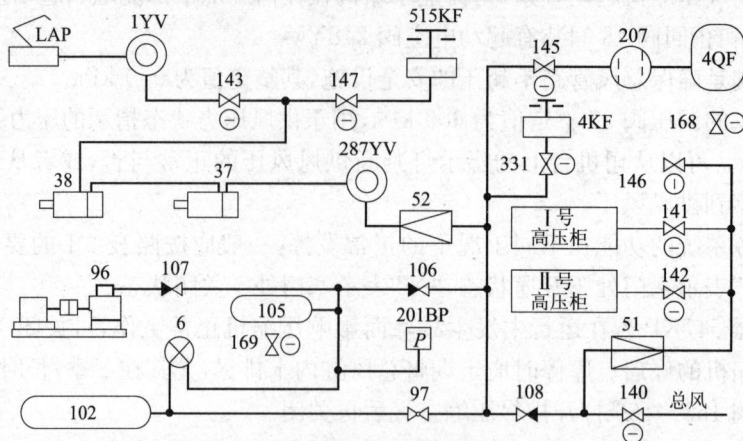

图 3-23　SS₄改型机车控制管路系统原理图

1AP—受电弓;1YV—升弓电空阀;4QF—主断路器;6—双针风表;37、38—门联锁阀;
51、52—调压阀;96—辅助压缩机;97—膜板塞门;102—控制风缸;105—辅助风缸;
106、107、108—止回阀;140～143、145～147—塞门;168、169—排水塞门;207—分水滤
气器;287YV—保护电空阀;515KF—风压继电器;201BP—压力传感器;4KF—风压继
电器;331—塞门(注:4KF与331只在部分机车上安装使用)

控制风缸 102 的设置是为了稳定控制管路系统内的风压防止分合闸时引起压力波动。

在机车停放前,应将控制风缸内压缩空气充至大于 900 kPa,然后关闭膜板塞门 97 以备再次使用时的升弓、合闸操作。

止回阀 106、107、108 是为了防止控制管路系统压缩空气逆流,同时代替换向阀实现风源转换而设置。

2. 库停后的控制风缸供风

机车停放后,重新投入使用时,如果总风缸内风压因泄漏而已低于主断路器分合闸所需最低工作压力 450 kPa 而控制风缸 102 内储存风压大于 600 kPa。可打开膜板塞门 97。利用控制风缸 102 内储存的压缩空气进行升弓及合闸操作。升弓、合闸后,应立即起动压缩机组打风,尽快恢复正常运行工况,由总风缸供风。控制风缸供风时的工作通路如下:

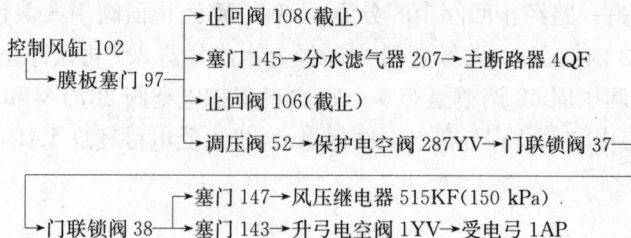

```
                          ┌→止回阀 108(截止)
控制风缸 102              ├→塞门 145→分水滤气器 207→主断路器 4QF
   └→膜板塞门 97 ──────┤→止回阀 106(截止)
                          └→调压阀 52→保护电空阀 287YV→门联锁阀 37─┐
  ┌──────────────────────────────────────────────────────────────┘
  │                       ┌→塞门 147→风压继电器 515KF(150 kPa)
  └→门联锁阀 38 ─────────┴→塞门 143→升弓电空阀 1YV→受电弓 1AP
```

控制风缸 102 内储存的压缩空气,经开放的膜板塞门 97 后分为四路:一路被止回阀 108 截止,不能进入总风缸;一路被止回阀 106 截止,不能进入辅助风缸,另一路经塞门 145、分水滤气器 207 进入主断路器 4QF 风缸,供机车分、合闸使用;最后一路经调压阀 52、保护电空阀 287YV,去往受电弓,与前面所述相同。

3. 库停后辅助压缩机供风

机车库停放后,再次投入使用时,如果总风缸与控制风缸的风压均低于主断路器合闸所需要的最低工作压力 450 kPa,则需要起动辅助压缩机组打风进行升弓以及合闸操作。

辅助压缩机是由机车蓄电池供电直流电动机驱动。为了减轻辅助压缩机96的工作负担,应在起动辅助压缩机组前关闭膜板塞门97,切除控制风缸102。当辅助压缩机打风使辅助风缸105内压力大于600 kPa,可边打风边升弓、合闸。完毕后,应立即起动主压缩机组打风,在总风缸压力大于450 kPa后,停止辅助压缩机工作。辅助压缩机供风时的工作通路如下:

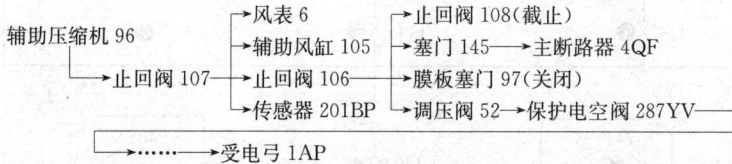

```
                              ┌──→ 风表 6          ┌──→ 止回阀 108(截止)
辅助压缩机 96                 │    辅助风缸 105    │    塞门 145 ──→ 主断路器 4QF
        │                    ├──→ 止回阀 106 ──→ ├──→ 膜板塞门 97(关闭)
        └──→ 止回阀 107 ──→ │    传感器 201BP    └──→ 调压阀 52 ──→ 保护电空阀 287YV ──┐
                              │                                                        │
        ┌─────────────────────┘                                                        │
        └·······→ 受电弓 1AP ◄──────────────────────────────────────────────────────────┘
```

辅助压缩机96产生的压缩空气首先经止回阀107后一路进入辅助风缸105,辅助风缸内的风压可以通过管路柜上的双针风表6显示,同时也可以通过压力传感器201BP和司机室内电测压力表21SP显示;另一路再经止回阀106后,一路被止回阀108截止,一路被关闭的膜板塞门97截止,另一路经塞门145进入主断路器4QF风缸,最后一路经调压阀52进入升弓通路,去往受电弓。原理如前所述。

在机车受电弓升起时,为了保证与高压区的隔离,在升弓通路中设置了保护电空阀和门联锁阀。起到联锁保护作用。其工作原理如图3-24所示。

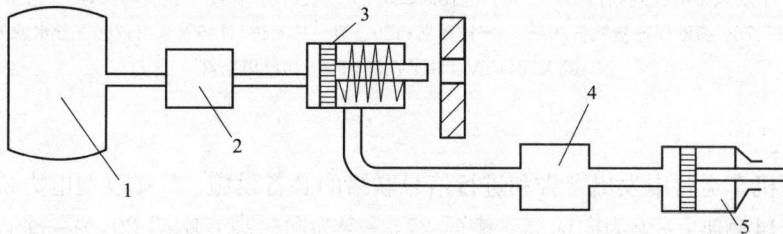

图 3-24　门联锁阀和保护电空阀配合工作示意图
1—风缸;2—保护电空阀;3—门联锁阀;4—升弓电空阀;5—升弓风缸

压缩空气由风缸经保护电空阀送到门联锁阀,由于保护电空阀是一个闭式电空阀,其线圈由交直流同时供电,只要线圈有电(无论交流还是直流)就能保持开启状态,保证门联锁的压缩空气供给。这样,门联锁阀在风压下紧紧的插好插销,变压器室和高压室的门就不会打开。同时开启了压缩空气去升弓电空阀的通路,此时司机按下升弓按钮,升弓电空阀线圈有电升弓电空阀开启,压缩空气即进入升弓风缸,受电弓升起。

机车在受电弓升状态由于保护电空阀线圈的交流线圈通过零压保护整流器整流,使电空阀始终处于得电状态,使门联锁阀通路保持开通闭锁状态,从而保证了高压室和变压室门不能打开,防止乘务人员误入,确保了人身安全。

**二、SS₄改型电力机车辅助管路系统**

辅助管路系统可改善机车运行条件,确保行车安全。它由撒砂器、风喇叭和刮雨器等辅助装置以及辅助装置的控制部件组成;图3-25所示是SS₄型改机车单节机车辅助管路系统原理图。由图可见,各辅助装置直接使用总风缸的压缩空气各辅助装置前均设有塞门。在某个辅助装置发生故障故障时,可将相应塞门关闭,切断风源。辅助管路系统原理图如图3-25所示。

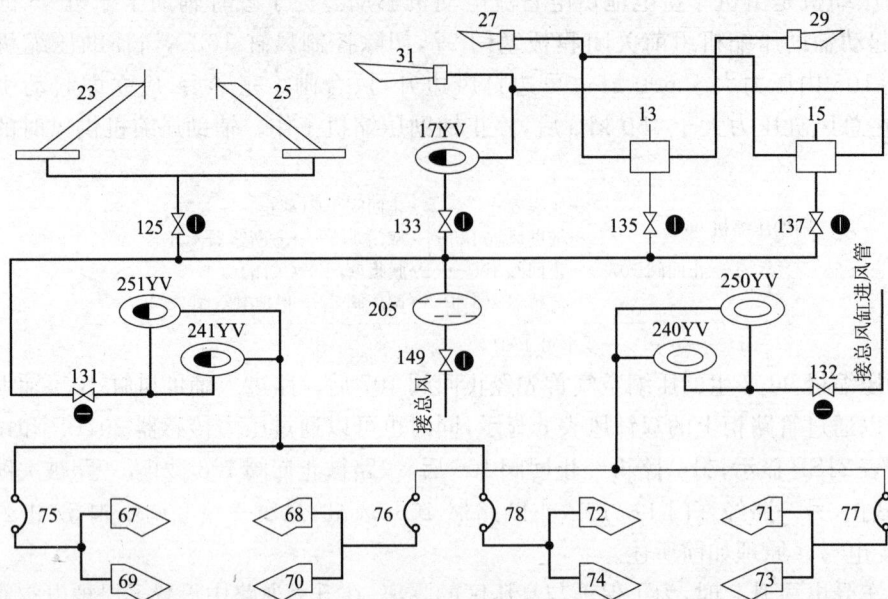

图 3-25　SS4 改型电力机车辅助管路系统图

13、15—手动风喇叭控制阀;17YV—喇叭电控阀;23、25—刮雨器;27、29—高音喇叭;31—低音喇叭;
75、76、77、78—撒砂器连接软管;67~74—撒砂器;125、131~133、135、149—塞门;205—分水滤气器;
240YV、241YV、250YV、251YV—撒砂电空阀

### 1. 风喇叭

风喇叭是机车运行中发出警告和进行信号联络的必备设施。SS4 改型电力机车单节机车共设置了 3 个风喇叭:一个为向前高音喇叭 27,一个为向后高音喇叭 29,另一个向前低音喇叭 31。它们安装在司机室顶盖左右两侧,分别由正、副司机台上的手动喇叭控制阀 13、15 和正司机台面下的脚踏开关 335A 控制,高低音风喇叭的结构基本相同,所不同的是高音喇叭比低音喇叭的喇叭简短一些,因此它所发出的声音频率不同。

当正司机台手动喇叭控制阀 13 向前推时,向前高音喇叭 27 发出声音,向后拉时,向后高音喇叭 29 发出声音。同样,副司机台手动喇叭控制阀 15 向前推时,向前高音喇叭 27 发出声音;向后拉时,向前低音喇叭 31 发出声音。如果踏下脚踏开关 33SA,喇叭电空阀 17YV 电源接通,总风经电空阀 17YV 下阀口进入低音喇叭 31,向前低音喇叭 31 发出声音。

### 2. 刮雨器

刮雨器是为了刮去司机室前窗玻璃上的雨、雪、水珠便于司机瞭望,确保行车安全而设置。在司机室两侧前窗各装有一套风动双杆刮雨器 23 和 25。通过调节进气阀口的供气量大小,从而起动或停止刮雨器的摆动同时也能调节刮雨器雨刷的摆动速度。

### 3. 撒砂装置

撒砂装置是为向轨面撒砂增加轮轨间的黏着力,改善机车牵引和制动性能而设置。SS4 改型电力机车每台转向架前、后轮对外侧都装有砂箱和撒砂器,每节机车共有 8 个砂箱和 8 个撒砂器。

撒砂装置主要由撒砂器、砂箱和司机室控制的撒砂阀组成。SS4 改型电力机车采用脚踏开关替代脚踏阀控制撒砂。

撒砂装置不仅能受司机的控制,也能与制动机、防空转滑行及断钩保护装置配合作用,当司机踩下脚踏开关 35SA 或空转滑行,断钩保护及大闸紧急制动时,通过相关电路使撒砂电空阀 251YV、241YV 或撒砂Ⅱ电空阀 250YV、240YV 得电,总风缸内压缩空气通过电空阀口到达与机车运行方向一致的撒砂器,将砂子吹撒到轨面。SS4 改型电力机车通过有关导线的重联可以向非操纵节机车、重联机车的撒砂器送风。

### 三、SS9 型电力机车控制管路系统

SS9 型电力机车控制管路系统主要向受电弓、主断路器及高压电器柜内的电空接触器、转换开关等机车气动电器设备提供所需的压缩空气,其组成和原理如图 3-26 所示。

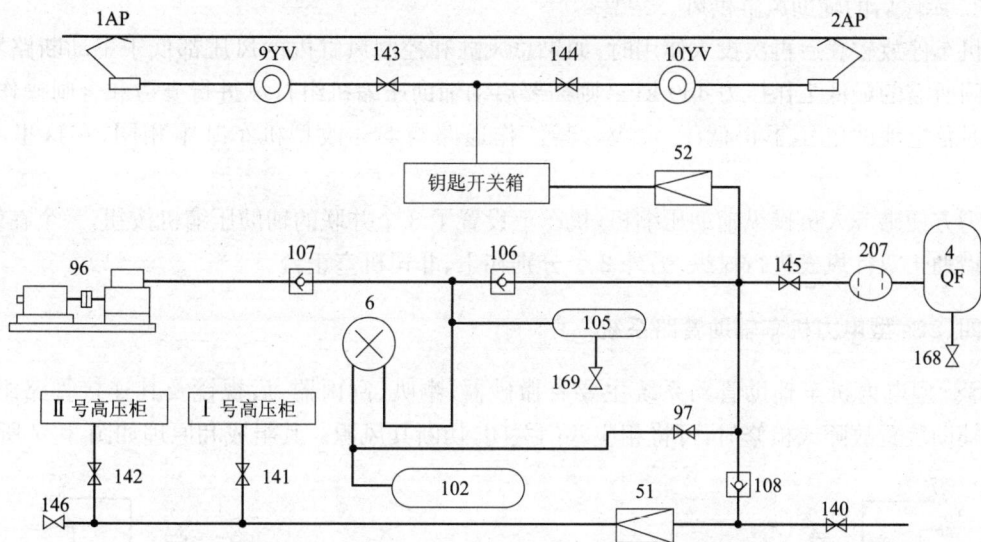

图 3-26　SS9 型电力机车控制管路系统原理图

1AP、2AP—受电弓;4QF—主断路器;9YV、10YV—升弓电空阀;6—双针压力表;51、52—调压阀;
96—辅助压缩机;97—截断塞门;102—控制风缸;105—辅助风缸;106、107、108—单向阀;140～146—截断塞门;
168、169—排水塞门;207—分水滤气器

SS9 型电力机车控制管路工作系统的作用分为三种工作情况。

#### 1.正常运行时的总风缸供风

机车正常运行时,由总风缸向控制管路提供风源,其工作道路如下:

机车总风缸压缩空气经塞门 140 后分为两路,一路经调压阀 51 将总风压力调为 500 kPa 后,经塞门 141、142 供给Ⅰ、Ⅱ号高压柜,并经 146 塞门供给机车吹扫用,另一路经 108 止回阀分为 4 条支路:第一条支路经 106 止回阀截止,第二条支路经膜板塞门 97 进入控制风缸 102 内储存,第三条支路经塞门 145 后经分水滤气器 207 再次净化后向主断路器 4QF 风缸供风,第四条支路经调压阀 52 调整至 500 kPa 后经钥匙开关箱后再经塞门 143、144 分别进入升弓电空阀 9YV、10YV 电空阀得电后,经受电弓 1AP 或 2AP 风缸,使受电弓升起。

在机车停放前,应将控制风缸内的压力充至大于 900 kPa,然后关闭塞门 97,以备机车再次使用时升弓合闸操作,减轻辅助压缩机组的负担。

SS9 型电力机车将门联锁阀改为门联锁钥匙箱,若在升弓时,任一高压室或变压器室门没有关好,即安全联锁门钥匙没有全都在安全钥匙箱内放置到位,则钥匙开关箱不能开放

升弓通路,压力空气不能进入受电弓。受电弓升起后,钥匙开关箱内的钥匙取不出来,必须降弓并且待钥匙箱内的安全联锁状态解除后,才能取出备室的钥匙,这样就避免了司乘人员误入高压区。

**2. 库停后的控制风缸供风**

机车库停后再次投入使用时,如果总风缸由于泄漏使压力小于 450 kPa,而控制风缸 102 内存储的风压大于 600 kPa 时,可打开塞门 97,利用控制风缸 102 内储存的压缩空气进行升弓和合闸操作,此时 I、II 号高压柜内没有压缩空气。

升弓、合闸后应立即启动主压缩机组打风尽快恢复正常运行状况由总风缸供风。控制风缸供风时的工作通路这里不再赘述。

**3. 库停后的辅助风缸供风**

机车停放较长后再次投入使用时,如果总风缸和控制风缸内的风压都低于王动断路器的分合闸所需的最低工作压力 450 kPa,则需要启动辅助压缩机组打风进行升弓和合闸操作,注意此时蓄电池的电压不得低于 90 V。其工作通路与 SS4 改型机车基本相同,在这里不再赘述。

为方便乘务人员操纵辅助压缩机,机车上设置了 3 个并联的辅助压缩机按钮,一个在管路柜上借助于双针风表进行操纵,另外 2 个分别在 I、II 司机室正台。

### 四、SS9 型电力机车辅助管路系统

SS9 型电力机车辅助管路系统主要有撒砂器、喇叭、刮雨器、后视镜及其连接管路组成。当各辅助装置故障或检修时,可将相应塞门关闭,切断其风源。其组成和原理如图 3-27 所示。

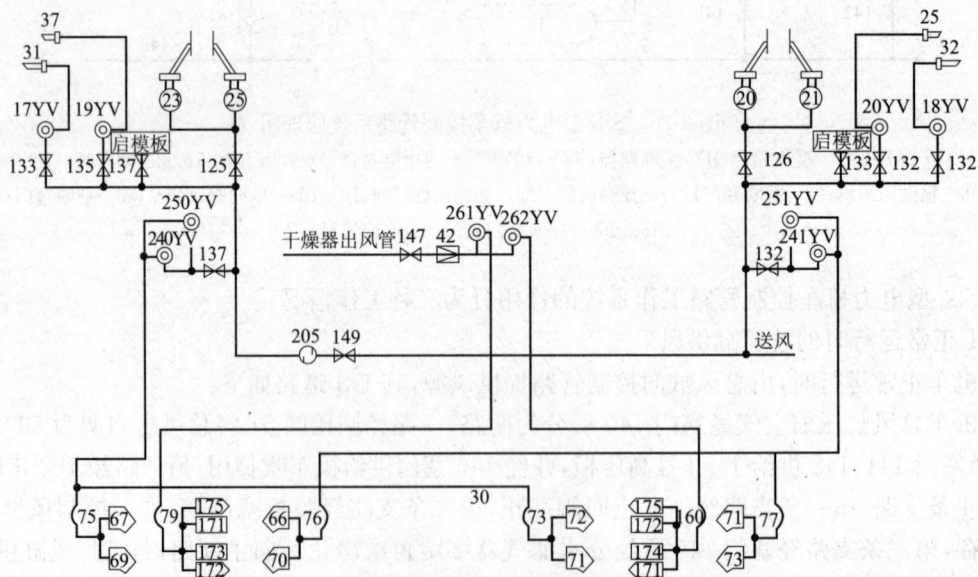

图 3-27　SS9 型电力机车辅助管路系统原理图

17YV～20YV—喇叭电空阀;23～26—刮雨器;27、28—高音喇叭;31、32—低音喇叭;42—停放制动调压阀;67～74—撒砂器;75～78撒砂器连接软管;125、126、131～138、147、149、150—截断塞门;131、132、135、137、171～174—轮喷油箱;179、180—轮喷连接软管;175～178—轮喷喷嘴;205、206—分水滤气器;240YV、250YV、241YV、251YV—撒砂电空阀;261YV、262YV—轮喷电空阀

## 项目小结

本项目主要介绍了主型电力机车通风系统和空气管路系统的结构,工作通路以及维护项目,通过教学做一体化教学和现场评价,让学生掌握认知各型电力机车通风系统和空气管路系统的构造和维护,主要系统的通风通路。

## 复习思考题

1. 试述 SS4 改型电力机车的通风系统的结构、主要技术参数和设备通风通路。
2. 试述 SS9 型电力机车的通风系统的结构、主要技术参数和设备通风通路。
3. 试述 SS7E 型电力机车的通风系统的结构、主要技术参数和设备通风通路。
4. 试述 HXD2B 型电力机车的通风系统的结构、主要技术参数和设备通风通路。
5. 试述 SS4 改型电力机车风源系统的组成、工作通路。
6. 试述 SS9 型电力机车风源系统的组成、工作通路。
7. 试述 SS4 改型电力机车控制管路系统的组成、工作通路。
8. 试述 SS9 型电力机车控制管路系统的组成、工作通路。

# 项目四 电力机车转向架的认知和维护

## 项目描述

在教室、机车实训室,以项目教学、任务驱动,教、学、做一体,现场评价的方式进行教学,以教材、实训设备及挂图、教学课件为学习载体,以讲授和实训的方式进行介绍,以教材、实物或模型、教学课件为学习载体,按照电力机车转向架结构、作用及特点;轮对的结构、作用及特点;构架的结构、作用及特点;一系悬挂装置的结构、作用及特点;二系悬挂装置的结构、作用及特点;转向架驱动装置的结构、作用及特点,讲解各型电力机车转向架的结构、组成、作用以及转向架各组成部件的结构及特点。

## 学习目标

### 【知识目标】

◆ 掌握 SS$_4$ 改型电力机车转向架及相关零部件的基本组成结构、特点、作用和维护。

◆ 掌握 SS$_9$ 型电力机车转向架及相关部件的结构、特点、材质、作用和维护。

◆ 掌握 HXD$_{2B}$ 型电力机车转向架及相关部件的结构、组成、作用、特点和维护。

### 【能力目标】

◆ 对照实训设备或挂图,掌握并说出转向架的结构组成、各装置的作用原理、各部件名称及作用。

◆ 对照实训设备或挂图,掌握并说出纵向力、横向力、垂向力在转向架的传递过程。

◆ 对照实训设备或挂图,掌握转向架及部件的检查和维护方法及要求。

## 任务一 转向架的部件组成及检查维护

转向架是保障机车安全运行的关键部件之一,对机车的安全性、舒适性、可靠性以及减少对轨道的破坏、减轻对环境的污染等有着极为重要的作用。它承受车体传来的各种静、动载荷,并利用轮轨间的黏着保证牵引力和制动力的产生,因此转向架设计要求有足够的强度,小的轮轨作用力,较好的平稳性、稳定性和曲线通过性能,高的黏着利用率,可靠的牵引制动性能,并尽可能满足标准化、简统化的要求。

HXD$_{2B}$ 型电力机车转向架的开发是基于技术引进、消化、吸收 HXD$_2$ 型电力机车转向架技术的基础上,结合客户需求开发的 120 km/h、25 t 轴重 C$_0$ 转向架。采用标准化、系列化、模块化、轻量化设计,设计原则是满足大功率交流传动货运电力机车对转向架性能和可靠性的要求。在保证性能的前提下,工作重点是对主要受力部件构架、一二系悬挂、电机悬挂和牵引装置的可靠性研究,以满足大功率交流货运电力机车的运营需求。

### 一、转向架结构及组成

电力机车转向架主要由如下部分构成：构架、悬挂装置、轮对装配、驱动装置、基础制动装置、牵引装置、轮缘润滑装置、管路和附属装置等，其结构如图 4-1 所示。

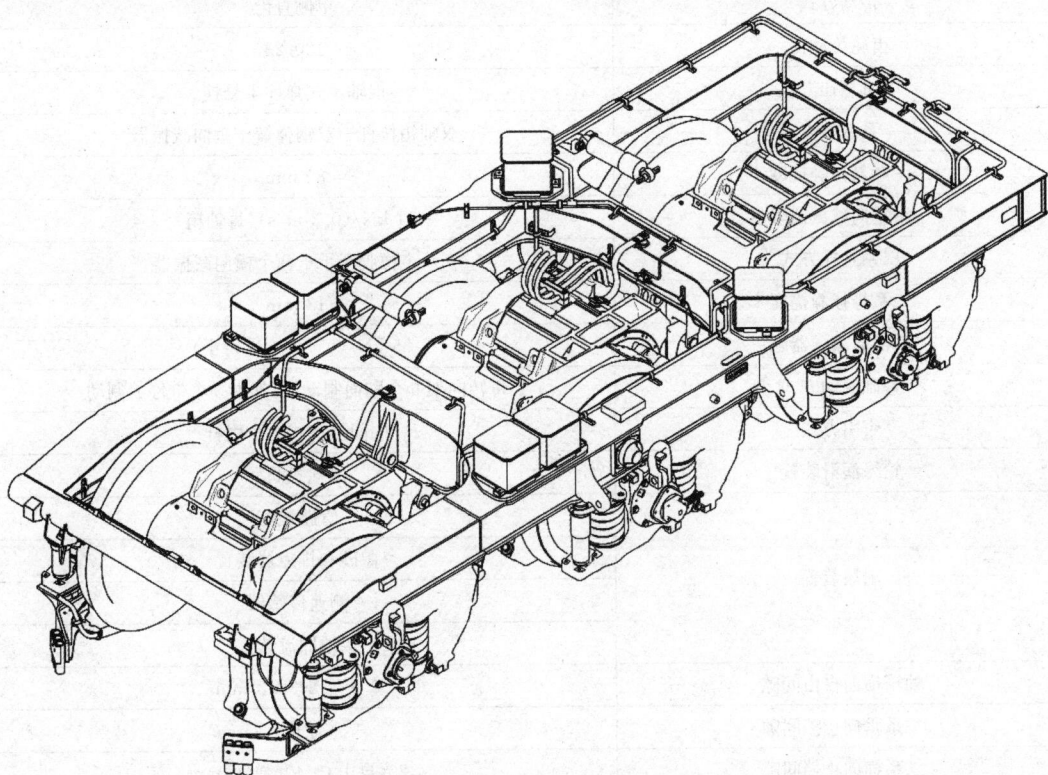

图 4-1　HXD2B 型机车转向架

#### 1. 主要技术参数

该转向架设计、制造采用的标准以 EN、UIC 和 ISO 等标准为主，同时也符合 GB 146.1—1983《标准轨距铁路机车车辆限界》的要求，其主要技术参数见表 4-1。

表 4-1　转向架主要特性参数表

| 项　　目 | 参　　数 |
|---|---|
| 轴式 | $C_0$—$C_0$ |
| 轨距 | 1 435 mm |
| 固定轴距 | (2 250+2 000)mm |
| 轴重 | 25 t |
| 转向架总重（含电机） | 约 26.4 t |
| 最高运行速度 | 120 km/h |
| 最高试验速度 | 132 km/h |
| 轮对内侧距（落车后） | (1 353±3)mm |

续上表

| 项　目 | 参　数 |
|---|---|
| 轮径 | 新轮：1 250mm |
| | 全磨耗：1 150 mm |
| 传动方式 | 单侧直齿 |
| 齿轮传动比 | 120/23 |
| 电机悬挂方式 | 抱轴承式弹性半悬挂 |
| 一系悬挂方式 | 双轴箱拉杆＋双钢弹簧＋垂向减振器 |
| 一系悬挂静挠度 | 85 mm |
| 一系垂向减振器阻尼 | 11 kN/(0.3 m/s)（每轴箱） |
| 二系悬挂方式 | 六个橡胶旁承＋两个横向减振器 |
| 二系悬挂静挠度 | 13 mm |
| 二系横向减振器阻尼 | 5 kN/(0.1 m/s)（每个） |
| 基础制动方式 | 每转向架 6 个踏面制动器，其中 3 个带停放制动 |
| 牵引方式 | 中间推挽式短牵引杆 |
| 轮缘润滑装置 | 油气式润滑 |
| 附属装置 | 管路装配 |
| | 撒砂和排障器装置 |
| | 测速传感器 |
| | 接地回流装置 |
| 轴箱横向自由间隙 | 0.3—18—0.3 mm |
| 一系垂向止挡间隙 | 29 mm |
| 二系横向止挡间隙 | 20（自由）＋40（弹性）mm |
| 摇头止挡间隙（Ⅰ、Ⅲ位） | 107 mm |
| 通过最小曲线半径（<5 km/h 以下速度） | 125 m |
| 限界 | 符合 GB 146.1—1983 |

动力学计算表明，该机车理论上的准线性和非线性临界速度大于 200 km/h；在德国高速低干扰线路和德国高速高干扰线路谱上，机车在 120 km/h 速度下运行，其横向平稳性、垂向平稳性、轮轴横向力均属优良；机车可以安全地通过大、中、小半径曲线，具有良好的曲线通过性能。

2. 转向架的受力分析及传递

转向架在运行中主要承受三种力：纵向力、横向力和垂向力。

纵向力主要是机车的牵引力和制动力，其传递途径为：钢轨和车轮相互作用产生→车轴→轴箱体→轴箱轴承→轴箱拉杆→构架→牵引杆→车体→车钩→列车。

横向力主要是机车通过曲线时的离心力和横向振动引起的附加力，传递途径为：车体→二系横向或摇头止挡→构架→轴箱止挡→轴箱体→轴箱轴承→车轴→车轮→钢轨。

垂向力是机车自身的重力和机车运行时的垂向振动引起的附加载荷，其传递途径为：车体→二系橡胶堆→构架→轴箱弹簧→轴箱体→轴箱轴承→车轴→车轮→钢轨。

3. 转向架主要技术特点

（1）针对重载货运的技术，采用了一系"软"二系"硬"的悬挂方式。

（2）主动齿轮在电机上的简支梁结构设计。

（3）采用球墨铸铁全封闭式传动齿轮箱。

（4）针对功率大的技术要求，创新性地首次在中国采用了推挽式水平短牵引杆技术，有效减少了轴重转移，结构简单可靠。

（5）主要受力部件材料要求高，都有零下低温冲击试验的要求。

（6）基于先进标准的设计和制造技术：设计过程在既有成熟产品和技术标准基础上开展，引用的技术标准先进、全面，以 UIC、EN 和 ISO 为主，主要部件都有标准可依。

# 任务二　SS₉ 型电力机车转向架的检查和维护

转向架是机车最关键的部件之一，它对机车的安全性、舒适性、可靠性、寿命及减少对轨道的破坏均起着极其重要的作用。它承受车体传来的各向静动载荷，并传递牵引力、制动力，因此转向架设计要求有足够的强度，小的轮轨作用力，较好的平稳性、稳定性和曲线通过性能，高的黏着利用率，可靠的牵引制动性能，并尽量满足标准化、系统化的要求。

SS₉ 型电力机车转向架的主要结构特点是：采用轮对空心轴六联杆驱动装置，充分借鉴国产 SS₈ 型电力机车的成熟技术；二系弹簧采用高圆弹簧支承，配以横向、垂向液压减震器及抗蛇行液压减震器；一系是钢圆簧加液压减震器结构；转向架总静挠度较大；牵引电动机全悬挂；基础制动装置采用独立单元式单侧制动；停车制动采用蓄能制动；牵引方式为双侧平拉杆；转向架还配有撒砂装置、接地装置、轮缘润滑装置、横向和垂向止挡等附属部件。

## 一、转向架的结构及原理

SS₉ 型电力机车是在 SS₈ 型电力机车基础上我国自行研制的 C₀—C₀ 轴式的准高速客运电力机车，可实现提速要求为 170 km/h 的客运列车牵引。其走行部由两台转向架组成，如图 4-2 所示。每台转向架由构架、轮对电机组装、轴箱装配、一系悬挂装置、二系悬挂装置、牵引装置、电机悬挂装置、基础制动装置、轮缘喷油润滑装置、附件等主要部件组成。

（一）转向架的作用

（1）承重：通过二系悬挂装置承受车体以及所安装设备的重量，并传给转向架构架，然后通过一系悬挂装置传给轴箱，经由轮对作用于钢轨，从而获得一定的黏着质量。

（2）传力：包括牵引力和制动力。牵引力传递路线为牵引电机产生的转矩通过齿轮传动装置使轮对转动，轮对与钢轨之间由于黏着产生轮周牵引力，经由轴箱、轴箱拉杆传给构架，再由牵引杆传给车体，最后经由车钩牵引列车运行；制动力与牵引力方向相反，传递路线与牵引力相反，从而实现机车牵引和制动。

（3）实现机车在直线和曲线的平稳运行，减小对轨道的横向作用力，保证机车曲线运行的安全可靠。

（4）尽可能缓和线路不平顺对机车的冲击，确保机车运行的平稳性，尽可能减少运行中的动作用力及其危害。

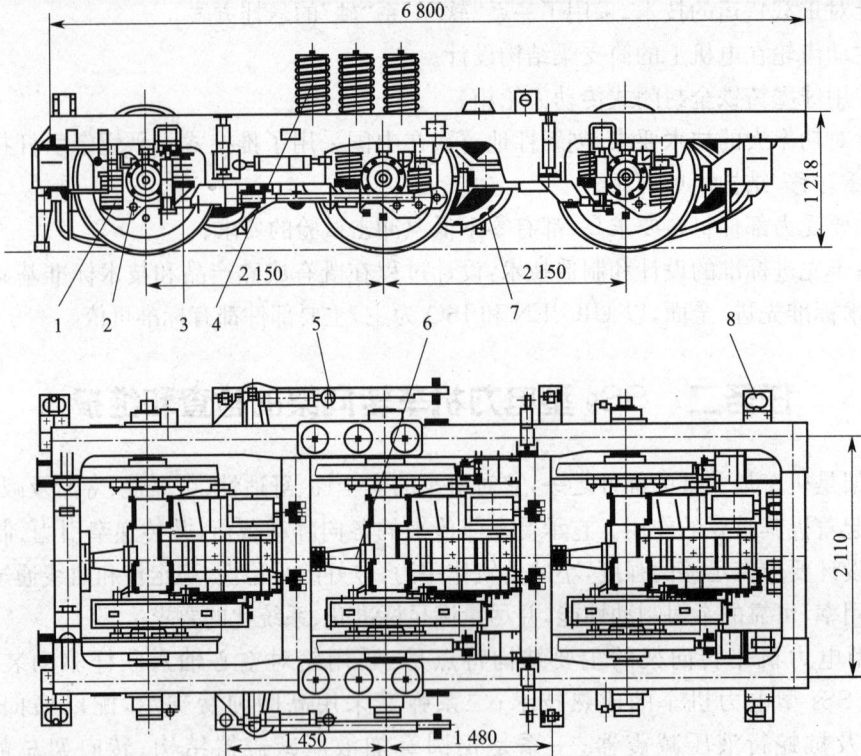

図 4-2　SS$_9$ 型电力机车转向架总装

1—轮对电机组装；2—构架组装；3—一系悬挂装置；4—二系悬挂装置；
5—牵引装置；6—电机悬挂装置；7—基础制动装置；8—转向架附件组装

（二）SS$_9$ 型电力机车转向架的主要特点

（1）采用 C$_0$ 式转向架的固定轴距长，运行稳定性高。

（2）在每个转向架设置抗蛇行减振器，实现机车高速运行稳定性能。

（3）采用六连杆轮对空心轴传动方式，实现电机架悬式悬挂，大大减轻了簧下质量。

（4）转向架采用水平拉杆牵引方式，保证了机车有良好的黏着性能。

（5）两转向架相同，可实现互换，有利于简统化。

（6）车轮采用整体碾钢车轮。

（7）采用了新型齿轮箱密封技术。

（8）轴箱轴承采用 100CrMo7 材料制成的高速重载轴箱轴承。

（9）一、二系弹簧均采用簧条磨光技术，去掉轧制过程中的脱碳层，提高其疲劳强度。

（10）基础制动采用单侧粉末冶金闸瓦单元制动装置。

（三）主要技术参数

SS$_9$ 型电力机车主要技术参数见表 4-2。

（四）日常运用与维护

1. 转向架组装要求

（1）同一轮对两轮滚动圆直径之差不大于 0.5 mm，同一台机车 6 个轮对彼此直径之差不大于 1 mm。

（2）同一台机车转向架各二系弹簧和橡胶垫的每台总工作高度之差不大于 4 mm。

**表 4-2 SS₉ 型电力机车转向架主要技术参数**

| 轴式 | $C_0—C_0$ | 齿轮传动比 | 75/32 |
|---|---|---|---|
| 轴距 | 2 150 mm+2 150 mm | 一系悬挂静挠度 | 53.5 mm |
| 转向架中心距 | 11 570 mm | 二系悬挂静挠度 | 96 mm |
| 最大速度 | 170 km/h | 起动工况黏着质量利用率 | 0.94 |
| 同一轴两轴箱中心距 | 2 110 mm | 紧急制动制动率 | 41% |
| 轮径 | 1 250 mm | 储能制动制动率 | 8% |
| 轴重 | 21 t | 储砂容量 | 800 kg |
| 牵引力传递方式 | 低位水平拉杆牵引方式 | 转向架质量 | 30.4 t |
| 牵引电机悬挂方式 | 架悬式 | 基础制动方式 | 单侧单元制动 |
| 传动方式 | 六连杆轮对空心轴传动 | 构架相对车体横动量 | (30±2)mm |

（3）同一台机车转向架各二系弹簧和橡胶垫的总工作高度之差不大于 2 mm。

2. 机车落车后转向架的调整和检查

（1）检查转向架构架上各零部件安装位置正确，各紧固螺栓状态良好。

（2）构架上平面至轨面高度为（1 218±10）mm，同一侧前后之差不大于 10 mm，同一端左右之差不大于 5 mm。

（3）轴箱上平面到构架下平面距离为 30 mm。

（4）齿轮箱距轨面不小于 120 mm。

（5）撒砂管底面距轨面高度不小于 25 mm。

（6）撒砂管端面与车轮踏面距离为（20±5）mm。

（7）限界检查。

（8）机车称重。机车通过以上调整进行静止称重，称重满足总体要求。

（9）转向架与底架垂向止挡间隙为 302 mm。

（10）转向架与底架横向止挡间隙为 302 mm，两侧之和为 604 mm。

（11）各联结螺栓应无松动。各制动单元动作应灵活，不得有卡滞现象。

（12）每次机车落成后，均应在整备质量下进行轮对电机组装的间隙调整。

（13）允许用调整一、二系弹簧和橡胶垫的高度调整构架水平。

（14）调平构架后，调整轮瓦间隙均匀，在缓解状态下，间隙为 4~8 mm。

（15）检查各部件应组装到位，紧固可靠，动车不得有异常声音。

3. 动车前检查

（1）机车出库或长时间停放起车前，检查弹簧停车制动器是否缓解，如未缓解，拉动手动缓解阀，机车缓解后方可动车。

（2）检查各齿轮箱油位是否在标准油位，如油量不足，应加油后动车。

（3）检查各制动器闸瓦是否需更换，轮瓦间隙是否在规定范围（4~8 mm）。

## 二、构　架

构架是转向架的主体，是连接转向架各组成部分的骨架。它不仅承受机车上部所有设备的质量，而且承受和传递机车在运行中产生的各种不同方向和随机运行中经常变化的动力。因此构架是一个受力复杂的结构部件。为了保证轮对、牵引装置、悬挂装置及制动部件可靠的工作,要求构架不仅有足够的强度和刚度,同时应具有足够的相互尺寸的精度要求,以保证转向架其他组成部分在其上的正确安装。

为保证构架具有足够的强度和刚度,组成 SS<sub>9</sub> 型电力机车构架的各梁体采用大截面薄板箱型焊接形式。梁上各支座的焊缝避免用横向焊缝,以提高梁体焊缝截面的许用应力。构架各梁全部用低合钢板 16Mn 压形或板材制造,焊接后的构架进行整体退火处理,以消除焊接应力。退火后的构架进行喷丸处理,清除氧化皮,消除内应力,然后进行整体加工,保证各定位尺寸的加工精度。

（一）结构组成

转向架构架主要由侧梁(左)(右)、横梁(Ⅰ)(Ⅱ)、前端梁、后端梁等组成如图 4-3 所示。

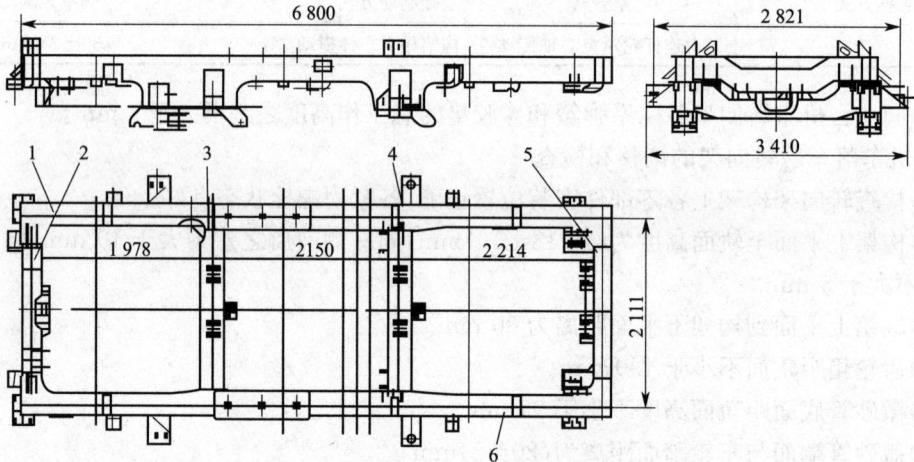

图 4-3　构架总装
1—前端梁;2—侧梁(左);3—横梁(Ⅰ);4—侧梁(右);5—后端梁;6—横梁(Ⅱ)

为保证构架具有足够的强度和刚度,构架结构采用大截面薄板箱形焊接形式。侧梁各截面变化较大。不同的截面用圆弧过渡,梁上各支座的焊缝避免用横向焊缝,以提高梁体焊缝截面的许用应力。构架各梁全部用低合金钢 Q345E 板压形或板材制造,焊接后的构架进行整体退火处理,以消除焊缝的内应力。退火后的构架进行喷丸处理,清除氧化皮,然后进行整体加工,保证各定位尺寸的精度。

（二）主要技术参数及技术要求

1. 技术参数（表 4-3）

表 4-3　SS<sub>9</sub> 型电力机车转向架构架主要技术参数

| 外形尺寸 | 6 800 mm×3 010 mm×1 015 mm |
| --- | --- |
| 两侧梁横向中心距 | 2 110 mm |
| 构架总重 | 5 156 kg |

2. 技术要求

(1)焊缝断面尺寸允许差。

(2)构架四角高度差不大于 5°。

(3)为了消除内应力,构架阻焊后进行退火处理,然后进行整体加工。

（4）重要焊缝进行 X 射线和超声波探伤检查。

### 三、轮对电机组装

轮对电机组装是机车走行部最关键的部件之一，它不仅支承机车全部质量，同时通过轮对于钢轨的黏着产生牵引力和制动力。由于机车运行时轮对承受很大的静载荷、轮轴组装应力、制动产生的热应力和通过曲线、岔道、钢轨接头产生的各向动作用力的作用力。因此，要求轮对必须有足够的强度。同时，随着机车运行速度的提高，要求经可能减轻机车簧下质量，减小轮轨间动作用力，以获得较理想的动力学运行品质。为此 SS9 型电力机车轮对采用双侧六连杆轮对空心轴结构，通过牵引电机架悬减轻机车簧下质量，以满足机车在高速运行时对动力学性能的要求。

SS9 型电力机车有 6 组相同的轮对电机组装，每一台转向架安装 3 组。每组轮对电机组装主要由牵引电机、空心轴套、主动齿轮、从动齿轮装配、齿轮箱和轮对组成。其中轮对由车轴、主动车轮、车轮、空心轴、传动盘、连杆、连杆销、橡胶关节等组成，如图 4-4 所示。

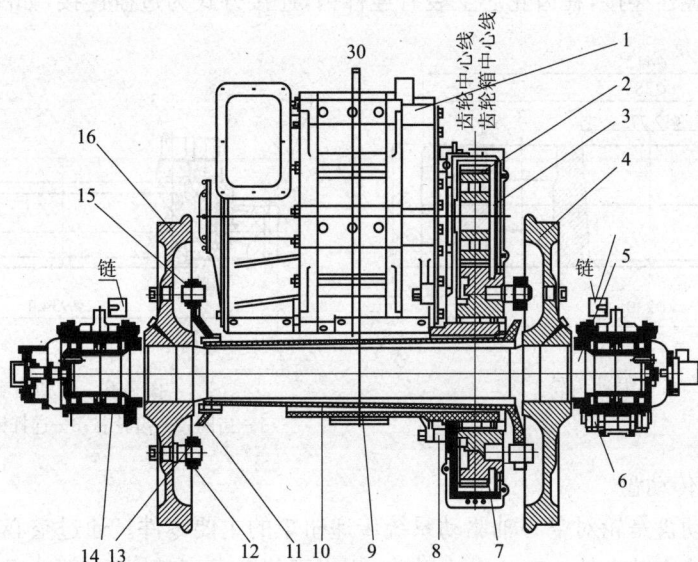

图 4-4　轮对电机组装

1—牵引电机；2—主动齿轮；3—齿轮箱；4—车轮；5—车轴；6—轴箱拉杆；7—从动齿轮装配；8—支座；
9—空心轴套；10—空心轴；11—传动盘；12—连杆；13—橡胶关节；14—轴组装；15—连杆销；16—主车轮

在系统设计上，为了减小由于运动回旋而引起的离心力及附加应力，保证运动学及动力学性能，对连杆、橡胶关节、各销等增加配重要求；对空心轴、传动盘、齿轮、轮对等进行静平横要求，并严格控制系统各件的质量及加工精度，由于系统结构复杂，与传统轴悬式驱动系统比，必须保证相对较长的检修周期及使用寿命，为此，在驱动系统设计中，保证了各件的强度及寿命，关键螺栓选用高强度合金螺栓，并涂螺纹锁固胶，以做到系统在正常运行中的免维护。

（一）电机传动装置

SS9 型电力机车传动装置采用牵引电动机架悬式轮对空心轴驱动机构，其主要特点是将牵引电动机固装在转向架构架上，因而牵引电机属簧上部分，保证了尽可能小的簧下质量，以获得良好的动力学性能。双侧弹性六连杆传动保证了系统在振动及曲线运行时尽可能小的动载荷及附加应力,从而获得完善的运动学性能。由于机构大大减轻簧下质量,从而不仅减小了轮对与线路间的动作用力,还改善了牵引电机及传动系统的工作条件。

在系统的设计上,为了减小由于运动回转而引起的离心力及附加应力,保证运动学及动力学性能,对连杆、橡胶关节、各销等增加配重要求;对空心轴、传动盘、齿轮、轮对等进行静平衡要求,并严格控制系统各件的质量及加工精度,关键螺栓选用高强度合金螺栓,并涂螺纹锁固胶。

**1. 传动齿轮**

主动齿轮采用低碳合金钢 20Cr2Ni4A 表面渗碳淬火处理制成,淬硬深度为 2~2.4 mm,表面硬度为 HRC58~HRC62,为避免齿轮传动啮合冲击及载荷集中,对轮齿进行齿廓修缘及齿向修形。主动齿轮内孔采用 1∶10 锥度,小齿轮与电机轴接触面积不小于 80%,而且接触应均匀分布在整个圆锥面上。热套温度为 160~190 ℃,为了便于拆卸小齿轮,并保证轴与孔的表面不受损伤,在与主动齿轮配合的电枢轴颈上设有油槽,此沟槽与轴端的一个螺孔相通,如图4-5所示。

从动齿轮采用齿圈、齿轮芯分体结构,主要有齿圈、齿轮芯和连杆销等组成。齿圈和齿轮芯通过圆锥销和螺栓连接,在齿轮芯上装有连杆销,连接方式为过盈连接,如图 4-6 所示。

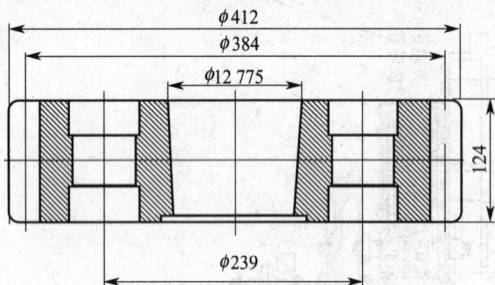

图 4-5　主动齿轮

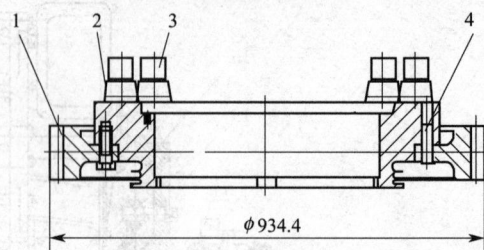

图 4-6　从动齿轮

1—齿圈;2—齿轮芯;3—连杆销;4—定位销

**2. 空心轴和传动盘**

空心轴和传动盘是轮对空心轴驱动系统传递扭矩的主要零件。通过空心轴和传动盘将电机输出的转矩传给主动车轮。空心轴由轴头(相当于传动盘)和轴身两部分组焊而成。空心轴及传动盘均采用 35 号钢锻造,如图 4-7 所示。

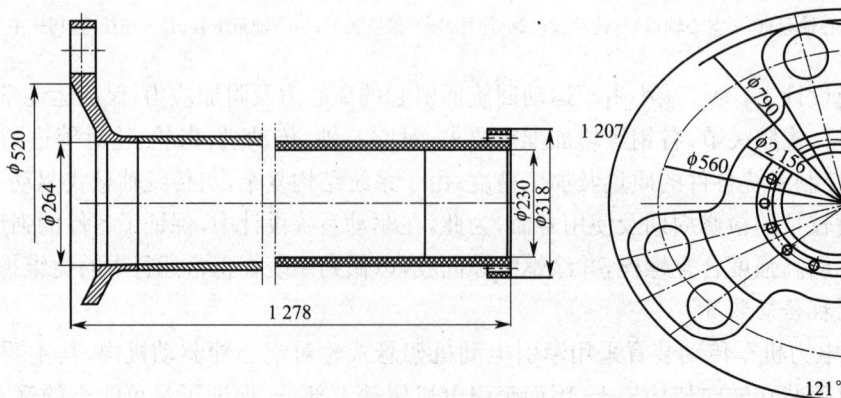

图 4-7　空心轴

**3. 连杆和空心轴套**

连杆是轮对空心轴驱动系统传力的主要零件,采用 35CrMo 钢锻造加工。空心轴套为 C 级钢铸件,它是驱动系统传动支撑件,一端通过驱动轴承支撑从动齿轮及齿轮箱,止口与电机连接,实现主从动齿轮的正确啮合以及驱动系统的悬挂要求。

**4. 橡胶关节**

橡胶关节是轮对电机驱动装置中唯一的一个弹性元件,其结构如图 4-8 所示。两端传动盘上的 6 个连杆是按对联的方式布置的。连杆受力时,不但在轴向相互抵消,而且每个力对轴线的力矩也能相互抵消,不会产生附加力矩,实现六连杆三个方向的运动解耦。

**(二) 轮对装配**

**1. 车轴**

车轴不仅承受着轴压力,而且还承受着牵引力、制动力、车轴驱动装置的反作用力以及通过曲线时横向作用于轮缘的导向力,同时还承受着驱动装置的附加扭转应力以及各个方向的冲击作用。由于主要的应力都是交变的,产生的破坏多为疲劳破坏,因此在车轴的设计及制造时,应尽可能避免应力集中,同时采取车轴表面强化等有效的工艺措施,以提高车轴的疲劳强度。SS₉ 型电力机车车轴采用 35CrMo 钢锻造,其结构如图 4-9 所示。

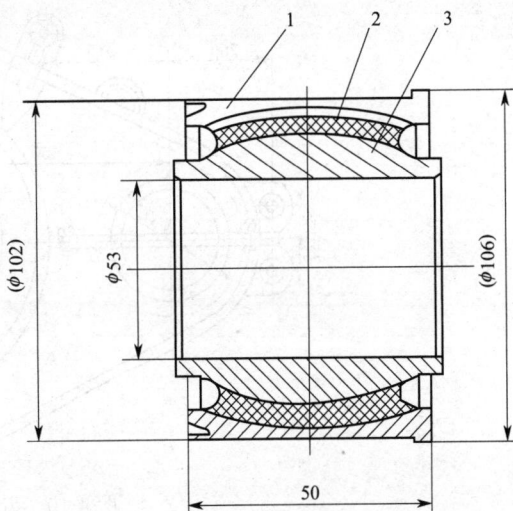

图 4-8　橡胶关节
1—外环;2—橡胶;3—内环

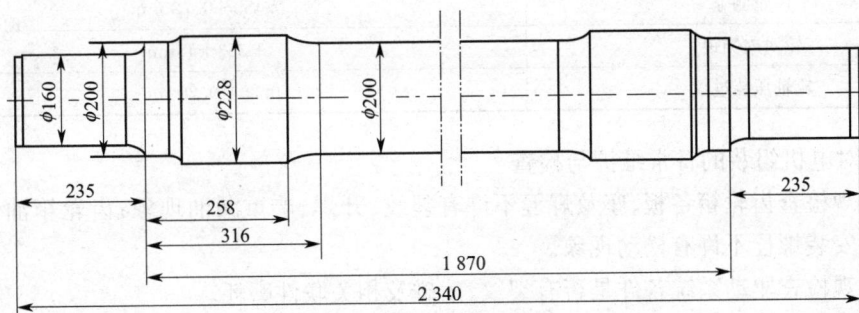

图 4-9　车轴

**2. 主车轮和车轮**

SS₉ 型电力机车主车轮和车轮采用铁路机车用粗制整体辗钢车轮,材质为车轮钢 2。主车轮、车轮与车轴装配采取注油压装,过盈量为 0.25～0.30 mm。要求保证轮毂内、外侧面均突出车轴轮座 2.5 mm。轮毂内侧突悬,可减小微动磨损影响及将轮对压装的拉应力从轮座转移到轴肩圆弧处,可有效地提高轮座的疲劳强度。

**3. 齿轮箱与齿轮润滑**

SS₉ 型电力机车齿轮传动采用闭式传动,齿轮箱采用钢板焊接结构。齿轮箱由上箱和下箱两部分组成。齿轮箱与从动齿轮装配间的密封采用不接触的迷宫密封结构,与电机静止部分的密封采用橡胶圈静压密封结构。上、下箱之间用螺栓固定在一起,为了防止合箱面漏油,在上、下箱合箱面之间采用双道弹性平面密封,在上箱上设有通气孔,下箱设有油尺和排油孔,其结构如图4-10所示。齿轮润滑油采用 N150 高速机车牵引齿轮油,每个齿轮箱用油量为约 6.5 kg。

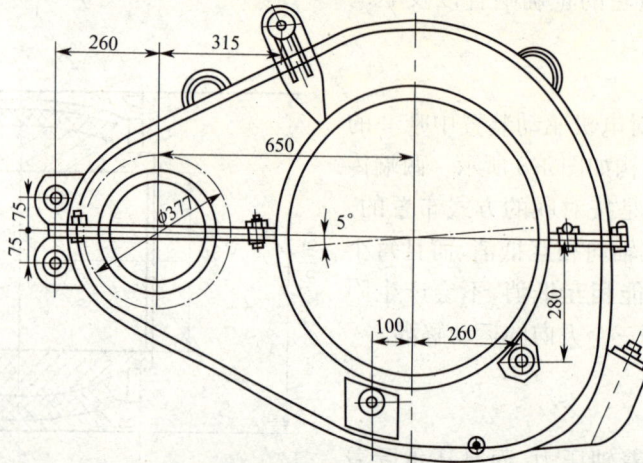

图 4-10　齿轮箱结构图

### 4. 主要技术参数(表 4-4)

表 4-4　轮对装配主要技术参数

| 齿轮传动比 | 75∶32 |
|---|---|
| 车轴与空心轴间隙 | 32 mm(传动端) 15 mm(非传动端) |
| 从动齿轮与密封环(三)间隙 | ≥0.5 mm |
| 齿轮侧隙 | 0.455~0.72 mm |
| 轮对内侧距 | (1 353±1)mm |
| 轮轴压装过盈 | 0.25~0.30 mm |

### 5. 轮对电机组装的日常维护与检查

(1)外观检查齿轮箱各板、座及焊缝不许有裂纹、开焊、严重漏油现象;齿轮箱油位在标尺范围内;各安装螺栓不许有松动现象。

(2)外观检查驱动系统各件是否有裂纹、磕碰及相关联件磨耗。

(3)外观检查橡胶关节,不得有外环翻边裂纹,橡胶与金属件粘结处剥离,橡胶老化。

(4)外观检查所有连接螺栓、销、止动垫等应无松动、脱落(需认真检查);龟裂等缺陷存在。

(5)检查轮对各部位不得有裂纹。

(6)检查车轮踏面磨耗状态:轮缘垂直磨耗高度不超过 18 mm,轮缘厚度不小于 23 mm,踏面磨耗深度不大于 7 mm。外观检查轮对,踏面擦伤深度不超过 0.7 mm,踏面上的缺陷或剥离长度不超过 40 mm 且深度不超过 1 mm。

(7)当车轮踏面磨耗到限或规定的技术参数到限时必须重新镟轮。

(8)在运用中,电机输出端轴承,驱动轴承传感器测点的最大温升为 55 ℃,最高温度为 90 ℃,在运用中若发现轴温报警,必须降速运行回段修理,如降速后仍报警必须停车检查。

(9)运用中检查齿轮箱中牵引齿轮油油位,应在油尺上、下刻度之间。严禁无润滑运行。

(10)运用中注意监听牵引齿轮啮合情况,发现异常时,应拆检齿轮表面状况,避免齿轮失效破坏。

(11)每20万km,应对空心轴套内轴承补充0.2 kg机车轮对滚动轴承脂,轴箱轴承内补充0.2 kg机车轮对滚动轴承脂。

(12)检查牵引软风道应连接牢固、不许有破损。

### 四、一系悬挂装置

一系悬挂装置采用独立的轴箱弹簧悬挂结构,如图4-11所示。每个轴箱有两个螺旋弹簧和两个橡胶垫承载,螺旋弹簧和橡胶垫串联安装在轴箱的两侧,轴箱两侧还各安装有一个在三向不同刚度的弹性拉杆定位装置,机车运行时,弹性拉杆起到传递牵引力、制动力、横向力的作用,另外为了达到衰减振动和吸收振动能量的目的,配置了一系垂向油压减振器。

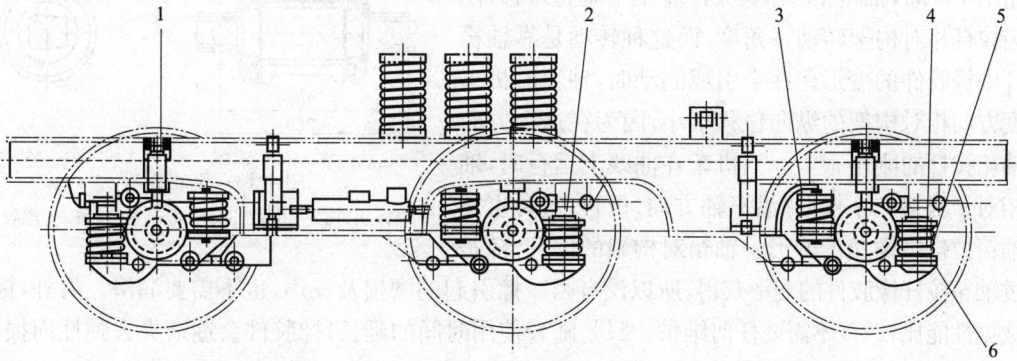

图 4-11 一系悬挂装置
1—垂向减振器;2—减振器座;3—弹簧上压盖;4—弹簧;5—弹簧下压盖;6—橡胶垫

SS₉型电力机车一系弹簧材料为50CrVA,簧条采用拉光(磨光)技术,一次加热成型,从而获得较小的脱碳层,提高其抗疲劳性能。橡胶垫由两层钢板中间夹着橡胶硫化而成。

### (一)轴箱组装

轴箱组装是将车轮的旋转运动转变为机车相对钢轨作直线运动的承载部件。它将机车的重量经过轮对传递给钢轨,并将来自轮对的牵引力、制动力、横向力等传递给转向架构架。

SS₉型电力机车转向架轴箱组装是无导框式弹性拉杆定位结构,它与转向架构架之间没有相对摩擦,其结构如图4-12所示。

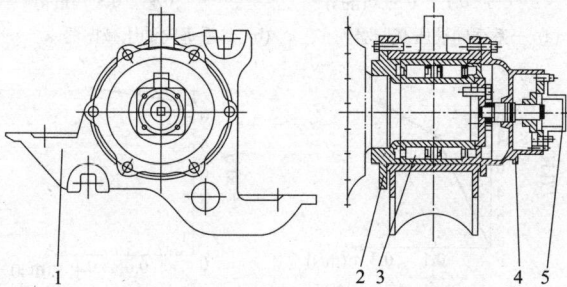

图 4-12 轴箱组装
1—轴箱体;2—后盖;3—轴承;4—前盖;5—接地装置

SS9 型电力机车轴箱主要由轴箱体、轴承、轴箱附件三部分构成。一、三位车轴与轴承的横动量为 1 mm,总横动量为 2 mm。二位车轴与轴承的横动量为 8 mm,总横动量为 16 mm。

轴箱体和前后盖均系铸钢件,轴箱体与前后盖分别用六条 M20 螺栓,连接成一体,两者之间有密封。后盖与靠近轮对侧的内挡油环组成迷宫式的封油装置。轴箱内轴承采用锂基脂进行润滑,一个轴箱装用约 1.0 kg 的润滑脂。SS9 型电力机车采用我国研制的新型铁路机车轴箱轴承,型号为 NJ2232WBY、NU2232WB 和 NUHJ2232WBYI。

轴箱拉杆结构如图 4-13 所示,其不但将牵引力、制动力和横向力等从轴箱传递给转向架构架,而且允许轴箱与构架有一定程度的相对位移,当机车通过的线路不平顺时,轴箱相对于构架产生上下垂直位移,使轴箱拉杆相对构架转动一角度,而这种转动是靠轴箱拉杆中橡胶件的变形。在牵引或制动时,轴箱沿机车长度方向相对构架的纵向位移很小,因为在这个方向上轴箱拉杆的刚度很大。当机车在曲线上运行时,轴箱相对于构架产生横向(沿车轴方向)位移,这时也是靠轴箱拉杆中橡胶的变形。轴箱对构架的位移,都是

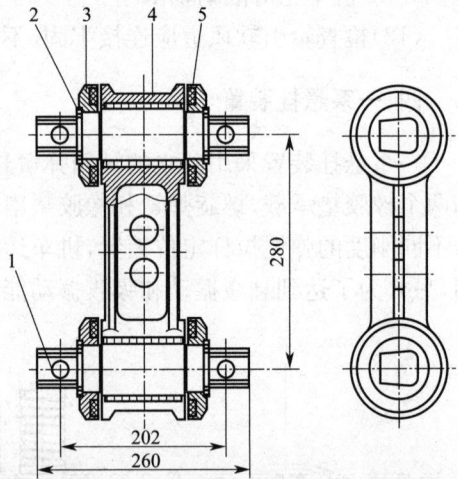

图 4-13　轴箱拉杆
1—拉杆组件;2—止块;3—端盖;4—拉杆;5—橡胶垫

通过轴箱拉杆橡胶件的变形获得,所以没有因摩擦引起的磨损及噪声,也不需要润滑。另外,橡胶件减振性能比较好,不需要任何维护。只是随着使用时间的延长,橡胶件会逐渐失去弹性而损坏。但这是逐渐产生的,不会突然损坏,只需注意检查,及时更换配件就可解决。

轴箱接地装置采用端面承压接触式,型号为 TJD02。每台机车安装 6 套接地装置,安装在 6 根车轴轴头上。

(二)油压减振器

SS9 型电力机车有垂向、横向和抗蛇行三种液压减振器。垂向包括一系垂向减振器和二系垂向减振器。其阻力特性如图 4-14 所示。

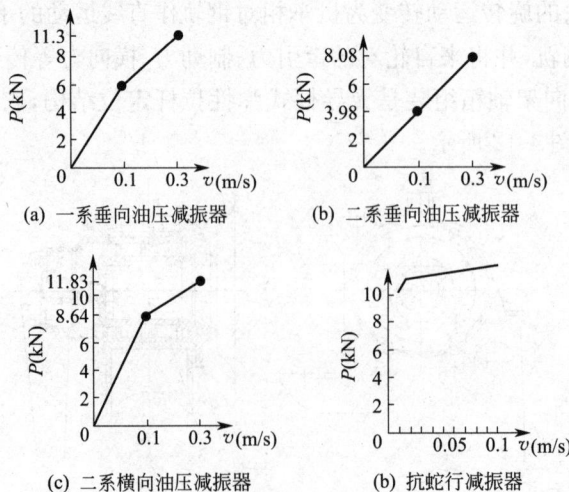

(a) 一系垂向油压减振器

(b) 二系垂向油压减振器

(c) 二系横向油压减振器

(b) 抗蛇行减振器

图 4-14　油压减振器的特性

（三）主要技术参数（表 4-5）

**表 4-5 一系悬挂装置主要技术参数**

| 一系轴箱定位刚度 | 垂向 2 618 N/mm |
| --- | --- |
| | 横向 8 060 N/mm |
| | 纵向 16 000 N/mm |
| 一系垂向减振器阻尼系数 | 60 kN·s/m |
| 轴箱横动量 | 1.0～2.0 mm    8～16 mm |
| 一系悬挂静挠度 | 53.5 mm |

（四）日常运用与维护

（1）外观检查弹簧状态良好，不许有裂纹、断裂、倾斜，簧圈压并，否则，需更换。

（2）机车运用中，轴箱轴承传感器测点的最大温升为 55 ℃，最高温度为 90 ℃。在运用中若发现轴温报警，必须降速运行，到段后查明原因并经处理后方能继续使用，若降速后仍然报警必须停车检查。

（3）检查轴箱装配中的各个紧固件，不得有松动现象。

### 五、二系悬挂装置

二系悬挂装置是构架与车体间的二系悬挂系统，它由高柔螺旋圆弹簧、橡胶垫串联作为承载主体；同时在构架与车体间设置垂向、横向和抗蛇行减振器，以衰减各向产生的振动，其结构如图 4-15 所示。

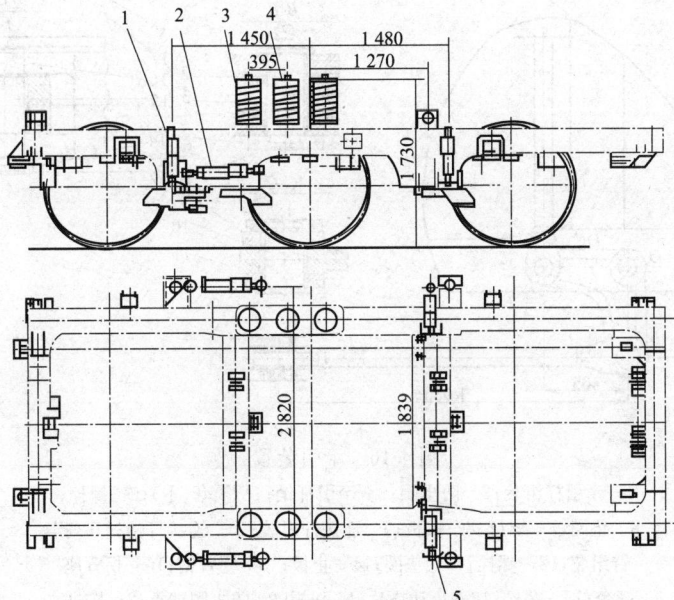

图 4-15 二系悬挂装置

1—二系垂向减振器；2—二系横向减振器；
3—弹簧座；4—二系弹簧；5—抗蛇行减振器

SS₉型电力机车二系圆弹簧材料为 50CrVA，簧条采用拉光（磨光）技术，一次加热成型，从而获得较小的脱碳层，提高其抗疲劳性能。橡胶垫由两层钢板中间夹着橡胶硫化而成。刚度为 26.5 kN/mm（工作高度下的刚度）。

螺旋圆弹簧能够对各种振动起到显著的缓冲减振作用。但是,螺旋圆弹簧由于没有内摩擦,振动能量衰减缓慢,而且衰减周期较长。设置减振器能够达到既能衰减振动,又能保持螺旋圆弹簧振动反应灵敏的目的。SS$_9$ 型电力机车油压减振器有垂向、横向和抗蛇行三种。垂向包括一系垂向减振器和二系垂向减振器。一系垂向减振器阻尼系数为 60 kN·S/m,二系垂向减振器阻尼为 40 kN·S/m,横向减振器阻尼为 88 kN·S/m。抗蛇行减振器阻尼为 1 200 kN·S/m,二系悬挂静挠度为 96 mm。

### 六、牵引装置

#### (一)结　构

牵引装置是传递机车牵引力和制动力的机械装置。SS$_9$ 型电力机车的牵引装置采用传统的性能优良的低位水平拉杆牵引机构。在牵引机构中,每根牵引杆的一端通过牵引销与车架侧梁上的牵引座相连,另一端用销子与构架上的拐臂相连,左右拐臂用连接杆相连,以保证左右牵引杆的同步作用。球形关节轴承用于牵引杆与车体上牵引座及转向架上拐臂的联接,以适应机车运行时,车体相对于转向架的上下、左右运动。牵引点高度为 60 mm。牵引装置结构如图 4-16 所示。

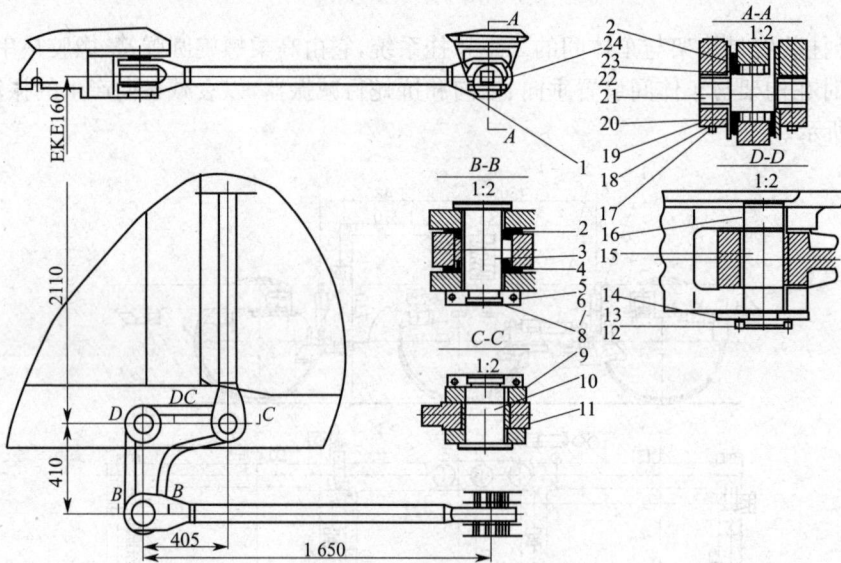

图 4-16　牵引装置

1—牵引杆组装;2—防尘圈;3—牵引杆销;4—隔套(Ⅰ);5—螺栓;
6—垫圈;7—螺母;8—挡板;9—连接杆组装;10—连接杆销;11—拐
臂组装;12—螺栓;13—垫圈;14—止板;15—拐臂销;16—拐臂座
销套;17—螺栓;18—止动垫片;19—托板;20—防尘圈挡板;21—芯轴;
22—隔套(Ⅱ);23—润滑脂;24—螺纹锁固胶

#### (二)日常运用与维护

(1)检查各紧固件螺栓、螺母、销等应无松动现象。

(2)检查牵引杆、水平拉杆等不许有裂纹和变形。

(3)拆检各连接销,进行磁探检查不许有裂纹。

### 七、电机悬挂装置

#### （一）结　构

SS₉型电力机车牵引电动机采用架悬式，如图 4-17 所示。牵引电动机与空心轴套通过止口定位，用螺栓连接固定后，可以看作是一刚体。在空心轴套一侧，通过悬挂臂与构架端梁联结，另一侧通过悬挂座、橡胶关节、芯轴在构架横梁上定位、固定。通过以上三点将牵引电动机完全悬挂在构架上。

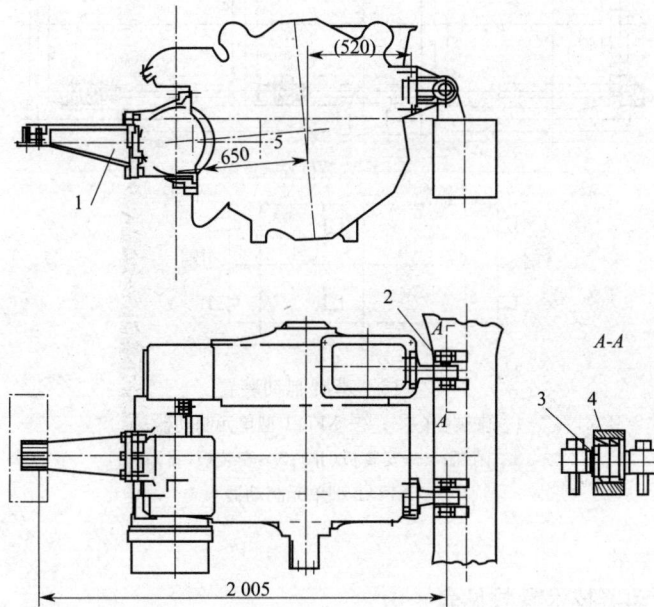

图 4-17　电机悬挂装置

1—悬挂臂；2—悬挂座；3—芯轴；4—关节轴承

#### （二）日常运用与维护

（1）检查悬挂臂、悬挂座、空心轴套等无裂损、变形等现象，一旦发现及时扣修。

（2）检查悬挂臂、悬挂座、空心轴套等所有连接螺栓不得松动、脱出，连接止口不得损坏，一旦发现及时扣修。

（3）检查防落装置状态应良好。

### 八、基础制动装置

SS₉型电力机车采用 XFD 型单元制动器作为基础制动装置，其中 XFD-1 型单元制动器 8 组，XFD-2 型单元制动器 4 组，两种制动器共同完成机车制动停车作用，其中 XFD-2 型制动器单独完成机车停车时的制动作用，以确保机车运行及停车制动的可靠性，其结构如图 4-18 所示。

XFD-1 型制动单元主要由制动缸、力的放大机构和单向自动间隙调整器组成，它可以产生闸瓦压力并自动补偿闸瓦和车轮磨耗所产生的间隙。XFD-2 型制动单元是在 XFD-1 型基础上，在制动缸体上部增加弹簧停车制动器。以达到机车车辆在充入或排出总风状态下，实现机车车辆的缓解或制动作用，该弹簧停车制动器的作用可替代机车车辆的手制动作用。

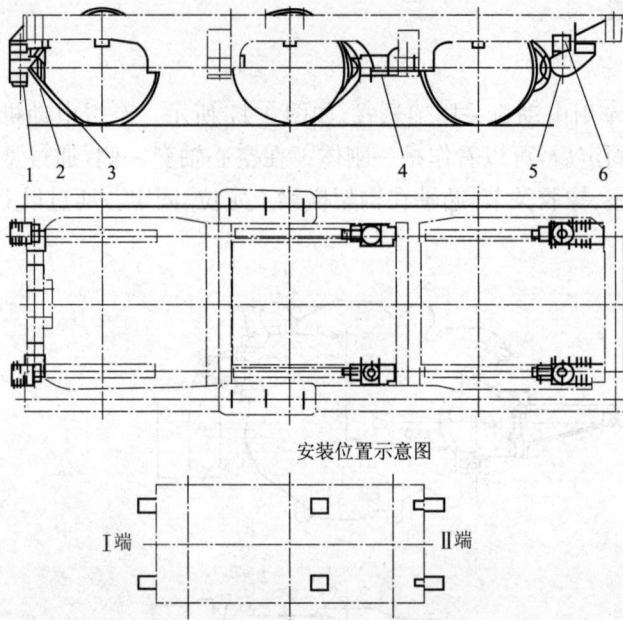

图 4-18　基础制动装置

1—安装板（Ⅰ）；2—XFD-1 型单元制动器；
3—闸瓦；4—安装板（Ⅱ）；5—安装板（Ⅲ）；
6—XFD-2 型单元制动器

（一）主要技术参数

XFD 型单元制动器技术参数见表 4-6。

表 4-6　XFD 型单元制动器主要技术参数

| 制动缸直径 | 177.8 mm |
|---|---|
| 制动倍率 | 4.47 |
| 传动效率 | 0.85 |
| 制动器闸瓦输出力（风压 450 kPa） | (42.5±2.5)kN |
| 闸瓦与车轮踏面的恒定间隙 | 4～8 mm |
| 轮、瓦磨耗一次补偿量 | 10 mm |
| 最大闸瓦间隙调整长度 | 125 mm |
| 允许使用环境温度 | −40 ℃～+45 ℃ |
| 弹簧停车制动器输出力 | 25 kN |
| 活塞最大行程 | 72 mm |
| 弹簧停车制动器输出力 | 10～22 kN |
| 制动单元重量 | XFD-1 型和 XFD-1H 型：46 kg<br>XFD-2 型和 XFD-2H 型：68 kg |

（二）闸瓦间隙调整

（1）将轮、瓦间隙调整为 100 mm 左右，制动缸充入 100 kPa 压力空气，反复充、排气，经数次调整动作后能实现轮、瓦间隙 4～8 mm。

(2)拧动间隙调整器后六角螺母,增大或缩小闸瓦间隙,亦能调整轮、瓦间隙正常。

**（三）弹簧停车制动器风动和手动缓解操纵**

向弹簧停车制动器充入 600 kPa 压力空气,经二次充排总风,单元制动器应能产生制动和缓解作用。当排出总风时,弹簧停车制动器产生制动作用,拉动手动缓解环,制动器应能缓解。特别注意,在弹簧停车制动器未缓解前,严禁动车。

**（四）日常运用与维护**

(1)检查闸瓦、闸瓦托及安装座有无裂损。

(2)检查制动器体有无裂损及泄漏。

(3)检查各紧固件,应无松动。

(4)检查制动器各件动作应灵活,轮瓦间隙是否在规定范围以及闸瓦磨耗情况。

(5)闸瓦的更换。闸瓦磨耗到限后应及时更换新闸瓦,更换闸瓦时应遵循下列程序:

①确认车辆已安全停放。

②制动缸处于缓解状态,弹簧停车制动器也处于充风缓解状态或手动缓解状态。

③顺时针(从制动单元的后面看)旋转调整后盖,使瓦托回缩至能有足够的空间安装一块新闸瓦为止。不宜使瓦托回缩到制动单元根部,以防影响制动作用。

④拆下旧闸瓦并换上新闸瓦。

⑤制动、缓解数次,直至闸瓦与踏面之间的间隙恢复正常,间隙调整器停止调整为止。

**九、其他附件装配**

SS₉型机车附件装配由砂箱、排石器、梯子、垂向止挡、侧挡等组成。

# 任务三 HXD₂B 型电力机车转向架的构造和维护

## 一、构 架

构架是转向架的主体,是连接转向架其他组成部分的骨架。它不仅承受机车上部所有设备的重量,而且承受和传递机车在运行中产生的各种不同方向和随机运行中经常变化的动作用力。因此,构架是一个受力复杂的结构部件。为了保证轮对、牵引装置、悬挂装置及制动装置可靠的工作,要求构架不仅有足够的强度和刚度,同时应具有足够的相互尺寸的精度要求,以保证转向架其他组成部分在其上的正确安装。

### 1. 构架的组成

构架按 25 t 轴重负荷设计,并且符合 UIC 615 的要求。该转向架构架是一整体目字结构框架,其包括以下部分:两组焊接相同的侧梁,为满足强度要求内设各种筋板;两组端梁,分别焊接在每组侧梁端部;两组横梁,其中一组横梁支撑牵引杆,如图 4-19 所示。

该构架装配有焊接座(钢板、铸件或锻件)用于安装转向架附件,还配有加工基准点用于测量转向架使用过程中构架轮距和弯曲程度。转向架构架配有提升设施可用于维修或搬运。构架上部及下部结构如图 4-20、图 4-21 所示。

### (1)侧梁结构

为保证构架具有足够的强度和刚度,侧梁采用大截面薄板箱形焊接形式。梁上各支座的焊缝避免用横向焊缝,以提高梁体焊缝截面的许用应力。

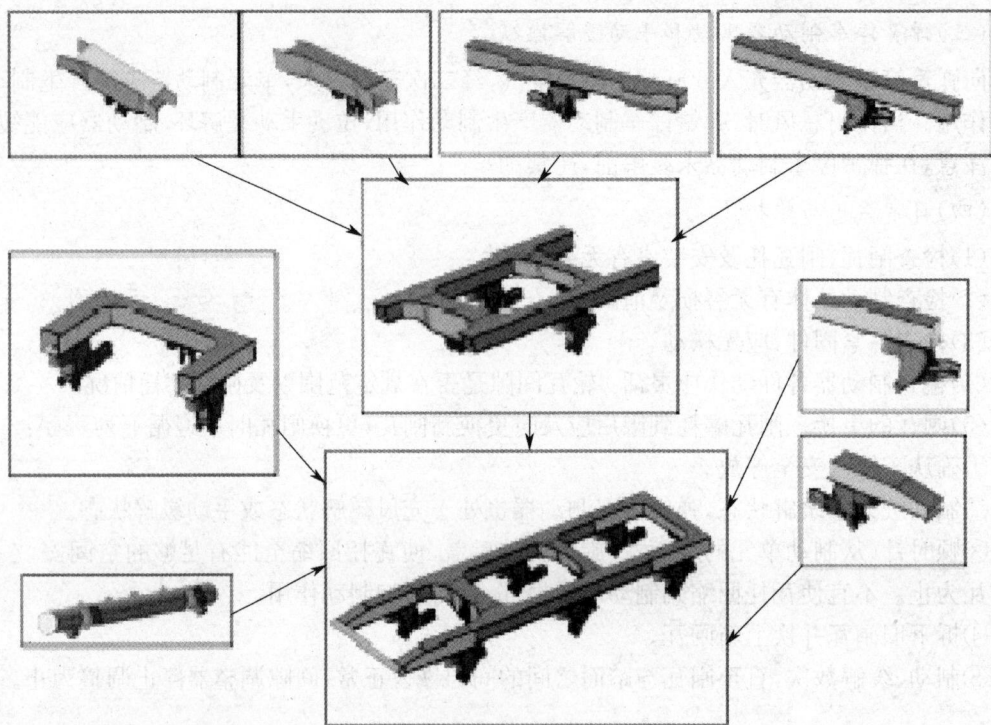

图 4-19　构架主要组成

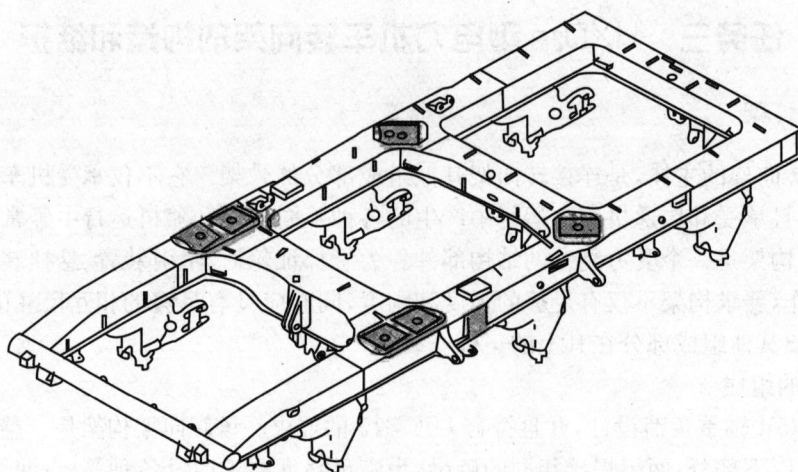

图 4-20　构架上部结构图

该侧梁为箱形焊接形式,其盖板上有二系簧座、吊座、摇头止挡座、一系簧座、弹簧支承及拉杆座、一系止挡座等,侧梁内侧有横梁止挡座、制动器安装座等。

(2)端梁和牵引横梁结构

为了便于实现低位牵引的布置,端梁和牵引横梁采用不同的结构形式,前端梁选用圆管型材,后端梁选用箱形梁体,上盖板厚均为 12 mm,下盖板厚为 16 mm。由于牵引横梁与牵引装置相连而采取了补强措施,牵引横梁选用鱼腹形箱型梁体,以提高梁体的抗扭刚度。

（3）中间横梁结构

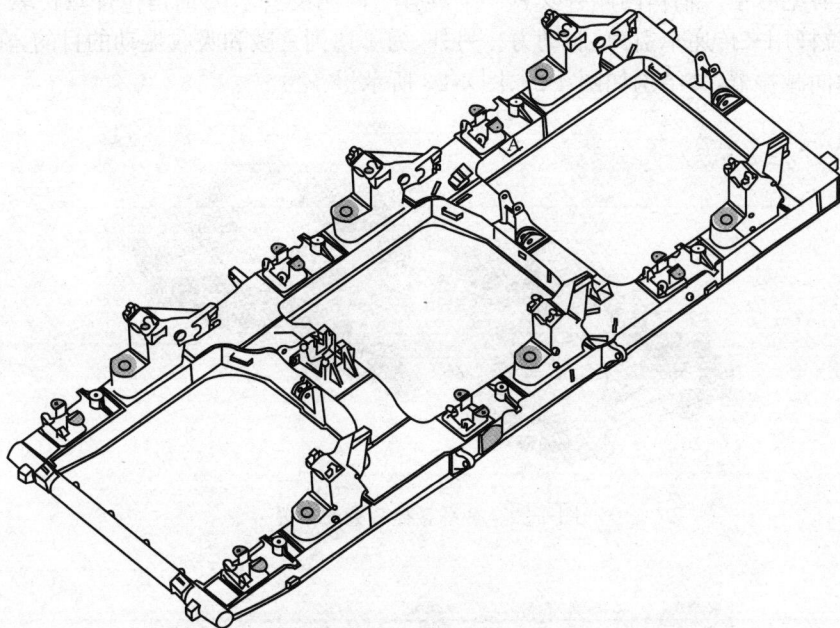

图 4-21　构架下部结构图

中间横梁具有增强构架的整体性,提高构架的整体抗变形能力和抗扭刚度等重要作用。构架中间横梁采用箱形结构,其上设有电机支座等。

2. 主要技术参数（表 4-7）

表 4-7　构架主要部分技术参数

| 外形尺寸 | 6 588 mm×2 789 mm×9 30 mm |
| --- | --- |
| 二系圆弹簧中心距 | 2 026 mm |
| 构架总重 | 3 957 kg |

## 二、悬挂装置的认知和维护

机车在线路上运行时,由于线路不平顺、钢轨的接缝和道岔以及车轮踏面磨耗不均匀,踏面擦伤等各种因素的影响,轮对都会受到来自线路的冲击和振动。如果这些冲击和振动全部刚性地传给转向架和车体,将使机车上的各种电器设备以及走行部分各零件产生松动和损坏,并使乘务员的工作环境恶化,同时这些冲击和振动对线路也有很大的破坏作用。因此,在机车上必须设置弹簧悬挂装置,以减轻这些不利因素的影响,另外给机车各轴的重量以适当的分配和调整。

根据所处位置的不同,悬挂装置分为一系悬挂装置与二系悬挂装置。在轴箱与构架之间设置一系悬挂装置,在车体与转向架之间设置二系悬挂装置。

针对重载货运的技术,基于重载组合列车的运行工况,该转向架悬挂装置采用了一系"软"二系"硬"的悬挂方式。

（一）一系悬挂装置

一系悬挂装置采用独立的轴箱弹簧悬挂结构。每个轴箱有两个螺旋弹簧承载,在每组弹簧的上方置有绝缘垫。轴箱两侧各安装一个具有三向刚度要求的轴箱拉杆定位装置,机车运行时,轴箱拉杆用来传递牵引力、制动力。另外,为了达到衰减和吸收振动的目的,在每轴箱位配有一个垂向减振器,其结构如图 4-22、图 4-23 所示。

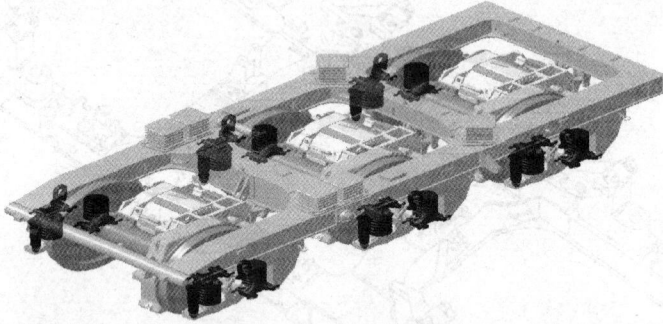

图 4-22　一系悬挂装置的布置

图 4-23　轴箱一系悬挂装置

1——系悬挂弹簧;2—轴箱拉杆;3——系垂向减振器;

4—起吊环;5—轴箱;6—绝缘垫

在轴箱处设有垂向限位装置,垂向运动被限制在两止挡之间,一系垂向止挡间隙为 29 mm;轮对相对于构架的横向运动被轴箱拉杆与构架的装配结构限制在 ±7 mm 的范围内。

1. 一系悬挂弹簧

悬挂弹簧的各项性能指标:

（1）轴向刚度　　　　　　　　579.2 kN/m

（2）弹簧自由高度　　　　　　346.5 mm

（3）弹簧压并高度　　　　　　228 mm

(4) 弹簧在 $F_A$ 下的高度 　　　　270 mm

在该悬挂弹簧性能试验时,在弹簧下方第一个有效圈上绕上两圈电气类型的胶带以标明横向自由偏移方向,使其按横向自由偏移的方向组装,这样有利于保证圆弹簧横、纵向载荷在整个悬挂系统中达到内部均衡,以此来保证机车良好的动力学性能要求。

**2. 轴箱拉杆**

轴箱拉杆由轴箱拉杆体与通过一定的预压力压装在端部的两个弹性橡胶关节构成,结构如图 4-24 所示。

轴箱拉杆橡胶关节是由配方橡胶经一定工艺硫化在钢制芯轴上,轴箱拉杆橡胶球关节设计其纵向刚度很大,这有利于保持驱动系统的稳定性,提高黏着利用,同时可提高高速运行的临界速度。

**3. 一系垂向减振器**

一系垂向减振器是符合欧洲标准 EN 13802,具体如图 4-25 所示,其各项性能指标如下所述。

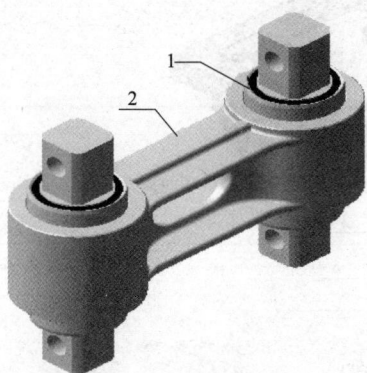

图 4-24　轴箱拉杆
1—轴箱拉杆橡胶关节;2—轴箱拉杆体

图 4-25　一系垂向减振器

(1)运用环境要求

最高温度:+70 ℃

最低温度:−40 ℃

(2)公称载荷和速度

公称载荷:11 000 N

公称速度:0.3 m/s

(3)最大载荷和速度

最大载荷:20 000 N

最大速度:1 m/s

(4)端头轴向静态刚度、最大载荷和变形

轴向静态刚度:4.32×(1+20%)kN/mm

最大轴向载荷:20 000 N

最大偏转角:2°

**4. 绝缘垫和起吊环**

为隔断轮对与构架之间电流的传导,减少电流通过轮轴对轴箱轴承的电蚀作用,在一系悬挂弹簧与弹簧上座之间设置了绝缘垫,由符合 NF EN 60893-3-1 的 EP GC 201 制成。

在轴箱体与构架间设置有起吊环,为轮对电机组装与构架整体起吊时使用。起吊环通过铰制螺栓与轴箱体连接。

### (二)二系悬挂装置

二系悬挂装置承担车体与转向架间各个方向的静负荷和动负荷,缓和车体和转向架之间的冲击,衰减振动和隔离噪声。当机车通过曲线时,它可在车体与转向架之间产生相对位移,使机车顺利通过曲线;当机车通过曲线后,它可使转向架与车体之间快速恢复原来的平衡状态。

该二系悬挂装置主要由橡胶堆、二系横向减振器、横向止挡等组成,结构如图 4-26 所示。

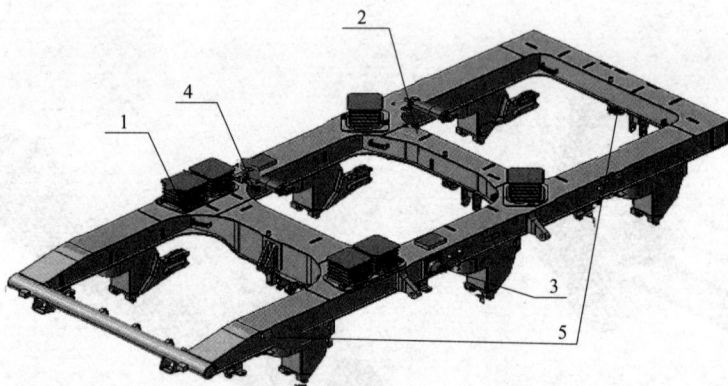

图 4-26　二系悬挂装置
1—橡胶堆;2—二系横向减振器;3—二系横向止挡;
4—二系垂向止挡;5—二系钢性摇头止挡

在构架侧梁上设置有刚性垂向限位装置,车体的垂向运动被止挡限制,下移极限为 20 mm;在车体和构架侧梁间装有横向止挡,横向运动被侧挡限制在可以自由移动 20 mm 的范围内,弹性元件压缩 40 mm(总共 60 mm 的横向运动);另外,还在车体与转向架的一、三轴处设置有钢性摇头止挡,其单边间隙为 107 mm。各二系止挡的合理设置,既保护了转向架各部件的运行安全,也保证了转向架顺利通过曲线。

### 1. 橡胶堆

橡胶堆除承受来自车体的垂向静、动载荷外,还必须能承受由车体相对于转向架的横向位移和旋转运动引起的剪切载荷。

橡胶堆是橡胶与金属硫化在一起的夹层结构,如图 4-27 所示,橡胶的硬度很大,其水平刚度通过橡胶弹性变形引起的内摩擦来提供,其垂向刚度较大,使机车产生的轴重转移比较小,从而使得机车黏着重量利用率得以提高,有利于机车功率的充分发挥。

### 2. 二系横向减振器

二系横向减振器是符合标准 EN 13802,如图 4-28 所示,其各项性能指标如下所述。

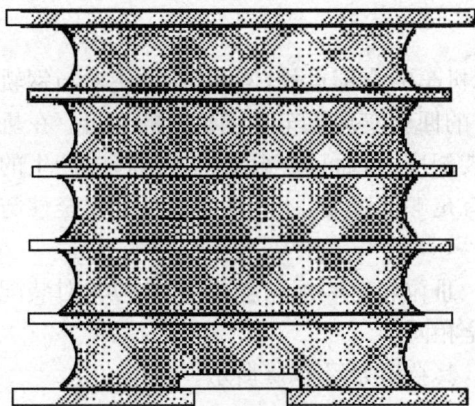

图 4-27 二系悬挂橡胶堆

图 4-28 二系横向减振器

（1）减振器运用环境要求

最高温度：+70 ℃

最低温度：−40 ℃

（2）公称载荷和速度

公称速度：0.1 m/s

公称载荷：5 000 N

（3）最大载荷和速度

最大速度：0.5 m/s

最大载荷：8 650 N

（4）端头径向静态刚度、最大载荷和变形

径向静态刚度：$20×(1+20\%)$ kN/mm

最大轴向载荷：8 625 N

最大偏转角：±5°

扭转角：±8°

3. 横向止挡

横向止挡通过螺栓固定在构架侧梁的中部侧面，每转向架对称地布置（以机车纵向中心线）两个横向止挡。横向止挡由耐磨板、弹性橡胶止挡体和金属安装板组成，如图 4-29 所示。弹性橡胶止挡体是由配方橡胶经一定工艺硫化在金属安装板上，其试验方法、内容等符合标准 EN 13913。其各项性能指标如下：

（1）刚性止挡限定弹性体的轴向变形最大为 40 mm。

（2）在恒定载荷 35 kN 作用下，变形量为 31.5 mm。

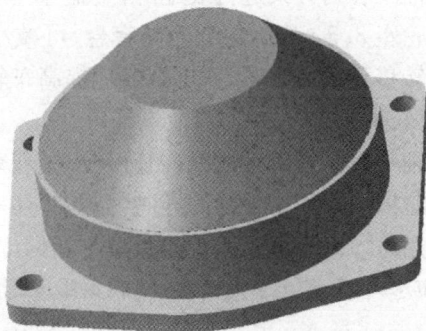

图 4-29 横向止挡

（3）横向止挡的弹性体应能吸收冲击、变形和摩擦力，并能保持性能不变。

### 三、轮对的检查和维护

轮对作为转向架的重要运动部件,它不仅支承机车的全部重量,同时,通过轮对与钢轨之间的黏着产生必要的牵引力或制动力,并通过轮对的回转实现机车在钢轨上的运行。在机车运行中,轮对不仅承受静载荷和车轮、齿轮与车轴装配应力,而且还承受机车运行时产生的动应力,以及制动时产生的热应力,因此,轮对必须有足够的强度,才能确保机车的安全性与可靠性。

电力机车每个转向架包含 3 组轮对装配,Ⅰ位、Ⅲ位轮对装配完全相同,Ⅱ位轮对装配除轴箱轴承及压盖不同外,其余部件与Ⅰ位、Ⅲ位完全相同。

每组轮对装配由车轮、车轴和轴箱装配等组成,其结构如图 4-30 所示。

图 4-30　轮对组装

(一)电力机车轮对

轮对由车轮、车轴和轴箱装配组装而成。车轮与车轴的装配是按照标准 UIC 813 要求,采用注油压装的方式进行装配的,过盈量为 0.31～0.37 mm。要求保证轮毂内、外侧面均突出车轴轮座 3.5 mm。轮毂两侧突悬,可减小微动磨损对车轴的影响及将轮对压装的拉应力从轮座转移到轴肩圆弧处,可有效地提高车轴轮座的疲劳强度。

1. 车轴

车轴不仅承受着垂向力,而且还承受着牵引力、制动力、车轴驱动装置的反作用力以及通过曲线时横向作用于轮缘的导向力,同时还承受着驱动装置的附加扭转应力,以及各个方向的冲击作用力。由于主要的应力都是交变的,产生的破坏多为疲劳破坏,因此在车轴的设计及制造时,应尽可能避免应力集中,同时采取车轴表面强化等有效的工艺措施,以提高车轴的疲劳强度。

车轴(图 4-31)为空心的阶梯轴,并进行超声波探伤检测。为了在保证强度的同时减轻质量,采用空心车轴,使超声波探头可以直接穿过该通孔,减少探伤难度。

车轴两端安装轴承,担负车辆重量,并传递各方向的静动载荷。

车轴一般按疲劳寿命 20 年设计,设计时留有较高的安全系数。依靠车轴的定期检修来确保车轴的运用安全。

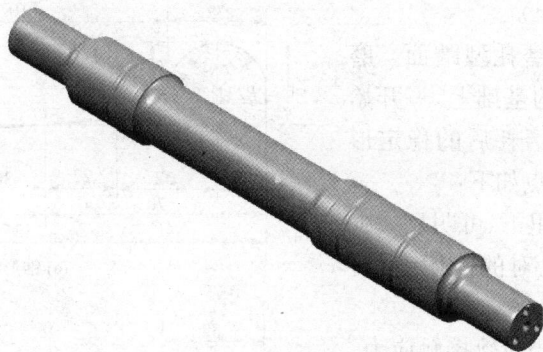

图 4-31  车轴

车轴由轴承座、轮座、制动盘座、齿轮箱轴承座、轴身组成。

车轴上车轮座与齿轮座之间,非齿侧轮座与密封盖之间设有深度 3.5 mm、$R20$ 的卸荷槽,组装后形成凸悬结构。这种结构可以有效地消除车轮、齿轮由于过盈装配在边缘产生的应力集中,改善微动磨损,提高车轴的疲劳强度,能有效地提高车轴寿命。

2. 车轮

车轮为整体辗钢车轮(图 4-32),由符合 UIC 812-3 及 EN 13262 要求的 R7T 碳钢制成,车轮轮毂设有注油孔和油槽,用于注入压力油以退下车轮。踏面为 JM3 磨耗型踏面,符合 TB/T 449—2003。

(1)车轮采用整体轧制车轮,踏面形状采用磨耗型(LMA)。因采用轮盘制动,需要在车轮辐板两侧安装制动盘,所以为直辐板车轮。电力机车新造车轮滚动圆直径为

图 4-32  车轮

1 250 mm,最大磨耗直径为 1 150 mm,轮辋厚度由为 145 mm。在靠轮辋轮缘侧面 $\phi1$ 150 mm圆周上,设有磨耗到限标记。

(2)车轮各部位

车轮组成如图 4-33 所示。

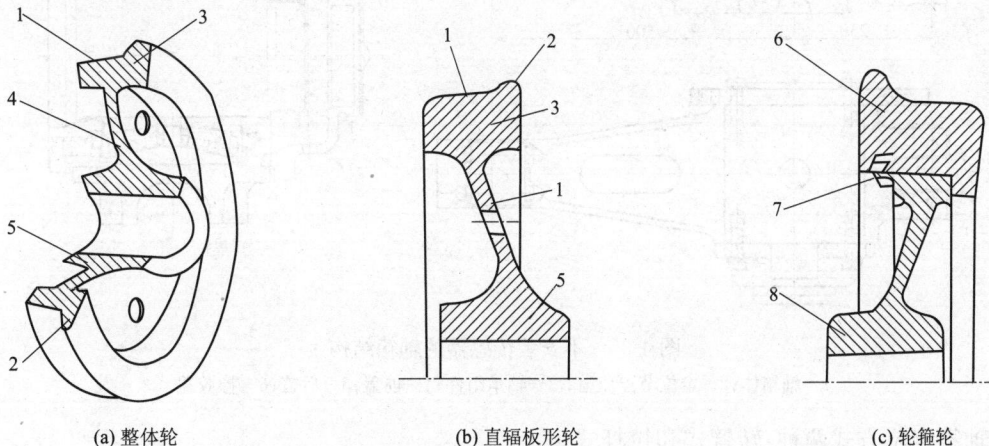

(a) 整体轮                    (b) 直辐板形轮                    (c) 轮箍轮
图 4-33  轮对组成

1—踏面;2—轮缘;3—轮辋;4—辐板;5—轮毂;6—轮箍;7—扣环;8—轮心

（3）车轮踏面（图 4-34）

电力机车踏面采用磨耗型踏面。磨耗形踏面是在锥型踏面的基础上，一开始就把车轮踏面做成类似磨耗后的稳定形状，即磨耗型踏面。其优点如下：

① 在相同的行走公里下，可明显减少踏面的磨耗量，延长了轮对的使用寿命，减少了换轮、选轮的工作。

② 磨耗形踏面可减小轮轨接触应力，提高车辆运行的横向稳定性和抗脱轨安全性。

（4）轴箱定位

轴箱定位装置是连接轮对与构架的活动关节，除了传递各个方向的力和振动外，轴箱必须保证轮对能够适应线路状况而相对于构架上下跳动和左右横动，约束轮对和构架的相对运动，约束构架和轮对的相对运动。同时对给轴承外圈定位，保持轴颈和轴承的正常位置，保持轴承油脂，保证轴承良好的润滑，并具有良好密封性，防止尘土、雨水等物侵入或油脂甩出，避免燃轴事故。

(a) 锥形踏面

(b) 磨耗型踏面

图 4-34　踏面形状

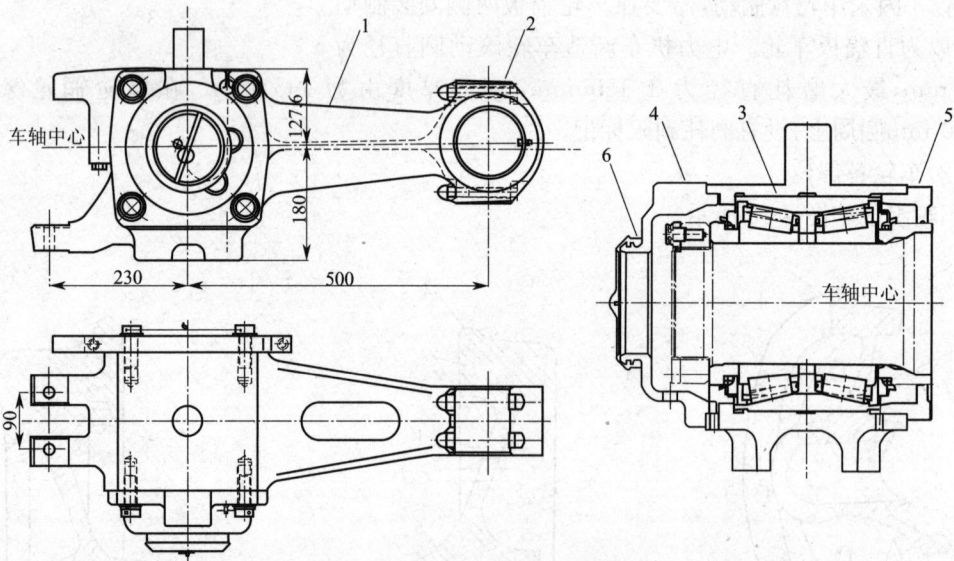

轴箱定位装置内有轴承组件，外部安装轴温、速度传感器、轮对提吊等，如图 4-35 和图 4-36 所示。

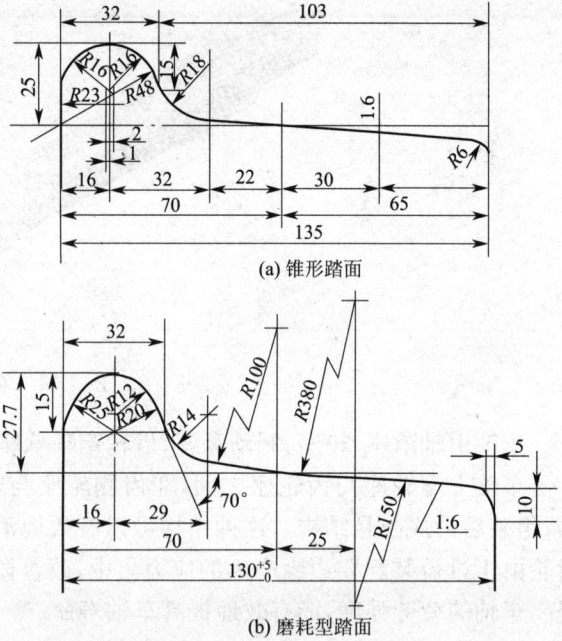

图 4-35　不安装传感器的轴箱结构

1—轴箱体；2—定位节点压盖；3—轴承组件；4—前盖；5—后盖；6—橡胶盖

轴箱定位方式两种：转臂式和拉杆式。

①转臂式轴箱定位特点

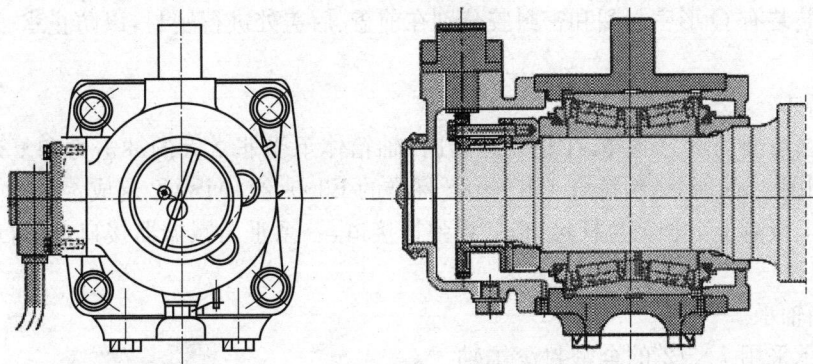

图 4-36　安装传感器的轴箱结构

采用轴箱与转臂一体式的转臂式轴箱定位结构，其目的是为了简化结构、降低自重、便于组装和维护检修。

转臂式轴箱定位有以下特点：

a. 便于一系定位刚度的选择（要求的刚度值可以在垂向、纵向和横向独立地选择），可兼顾一系定位刚度在高速运行时的稳定性和曲线通过性能。

b. 实现轻量化，适应高速运行。

c. 零部件数量较少，结构简化，提高可靠性。

d. 便于一系悬挂装置的分解和组装作业。

e. 无磨耗，免维护。

② 转臂式轴箱组成

由轴箱体、轴箱前盖、轴箱后盖、橡胶盖、橡胶弹性定位节点、定位节点压盖等组成。

轴箱装配是连接构架和轮对的活动关节，它除保证轮对进行回转运动外，还起到传递牵引力、制动力和轮轴横向力的功能。因此不仅要能满足轮对适应线路要求，还要适应于相对构架各个方向的活动。

轴箱装配主要由轴箱体、轴箱轴承、后盖、前盖、轴端压盖、螺栓和密封圈等组成，结构如图 4-37、图 4-38 所示。

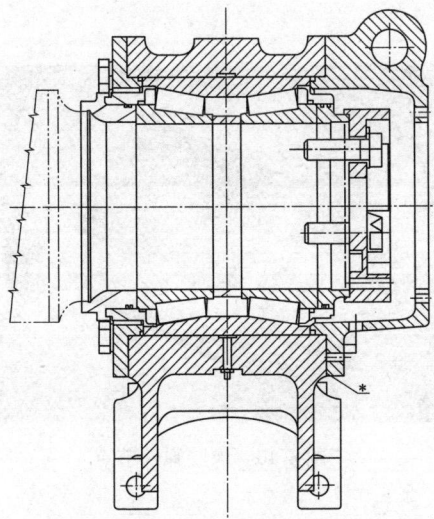

图 4-37　Ⅰ、Ⅲ位轴箱装配

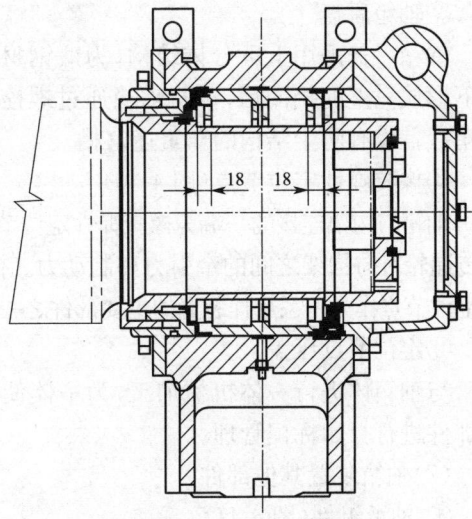

图 4-38　Ⅱ位轴箱装配

轴箱组装装有 O 形密封圈和密封胶分别在前盖、后盖处进行密封，以防止水、灰尘等杂物进入。

（5）轴箱体

轴箱体是重要的承力部件，在轮对运转时，轴箱体承受非常大的冲击力和复杂的交变载荷，其结构如图 4-39 所示，由符合 UIC840-2 标准的 E300-520-MS C2 制成。

轴箱体上设有上下轴箱拉杆接口，一系弹簧接口，一系垂向减振器接口，同时还有扫石器安装接口。

（6）轴箱轴承

轴箱轴承采用 $7 \times 12''$ 的全密封滚子轴承，Ⅰ、Ⅲ 位为圆锥滚子轴承，轴向自由横动量约 ±0.3 mm；Ⅱ 位为圆柱滚子轴承，轴向自由横动量为 ±18 mm。轴承满足标准 EN 12080 的要求，轴承的计算寿命按照 ISO 281/1 进行。该轴承采用润滑脂润滑，润滑脂满足标准 EN 12081 和 UIC 814 的要求。

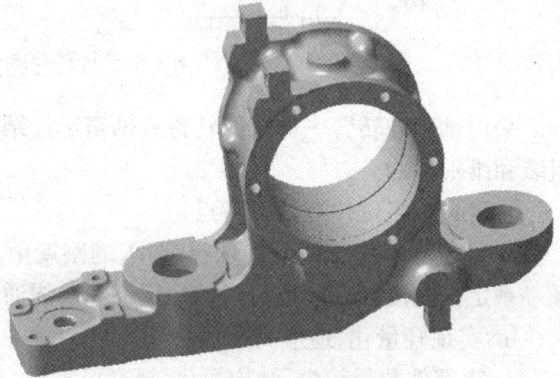

图 4-39　轴箱体

① 轴箱体

轴箱体材料为铸钢，箱体内安装轴承，其顶部用于安装轴箱弹簧，轴箱转臂的另一端通过压盖与橡胶弹性定位节点连接，构成轮对的定位装置。轴箱内的轴承外圈通过轴箱前后端盖来定位。

② 轴箱前盖

为降低转向架簧下质量，前盖采用了高纯度铝合金铸件材料。为防止铝制材料与钢铁零件接触面产生电化学腐蚀，需要在接合面进行特殊涂装。

前盖底部有一孔，用于排出车轴超声波探伤时使用的润滑油。通常情况下前盖的孔用螺栓塞住，以防运行时灰尘进入转速计和接地装置。

③ 轴箱后盖

轴箱后盖采用上下分体结构，为锻钢材料，先上下形成完整的挡圈后，再与轴箱通过螺栓连接。轴箱后盖设有防尘结构的双重迷宫槽。

④ 橡胶弹性定位节点（图 4-40）

轴箱与构架连接的一端为橡胶弹性定位节点，用以传递轮对与构架之间的牵引力和制动力。橡胶弹性定位节点作为一系悬挂装置的主要部件之一。

⑤ 定位节点压盖

与轴箱体进行一体机械加工，为一体使用，两个部件进行打印标记管理。

图 4-40　橡胶弹性节点

（7）轴箱装置其他部件

① 轴承组件（图 4-41）

机车转向架采用双列圆锥滚子轴承单元，为油脂润滑，采用轻接触式的双唇自密封结构。

轴承单元由外圈、双列圆锥滚子、保持架、内圈、防止磨损的隔板、油封、油封圈和后盖等组成，为预加润滑脂的全密封型单元轴承。

六角螺栓　端盖　　密封盖　　　　　　调整环　　　　　　　　　滚子-保持架-　　　　　带有簧片密封
　　　　　　　　　　　　　　　　　　　　　　　　　　　　　内圈组合件　　　　　的外围托环

锁紧片　带有簧片密封　　滚子-保持架-　　轴承外围　　　　　　　　　　　　密封盖
　　　　的外围支承环　　内圈组合件

图 4-41　轴承组件

②轴承温度检测器

该检测器由热敏开关构成，当轴箱体温度升高至设定值时，热敏开关使报警电路打开。开关的激活温度设置为 165～155 ℃，温度梯度为 5 ℃/min。

③速度传感器

轴箱上安装有速度传感器，传输信号给 AG43、AG37 和 LKJ2000 用。

④轮对起吊装置

轮对起吊装置的主要作用是在转向架整体起吊过程中，使轮对随构架形成整体，同时，防止在转向架拆卸时轴箱弹簧伸长而损伤垂向减振器。

**四、驱动装置的检查和维护**

驱动装置是机车走行部关键部件之一，它是将电机输出转矩传递到轮对的装置。该转向架有 3 组驱动装置顺置安装，主要由齿轮箱、交流牵引电机、传动齿轮、抱轴承箱组装、密封元件及电机悬挂部件等组成，其结构如图 4-42 所示。

驱动装置采用一级减速圆柱直齿传动，把牵引电机输出的扭矩通过主动齿轮和从动齿轮传递给轮对，实现轮对牵引力的产生。齿轮传动采用全封闭式传动齿轮箱，它与抱轴承箱、牵引电机通过螺栓联结成一体，齿轮箱与电机构成静密封结构，密封润滑好，并能改善齿轮箱的泄漏，有利于轴承和牵引齿轮的润滑。

**1. 齿轮箱**

齿轮箱采用承载式单级减速齿轮箱，其上下两个半箱用螺栓联结，由符合 EN 1563 标准的 GJS-400-18 球墨铸铁制成，同时对该材料附加了低温冲击性能要求。

齿轮箱中合理地设有各种挡油板、油槽和回油孔，将齿轮旋转飞溅起的部分润滑油引流到齿侧抱轴箱轴承室和电机输出端轴承室，以润滑和冷却轴承。最后润滑油通过各个回油通道回到齿轮箱的副油箱，副油箱与主油箱是连通的，这样就形成了润滑油的循环利用。齿轮箱三维剖视如图 4-43 所示。

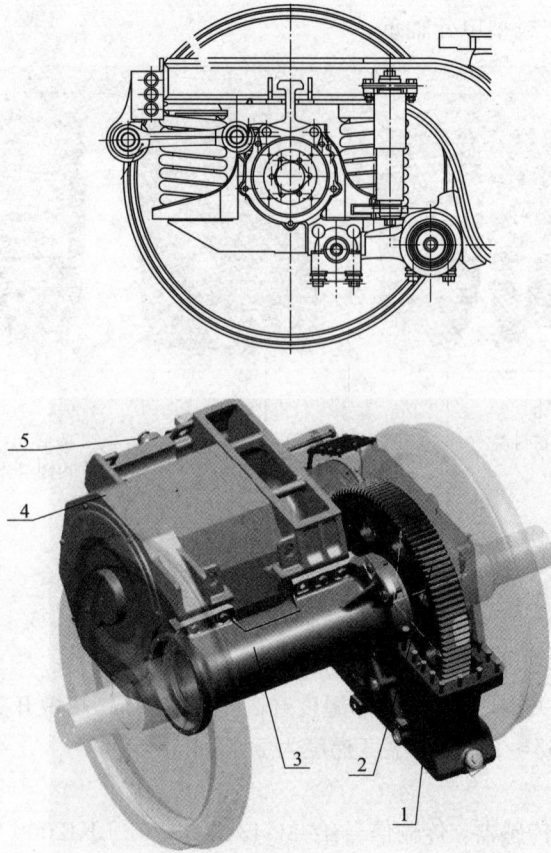

图 4-42　驱动装置
1—齿轮箱;2—传动齿轮;3—抱轴承箱;4—牵引电机;5—牵引电机悬挂

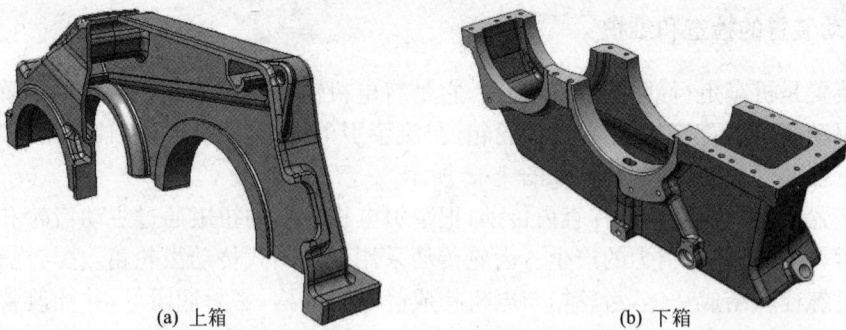

(a) 上箱　　　　　　　　　　　　　(b) 下箱

图 4-43　齿轮箱

## 2. 传动齿轮

交流电机输出端轴承位于电机轴轴端,使主动齿轮处于电机齿轮箱侧轴承的内侧,如图 4-44 所示,主动齿轮属于简支梁式结构,不同于既有机车的悬臂式结构。这种布置可改善齿轮及电机轴承的工作条件,改善了牵引齿轮的啮合性能和齿轮传动的平稳性,延长了牵引齿轮的使用寿命。

主动齿轮内孔采用 1:20 锥度,与电机轴采用过盈装配,在与主动齿轮配合的电枢轴颈上

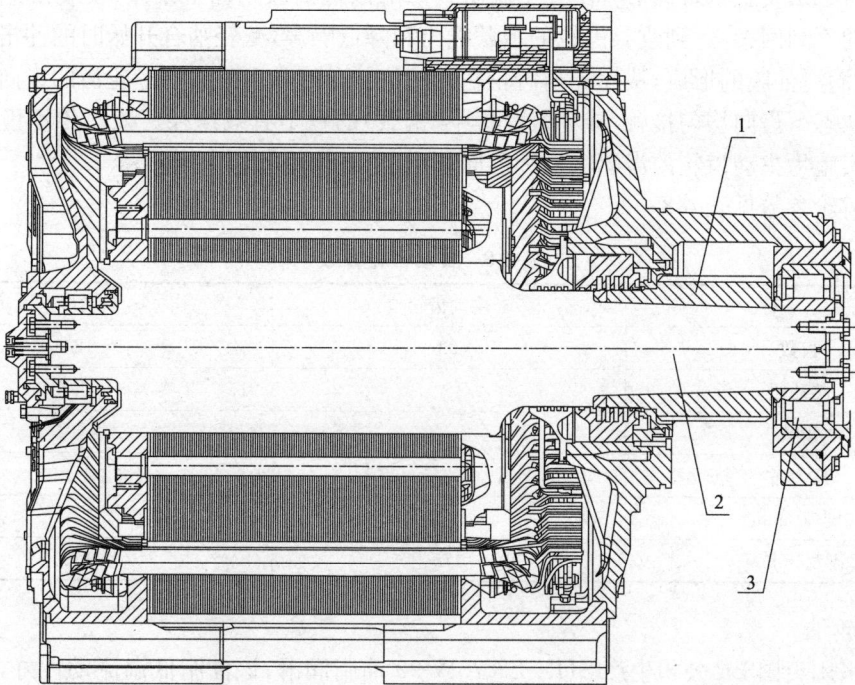

图 4-44　主动齿轮安装结构
1—主动齿轮；2—电机轴；3—电机传动端轴承

镟有两道油沟，此油沟与轴端的孔相通，便于拆卸小齿轮，并保证电机轴与主动齿轮孔的表面不受损伤。

从动齿轮通过压装法组装在车轴上，过盈量为 0.35～0.41 mm。同样，从动齿轮内孔也设有两道油沟与齿轮毂孔端的孔相通，方便注油退下齿轮。

主动齿轮和从动齿轮（图 4-45）采用符合 EN 10084 标准的 18CrNiMo7-6 材料。原材料进行脱氧镇静、真空脱气，其含氢量不超过 $3\times10^{-6}$。表面进行渗碳淬火处理，成品后淬硬层深度最小 1.4 mm，表面硬度为 HRC 58～HRC 64，非硬化表面部分的硬度在 HB 330～HB 450之间。其表面光洁度要求，齿面 $Ra\leqslant0.8\ \mu\mathrm{m}$，齿根圆和圆角部位 $Ra\leqslant1.6\ \mu\mathrm{m}$。

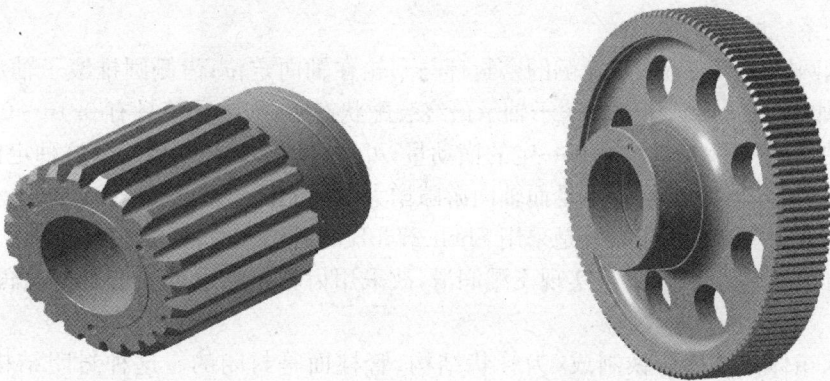

图 4-45　主动齿轮（左）和从动齿轮（右）

为避免齿轮传动啮合冲击及载荷集中，降低初始啮合时的动载荷、减小偏载、降低噪声，因此在设计时必须实施啮合修形方案。实施啮合修形以抵消齿轮加工误差、安装误差以及轮齿变形造成的不利因素,达到改善齿轮的承载能力和降低噪声,减轻啮合开始时的冲击和滑动速度,有利于润滑油膜的形成,从而提高齿轮轮齿的抗胶合能力和耐磨性。轮齿的齿向修形是齿轮在工作状态下齿向均匀接触,减小载荷集中(偏载)的一个有效途径。该车传动齿轮的啮合修形分别实施为主动齿轮的齿廓修形和齿向修形、从动齿轮的齿廓修形。

传动齿轮参数见表 4-8。

表 4-8　传动齿轮参数

| 名　称 | 主动齿轮 | 从动齿轮 |
|---|---|---|
| 齿数 | 23 | 120 |
| 传动比 | 5.217 | |
| 模数 | 8 | |
| 压力角 | 20° | |
| 中心距(mm) | 576 | |
| 齿宽(mm) | 175 | 136 |

### 3. 齿轮油

齿轮采用英国 BP 公司生产 SHX-LS 75W-90 油脂润滑,该油脂低温流动性好,运动黏度佳,在 40 ℃时的动黏度为 107 mm²/s,100 ℃时的为 15.2 mm²/s,黏度指数为 149。不但能够保证齿轮的充分润滑,而且能够满足齿侧抱轴箱轴承和电机输出端轴承的稀油润滑。尤其抱轴箱轴承,较国内现有结构采用油脂润滑相比,更有利于轴承的润滑。

同时,为减少齿轮磨损颗粒对齿轮润滑效果的影响,油路中还设置有磁塞和一条磁性螺栓,用来吸附润滑油内的磨损颗粒,以净化润滑油,维持齿轮油清洁,提高润滑效果。

### 4. 抱轴承箱装配

抱轴箱主要由抱轴承箱、两组不同的绝缘圆锥滚子轴承、轴承座、密封盖、密封环、调整垫、隔环、挡油板、密封圈等组成,结构如图 4-46 所示,是驱动单元的一个关键部件,也是牵引电机抱轴式悬挂驱动的悬挂点所在。

抱轴箱轴承采用的圆锥滚子轴承具有陶瓷绝缘性能,这种绝缘性能是目前世界上最新的轴承技术,能够防止轴承产生电腐蚀,确保轴承的安全运用,延长轴承的维护使用周期,从而提高轮对驱动系统的可靠性能。

非齿侧圆锥滚子轴承通过左侧的密封环与车轮在轴向定位;齿侧圆锥滚子轴承紧靠到从动齿轮上,如图 4-47 所示。圆锥滚子轴承最终装配状态时,抱轴承箱具有 0.15～0.25 mm 的横动量,以保证整个驱动系统具有一定的横动量,可适应较小的横向运动。这种定位方式避免了轴承在机车运营中轴向定位不足而轴向游隙增大的可能性。

非齿侧抱轴承箱轴承的润滑是采用 Shell 2760B 润滑脂润滑,便于密封及维护;齿侧抱轴承箱轴承由于靠近齿轮箱,容易实现飞溅润滑,故采用齿轮箱的润滑油来飞溅式润滑,润滑效果会更好。

抱轴承箱体采球墨铸铁制成,为管状结构,管柱面是封闭的。这种封闭结构改善了铸造的工艺性,减轻应力集中,同时由于球墨铸铁的结构特点,能够提高抱轴承箱的抗振疲劳强度。

牵引电机与抱轴箱合口面轴向由一个方键定位,垂向由抱轴承箱体的支口定位,并通过

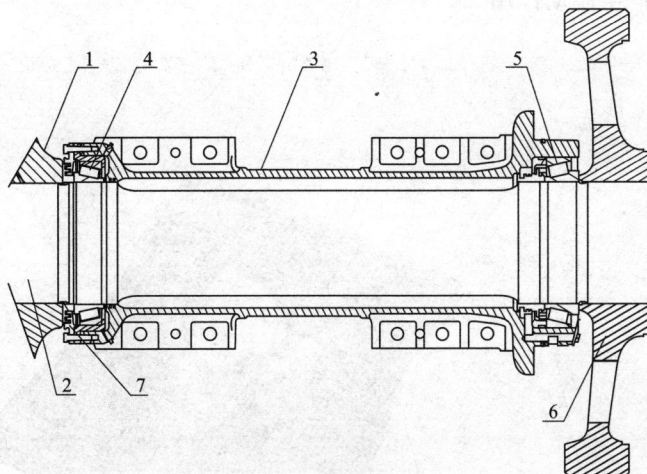

图 4-46　抱轴承箱装配

1—车轮；2—车轴；3—抱轴承箱体；4—非传动端圆锥滚
子轴承；5—传动端圆锥滚子轴承；6—从动齿轮；7-密封环

图 4-47　抱轴承箱体

10 条 M24 的螺栓刚性连接。为便于拆卸，抱轴箱设计有工艺螺栓孔结构。

5. 电机悬挂装置

牵引电机采用抱轴式弹性半悬挂方式，一侧通过抱轴承箱和两套圆锥滚子轴承与车轴联结，另一侧采用一个电机吊杆悬挂于构架上，电机吊座上安装有橡胶弹性元件，可实现轮对与构架之间相对位移。这种结构简单、检修容易、拆装方便，在不起吊车体的情况下，牵引电机可以在落轮坑内卸下。

驱动装置的悬挂(图 4-48)部件由电机吊座、电机悬挂橡胶套(电机吊座上下各一个)、电机吊杆及吊杆销等组成，其中电机悬挂橡胶套是实现驱动装置弹性悬挂的橡胶元件。

**五、基础制动装置的检查维护**

列车到站要停车，遇到紧急情况时也要求紧急停车，在限速区需要缓行，下长大坡道时也要控制速度等，这些都需要机车上设有制动装置，以提供必须的制动力。基础制动装置是对机车实行减速和停放的一种机构，其作用是将制动缸的力传给闸瓦。基础制动装置由若干制动单元组成。每一制动单元包括一个制动缸和闸瓦。制动缸内作用于活塞的压缩空气推力经放大机构(或储能制动装置相当于手制动装置手轮上的力)传给各闸瓦，使闸瓦压紧车轮踏面，最后通过轮轨的黏着产生制动作用。

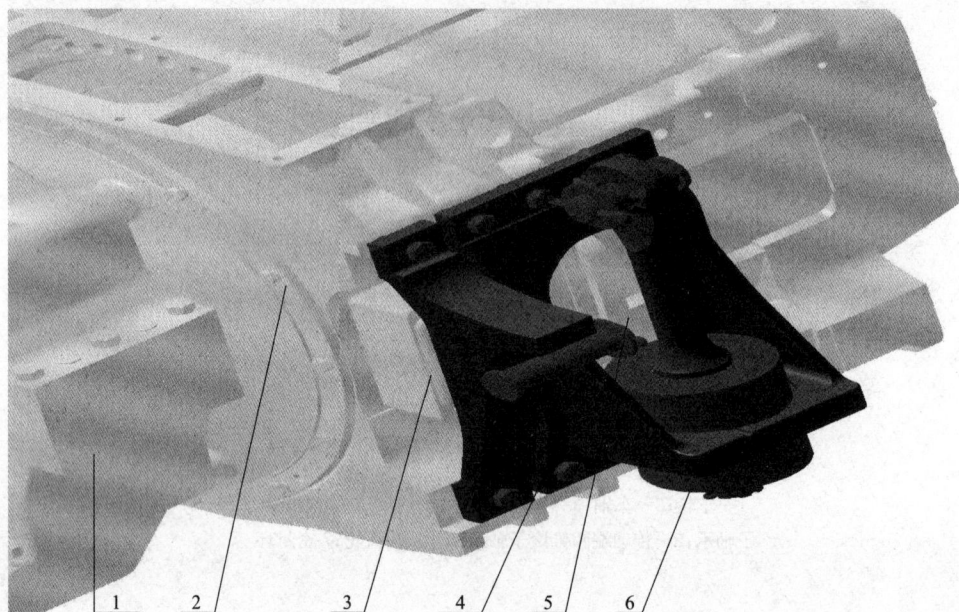

图 4-48　驱动装置悬挂

1—齿轮箱;2—牵引电机;3—防落座;
4—电机吊座;5—电机吊杆;6—弹性橡胶套

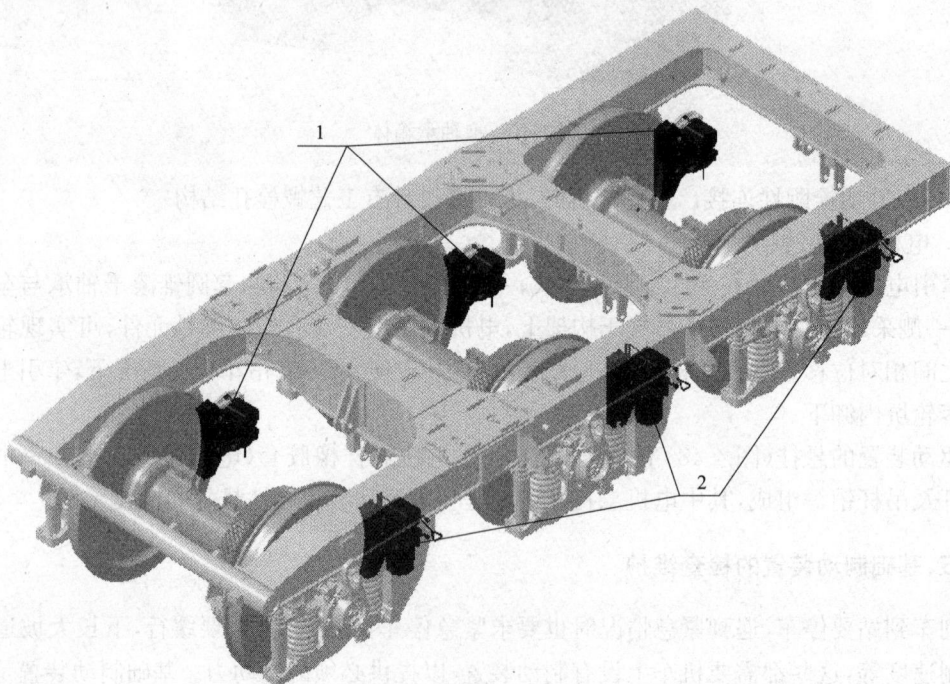

图 4-49　单元制动器的安装

1—常用制动单元;2—停放制动单元

　　该转向架基础制动装置采用单侧踏面制动单元，用螺栓安装在构架侧面。每转向架设有6套单元制动器，其中3套为停放制动单元，分别安装在转向架左侧的3个车轮处，如图4-49所示。

　　基础制动装置可以实现机车在平直道上120 km/h速度下，轴重25 t机车紧急制动距离≤1 100 m的要求；在无风和所有设备工作时，停放制动可以保证机车在30‰坡道上安全停放。

　　每个制动器安装有两块闸瓦，且每个制动器设置有闸瓦间隙自动调整装置，制动器能够对闸瓦和车轮间的间隙进行自动调整。

　　基础制动装置主要技术参数见表4-9。

表4-9　基础制动装置主要技术参数表

| 制动缸直径 | 7英寸 |
|---|---|
| 出闸压力 | 30 kPa |
| 最大制动压力 | (450±20)kPa |
| 制动力公差 | ±7 % |
| 闸瓦宽 | 80 mm |
| 间隙调整器的调整量 | 125 mm |
|  | 车轮磨耗：50 mm |
|  | 闸瓦磨耗：50 mm |
|  | 更换：20 mm |
| 最大制动压力时的公称制动力 | 45 kN |
| 弹簧停放制动的许用制动力 | ≥25 kN |
| 停放制动的最大缓解力 | 150 N |

　　间隙自动调整器是一单独作用的机构，它不受制动力产生的弹性变形的影响，当轮瓦磨损后，它能保证轮瓦间隙。

　　停放制动单元是在常用制动缸体上部增加弹簧停车制动器，当机车在正常运行状态时，停放制动缸中充有压力空气，弹簧处于压缩状态，停放制动不参与机车正常的制动作用；机车在停放时，当总风管的压力空气泄露到一定程度（空气压力小于弹簧的作用力时），停放制动开始作用，此时，停放缸活塞在弹簧的作用下向下移动，推动制动缸活塞产生制动力。

　　踏面制动单元具有重量轻、体积小、安装方便、间隙调整器调节准确、传动效率高、闸瓦更换方便、使用维护简单等特点。

　　闸瓦采用合成闸瓦，符合UIC 541-1的要求，为了保证制动距离，闸瓦的额定摩擦系数无论在干燥或是潮湿条件下都应尽可能地保持恒定。摩擦材料不含石棉以及其他对人们健康有害的材料，在制动中，闸瓦不产生金属夹杂物，闸瓦最高工作温度为350℃。

### 六、转向架其他部件的检查和维护

（一）牵引装置

转向架牵引装置是连接转向架与车体之间的动力传递装置，其作用是传递机车的牵引力和制动力,保证机车较小的轴重转移,允许转向架进出曲线时相对于车体有小幅度的回转运动。

　　牵引装置采用中间推挽式水平短牵引杆与车体连接,该装置的设计满足 UIC 615 的要求:在机车冲撞情况下,牵引杆可承受 3g 水平加速度,而不会产生变形或损伤。牵引点位于轮轴的纵向中心线上,能有效地传递牵引力和制动力,试验表明:机车启动时,轴重转移不大于±7%。

　　牵引装置(图 4-50 和图 4-51)结构简单紧凑,主要由牵引杆、橡胶关节和防落挡等组成。

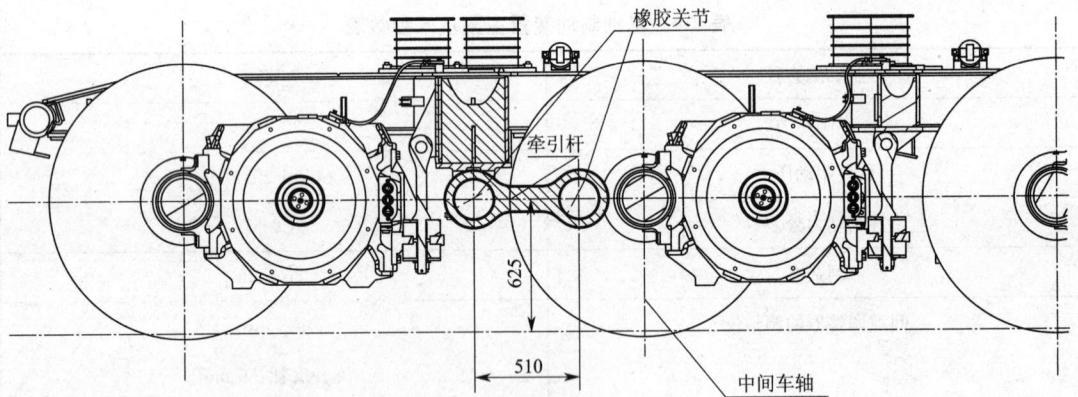

图 4-50　牵引装置二维图

　　采用单推挽式水平短牵引杆结构,两端为弹性关节,弹性关节的中心距为 510mm,实现牵引杆相对于车体和转向架横向、摇头、垂向运动的小约束。由于转向架受外侧支承点的回转约束比内侧支承点大,因此转向架的转心靠近外侧支承点,粗略认为转向架的转心在牵引杆与车体相连的一端附近的情况下,由于与构架相连的另一端也靠近该点(极端情况下两者重合即成为中心销牵引方式),因此这种形式的短牵引杆对车体和转向架间的回转运动约束是非常小的,且非常适用。

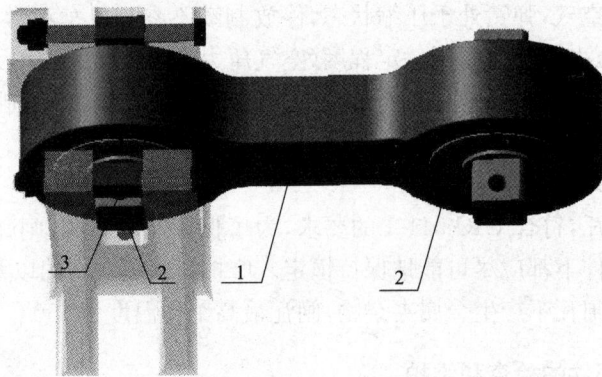

图 4-51　牵引装置三维图
1—牵引杆;2—橡胶关节;3—防落挡

## 1. 牵引杆

牵引杆(图 4-52)是转向架与车体之间传递牵引力和制动力的主要零件,采用按照标准 EN 10025-2 生产的 S355J2 钢锻造加工而成。

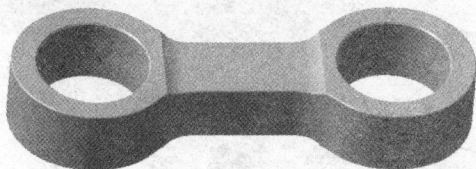

图 4-52　牵引杆

## 2. 橡胶关节

橡胶关节是牵引装置中的弹性元件,在静载荷下,牵引装置橡胶关节在径向上承受相当于牵引杆质量的载荷;在机车运行时,依据运行方向的不同,牵引杆处于拉或压状态;另外,橡胶关节还承受由车体横向位移和车体旋转引起的扭矩,承受车体和转向架跳动引起的弯曲载荷。

根据该装置的功能需要,它必须有足够大的径向刚度,而扭转刚度和弯曲刚度相对小一点,这样才能保证整个牵引装置良好地发挥其性能,实现车体与转向架构架间的牵引和构架沉浮、摇头、横移运动的解耦。

该橡胶关节是由配方橡胶经一定工艺硫化在芯轴上,如图 4-53 所示,其试验方法、内容等符合标准 EN 13913。

图 4-53　牵引装置橡胶关节

橡胶关节是过盈压装到牵引杆两端孔内的。在安装时,涂 MOLYDAL MO3 或与其等效的油脂,以防止与钢件发生锈蚀。

橡胶关节各项性能指标如下:

(1)径向刚度:$200 \times (1+20\%)$ kN/mm;

(2)扭矩刚度:$\leqslant 1\ 000$ N·m/°;

(3)偏转刚度:$\leqslant 600$ N·m/°。

### (二)轮缘润滑装置

为避免轨道和轮缘的异常磨耗,每组转向架配有一组轮缘润滑器,对一、三位左右轮对进行轮缘润滑,中间轮对无润滑。轮缘润滑器的主要功能是通过润滑轮缘的内侧面,来降低当列车进入曲线时的负载并减少轮缘和轨道之间的磨损。HXD2B 机车吸收了国外先进的技术,采用了德国 REBS 申请了专利的润滑系统。轮缘润滑装置用螺栓固定在转向架构架上,如图 4-54 所示,由油箱、气动泵、电磁阀、油气分配器、喷嘴和管路等组成。

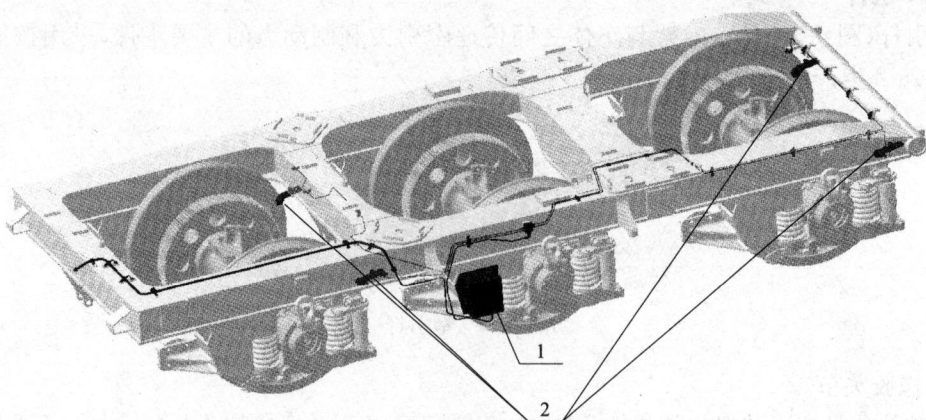

图 4-54　轮缘润滑装置
1—轮喷油箱；2—喷头

　　该轮缘润滑系统是油气润滑，简单地说将单独供送的润滑剂和压缩空气进行混和后再供送到润滑点。在润滑膜增厚和行驶速度加快的情况下离心力会使得润滑剂的黏附力降低，因此要求喷射出来的润滑剂的颗粒不能太大、润滑膜不能厚，以保证在高速行驶状态下，润滑剂也不被甩出。

　　轮缘润滑系统所用的压缩空气取自机车的压缩空气网。以 10％ 的润滑剂和 90％ 的压缩空气在喷射过程中形成精细油膜层的厚度小于 0.001 mm，其宽度为 10～15 mm，并以 150～200 m/s 的高速度喷到轮缘上，确保机车在高速行驶的状态下喷射出的润滑剂也能突破车轮周围的空气流而精细地覆盖在机车轮缘上。

　　环保型轮缘润滑脂含有固体润滑剂，其基础油能快速生物降解，不含重金属化合物，使用非常安全。

　　（三）管路和附属装置

　　转向架管路主要是基础制动装置用空气管路，为单元制动器提供压缩空气，以保证机车制动用必要的制动力。管路用管卡固定在转向架构架上，如图 4-55 所示。

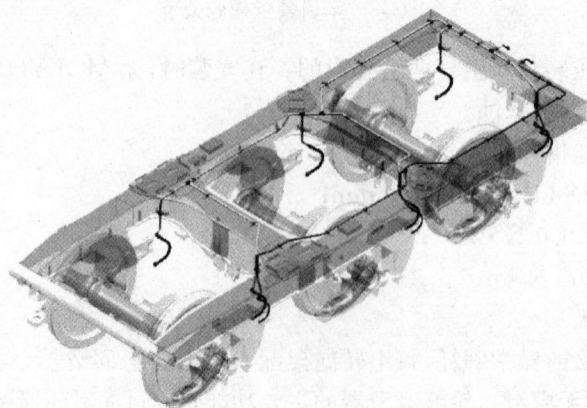

图 4-55　制动管路装配

　　转向架附属装置主要有排石器、撒砂装置、各种传感器和接地装置等。排石器和撒砂管装配安装如图 4-56 所示;测速传感器、轴端速度传感器、牵引电机接地线和回流装置的安装位置如图 4-57 所示。

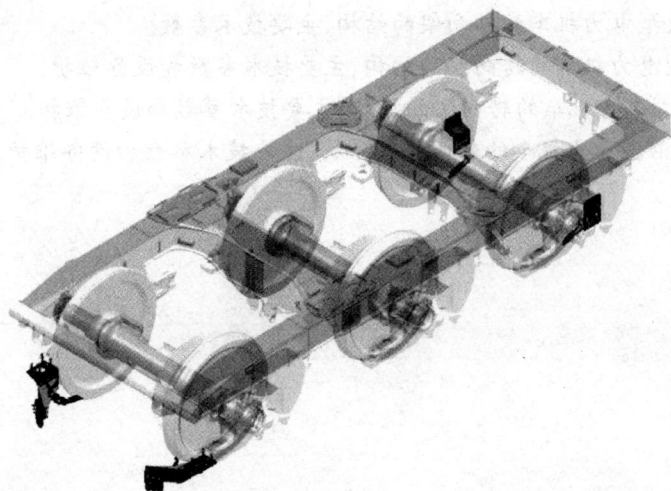

图 4-56 排石器和撒砂管装配

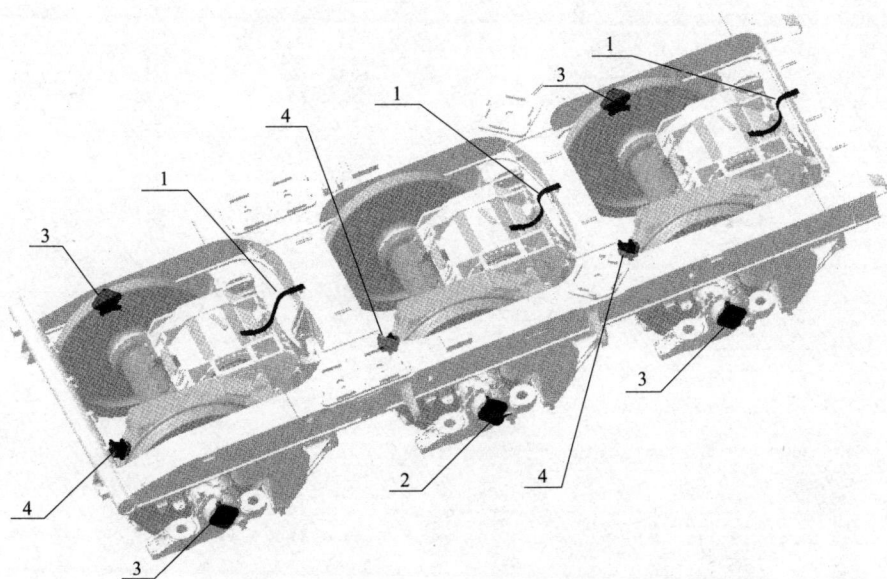

图 4-57 各种传感器和接地回流装置的安装

1—牵引电机接地线;2—轴端速度传感器;3—轴端回流装置;4—测速传感器

## 项目小结

本项目主要介绍了主型电力机车转向架的结构以及维护项目,通过教学做一体化教学和现场评价,让学生掌握认知各型电力机车转向架的构造和维护,主要部件的检查内容和方法。

## 复习思考题

1. 试述 $SS_4$ 改型电力机车的转向架的结构、主要技术参数。
2. 试述 $SS_9$ 型电力机车的转向架的结构、主要技术参数和设备维护。
3. 试述 $SS_{7E}$ 型电力机车的转向架的结构、主要技术参数和设备维护。
4. 试述 $HXD_{2B}$ 型电力机车的转向架的结构、主要技术参数和设备维护。

# 项目五　电力机车牵引缓冲装置的认知和维护

## 项目描述

在教室、电力机车实训室，以项目教学、任务驱动，教、学、做一体，现场评价的方式进行教学。以教材、实训设备及挂图、教学课件为学习载体，以讲授和实训的方式进行介绍，以教材、实物或模型、教学课件为学习载体，按照电力机车组牵引缓冲器结构、作用及特点；车钩的结构、作用及特点；缓冲器的结构、作用及特点。

## 学习目标

**【知识目标】**

◆ 掌握电力机车的车钩的基本组成、结构、特点、作用。

◆ 掌握缓冲器的结构、特点、材质、作用。

**【能力目标】**

◆ 对照实训设备或挂图，掌握并说出牵引缓冲装置的结构组成、各装置的作用原理、各部件名称及作用。

◆ 对照实训设备或挂图，掌握并说出纵向力、横向力、垂向力在牵引缓冲装置的传递过程。

## 任务一　车钩的认知和维护

### 一、相关理论知识

车钩与缓冲器（钩缓装置）是机车的重要部件。机车通过车钩和缓冲器实现对列车的牵引，吸收机车对列车进行连挂时及列车在运行中由于传递牵引力、制动力的动态作用产生的纵向冲击力，它们直接关系着列车的运行安全。

在车钩缓冲装置中，车钩的作用是用求实现机车车辆之间的连挂和传递牵引力及冲击力，并使车辆之间保持一定的距离缓冲器是用来减缓列车运行及列车制动作用时车辆之间的冲撞，吸收冲击动能，减小车辆相互冲击。韶山系列电力机车采用的为 13 号车钩和 MT-3 型缓冲器。HXD2B 型电力机车采用了由大同法维莱车钩系统有限公司生产的 DFC-E100 型钩缓装置（图 5-1）。法维莱公司是欧洲自动车钩的主要制造商，有数千种车钩在铁路、矿井、钢铁企业中使用。

钩缓装置在 HXD2B 型电力机车车体上的安装结构如图 5-2 所示。

车钩缓冲装置由车钩、缓冲器、钩尾框、从板等零部件组成：图 5-3 为车钩缓冲装置的一般结构形式：在钩尾框内依次装有前从板、缓冲器和后从板（有时不用前后从板），借助钩尾销把

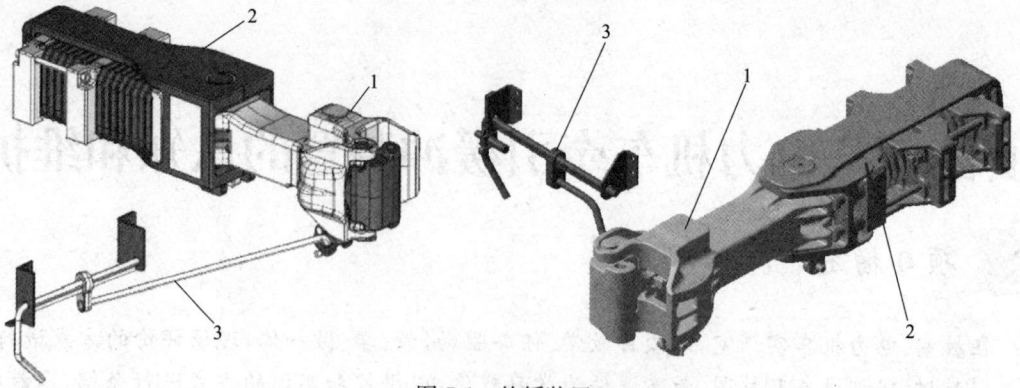

图 5-1　钩缓装置

1—车钩；2—缓冲器；3—解钩装置

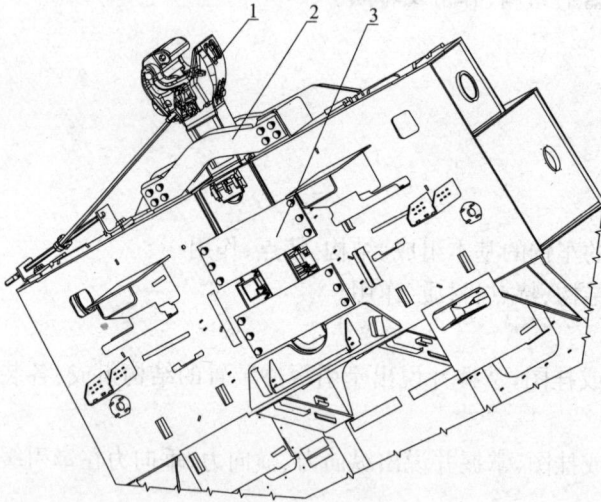

图 5-2　车钩安装图

1—钩缓装置；2—副摩擦块；3—托板

车钩和钩尾框连成个整体，从而使机车有连挂、牵引及缓冲 3 种功能。

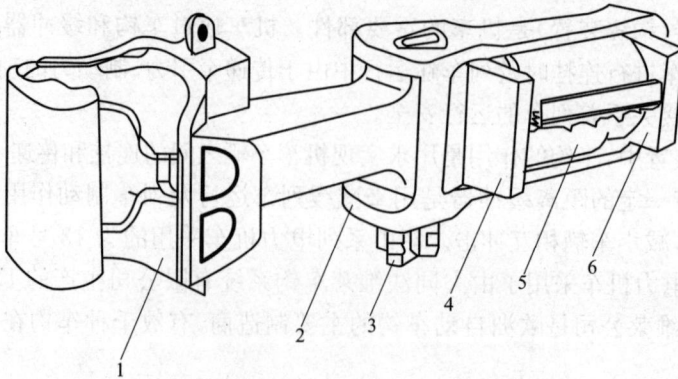

图 5-3　牵引缓冲装置

1—车钩；2—钩尾框；3—钩尾销；4—前从板；5—缓冲器；6—后从板

　　车钩缓冲装置一般组成一个整体安装于车底架两端的牵引梁内,其前、后从板及缓冲器卡装在牵引梁的前、后从板座之间,下部靠钩尾框托板及钩体托梁(货车)或复原装置(客车)托住,各部相互位置如图 5-4(a)所示。

　　当车辆受牵拉时,作用力的传递过程为车钩→钩尾框→后从板→缓冲器→前从板→前从板座→牵引梁,如图 5-4(b)所示。当车辆受冲击时,作用力的传递过程为:车钩→前从板→缓冲器→后从板→后从板座→牵引梁,如图 5-4(c)所示。

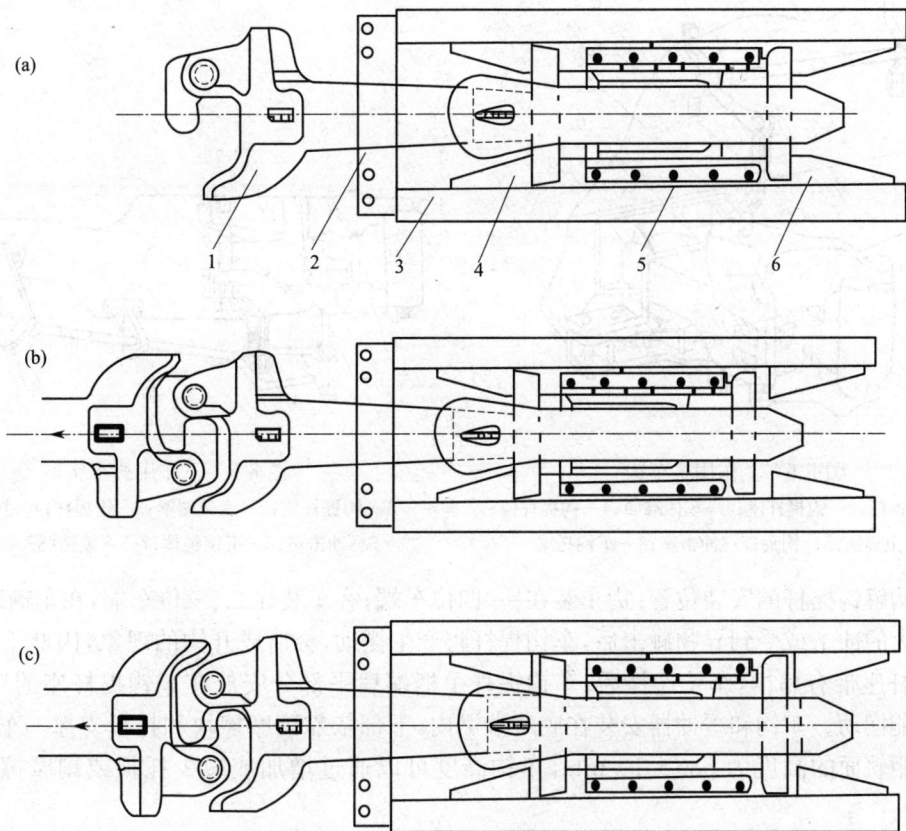

图 5-4　车钩缓冲器在车上的安装位置及受力状态
1—车钩缓冲装置;2—冲击座或复原装置;3—牵引梁;4—前从板座;5—钩尾框托板;6—后从板

　　由此可见,车钩缓冲装置无论是承受牵引力,还是冲击力,都要经过缓冲器将力传递给牵引梁,这样就有可能使车辆间的纵向冲击振动得到缓和和消减,从而改善了运行条件,保护车辆及货物不受损坏。

　　为了保证车辆连挂安全可靠和车钩缓冲装置安装的互换性,我国机车车辆有关规定:车钩缓冲器装车后,其车钩钩舌的水平中心线距钢轨而在空车状态下的高度为(880±10)mm,两相邻车辆的车钩水平中心线最大高度差必须得大于 75 mm,牵引梁前、后从板座之间距离为 625 mm,牵引梁两腹板内侧距为 350 mm 等。

　　车钩的开启方式分为上作用式及下作用式两种。由设在钩头上部的提升机构开启的,叫上作用式,因部分货车车钩为上作用式,这种方式开启灵活、轻便,所以车辆使用上作用式解钩装置为原则。但还有部分货车,例如,平车、长大货物车或开有端门的货车货物的装卸,或活动端门板需要放平、钩头的上部不能安装钩提杆,对于客车,因车体端部有折栅和平渡板装置,故也无法采用上作用式,而采用下作用式。这时,借助于设在钩头下部的推顶杆的动作来实现开启,它不如上作用式轻便。上(下)作用式车钩装置分别如图5-5、图5-6所示,每个车钩都铸有上、下锁销孔,使用下作用式解钩装置时,应将上锁销销孔用铁板焊死,以防止污物进入钩头内影响车钩的作用。

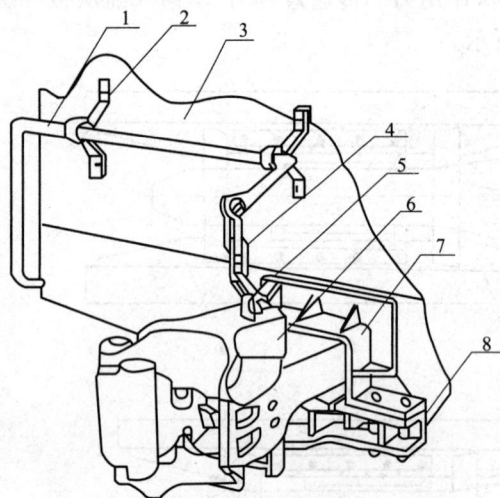
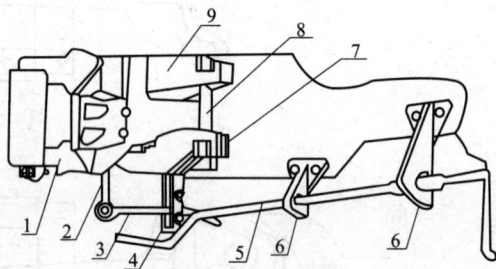

图 5-5　上作用式车钩　　　　　　　　图 5-6　下作用式车钩
1—车钩提杆;2—钩提杆座;3—车体端墙;4—钩提杆链;　　　　1—钩提杆座;2—底架端梁;3—钩提杆;4—托架;
5—上锁销;6—钩头;7—冲击座;8—车钩托梁　　　　　　　5—冲击座;6—下锁销体;7—下锁销;8—钩头

车钩解钩提杆的安装位置:货车装在一、四位车端;客车装在二、三位车端,在车辆运用中,如有较大的冲击或受到异物碰击后,车钩提杆将产生摆动,会造成开钩的现象,因此下作用式车钩提杆座带有扁槽,车钩连挂后,车钩提杆手柄端扁平部分安放在车钩提杆座的扁槽中,使之不能摆动。车钩和缓冲器安装在底架端梁内,下部依靠副摩擦块和托板支撑。车钩水平中心线距轨面的高度为 880±10 mm,车钩高度可以通过增加或减少托板或副摩擦块进行调整。

HXD2B 型电力机车的牵引缓冲装置采用的是 DFC-E100 型钩缓装置,其材料及内部结构尺寸与我国现在通用的车钩和缓冲器在外形、结构、尺寸等方面均有所不同,不能实现与我国现在通用的车钩和缓冲器的互换。它们适合在重载货运机车或货车上使用。以下介绍 HXD2B 型电力机车的钩缓装置。

### 二、车钩的结构

车钩用来实现机车和车辆之间的连挂和传递牵引力和冲击力,并使机车和车辆保持一定的距离。车钩由钩体、钩舌、钩舌销、钩锁、钩舌推铁、下锁销装配组成,结构如图5-7所示。

车钩的主要技术参数如下所述。

(1)车钩开度:

闭锁位置　　　112～122 mm

全开位置　　　220～235 mm

(2)主要部件的最小破坏载荷:

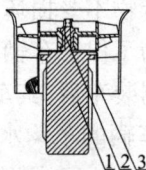

图 5-7　车钩
1—钩体;2—钩舌;
3—钩锁;4—钩舌推铁;
5—钩舌销;6—下锁销装配

钩体　　　　　4 005 kN

钩舌　　　　　3 430 kN

钩尾框　　　　4 005 kN

（3）车钩的水平摆角：±19°（DFC-E100 型为±12°）

车钩的材料为 E 级钢。车钩钩头安装的主要有关配件，如图 5-8 所示。主要由钩舌、钩锁铁、钩舌推铁、钩舌销、下锁销钩、下锁销体、下锁销、上锁销杆、上锁销。

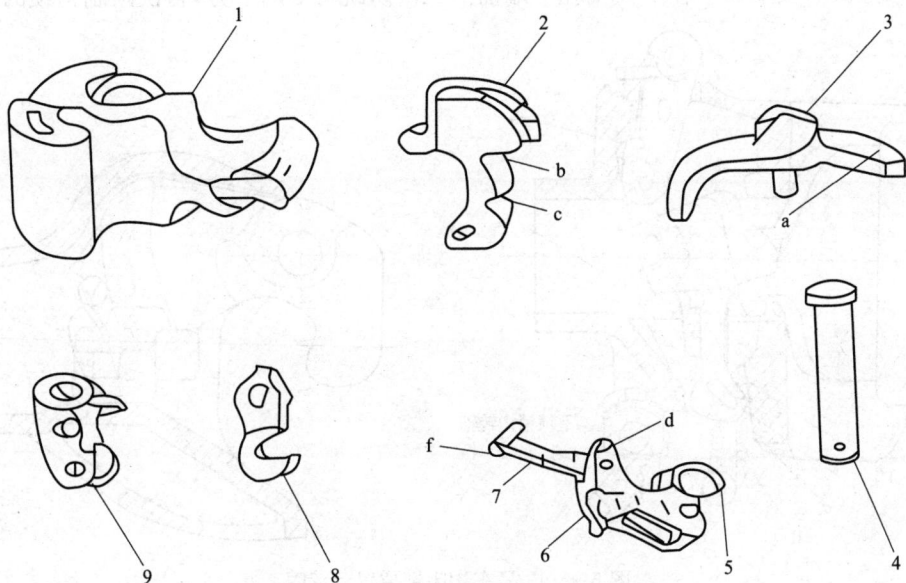

图 5-8　13 号车钩钩头配件

1—钩舌；2—钩锁铁；3—钩舌推铁；4—钩舌销；5—下锁销钩；6—下锁销体；7—下锁销；8—上锁销杆；
9—上锁销；a—锁座；b—后座锁面；c—开锁座锁面；d—二次防跳部；f—一次防跳部

### 三、车钩的三态作用

根据铁路运输生产的需要，车钩应有闭锁、开锁、全开三种作用，车辆连挂后车钩应具有闭锁作用以保证列车运行时各车钩不能任意分离；摘解车辆时车钩应具有开锁作用，以便使两连挂的车钩脱开；连挂车辆时，应具有全开作用，使其中一个车钩钩舌完全张开，才能使另一车钩的钩舌进入其钩腕内，以便两钩连挂。车钩的这三个作用是通过转换钩头内钩锁、钩舌推铁、上（或下）锁销的位置，分别使他们处在闭锁、开锁、全开位置（或称闭锁、开锁、全开状态）而实现的。

车钩的三态作用应在车钩轴线水平状态下，通过解钩装置，进行检查。

1. 闭锁位置

闭锁位置是使车钩起闭锁作用的钩头内各零件的位置，两钩连挂以后，其内部零件均应处在此位置。连挂车辆时，一方车钩呈全开位置，另一方车钩呈闭锁位置。当全开位的钩舌尾部被另一方钩舌推动，则钩舌以钩舌销为轴转动。当钩舌尾部完全进入钩头内腔时，钩锁、上锁销靠其自重自动落下，钩锁的后座锁面坐在钩舌推铁一端的锁座 a 上，卡在钩舌尾部和钩头内壁之间，挡住钩舌尾部，使其不能转动开放而形成闭锁位置。

上作用式车钩在闭锁位置时，上锁销、上锁销杆充分落下后，因其本身的结构特性而成弓形,使上锁销下部防跳部和上锁销杆的顶部防跳部 b 同处于钩腔后壁上防跳台 f 的下方。此时无论车辆如何振动,钩锁、上锁销、上锁销杆都不能跳起开锁,这种作用称为车钩的防跳作用。设立防跳作用的目的,是防止列车运行时,上(或下)锁销、钩锁因振动跳起开锁而发生车钩分离事故。下作用式车钩的动作与上作用式车钩完全相同,只是防跳部位不同(见图 5-9 中双点划线)当钩锁、下锁销、下锁销体以自重落下时,下锁销是依靠其轴沿钩锁锁体上的椭圆斜孔斜下方滑下的,因此其防跳部 f 便处于下锁销孔内的下防跳台的下方,起防跳作用,同时下锁销体的二次防跳部 d(尖端),卡在下锁销孔下端前沿二次防跳台 e 的下方,再次限制钩锁的跳动。

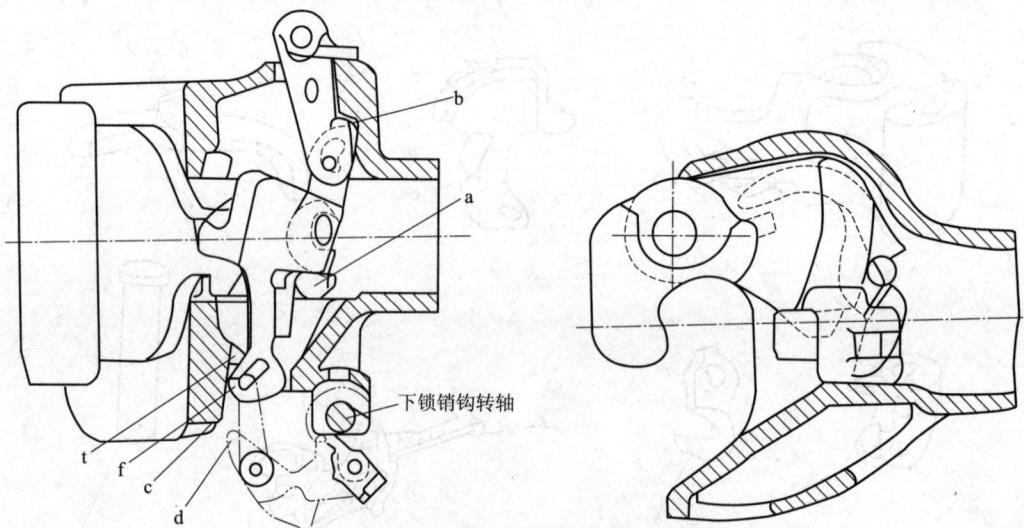

图 5-9　13 号车钩闭锁位置示意图
a—锁座;b—防跳部;c—开锁座锁面;d—二次防跳部;f—一次防跳部;t—防跳台

　　13 号上、下作用式车钩已形成闭锁位置的标志是:钩锁的足部(锁腿下端)从钩头下锁销孔露出,上、下锁销充分落下。能从下锁销孔处看到钩锁的足部,说明钩锁已到达闭锁位置,上、下锁销已充分落下(上锁销定位突檐紧贴钩头下表面,下锁销从下锁销孔露出较多),说明上、下销的防跳部已分别到达钩腔上、下防跳台的下方,起防跳作用。这一点是运输工作人员在连挂车辆后必须注意的重要问题,以免因钩锁未能充分落下(假连接)而造成车钩分离事故。

　　2. 开锁位置

　　开锁位置是使车钩起开锁作用的钩头内各零件的位置,摘解车辆时,应使上方车钩呈开锁位,牵动另一辆车即可摘开车钩,使两车辆分离锁位置的形成如图 5-10 所示,当车钩在闭锁位置时,向上扳动车钩提杆,通过车钩提杆链的联动,提起上锁销并带动上锁销杆,使上锁销下部防跳部和上锁销杆的顶部防跳部 b 脱离上防跳台 h 而上升,同时也带动钩锁上升,使其离开钩舌尾

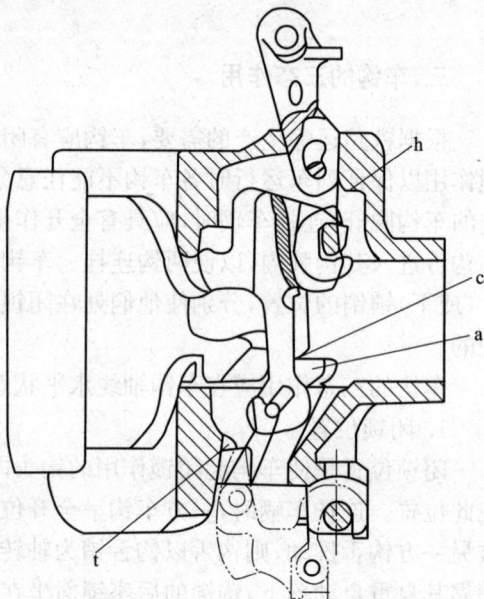

图 5-10　13 号车钩开锁位置示意图
a—锁座;c—锁面;h—防跳台;t—防跳台

部。钩锁上升过程中，由于其偏重的作用，它的上部前倾，下部锁腿向后偏移，当放下车钩提杆时，则钩锁的开锁座锁面 c 便坐在钩舌推铁一端的锁座 a 上，钩锁不再落下。让出钩舌尾部转动空间，而形成开锁位置，车钩处在开锁位置时，钩舌并未转动开放，但只要相邻车辆牵动，即可使车钩转动开放，两钩分离。

下作用式车钩的开锁位置基本上与上作用式相同，不同的是，向上扳动车钩提杆后，下锁销轴沿钩锁销腿上的椭圆斜孔斜上方向滑动而脱离防跳台 t，当下锁销轴上升到斜孔上极端位时，便将钩锁顶起而开锁。

3. 全开位置

全开位置是使车钩起全开作用的钩头各零件的位置。转动解钩装置中的提杆，钩舌必须达到全开位置。车辆连挂之前，必须使其中的一个车钩处于全开位置，钩舌张开，两钩才能连挂上，全开位置的形成如图 5-11 所示，当车钩在闭锁位或开锁位时，用力扳动车钩提杆，则上锁销、上锁销杆（若在闭锁位先脱离上防跳台）带动钩锁迅速上升。当钩锁被充分提起时，其前部突起 k 和钩腔前壁导向挡顶部的全开作用台 j 接触，钩锁被阻不能上升，则以接触部 j 为支点转动，使钩锁锁腿向后踢动钩舌推铁的 a 端，钩舌推铁则以自身的轴横向转动，从而使钩舌推铁的的另一端向前推动钩舌尾部，则钩舌绕钩舌销转动，钩舌张开而形成全开位置。

此时放下车钩提杆，钩锁坐落在钩舌尾部圆弧而上，为两钩连挂时闭锁位置的形成做好准备。

下作用式车钩的动作与上作用式基本相同，用力向上扳动车钩提杆后，由下锁销从下向上迅速顶起钩锁而形成全开位。下锁销从下面顶起钩锁，与上锁销从上面提起钩锁效果是相同的。

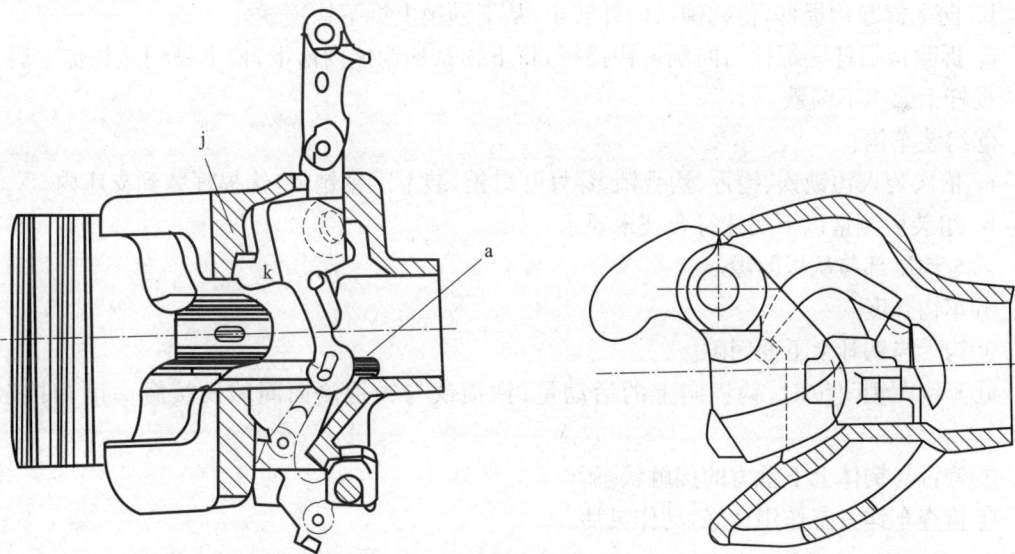

图 5-11  13 号车钩全开位置示意图

闭锁位置：在全开状态时，将钩舌向钩头里稳定地推动，钩舌必须转动到全闭状态，钩锁因重力作用顺利地落到锁定位置，锁定钩舌不能旋转。

开锁位置：转动提杆，让钩锁上升离开钩舌尾部，钩舌不许转动。再回转提杆，钩锁落下，坐落在钩舌推铁的锁座前顶面上。此时用手扳动钩舌，钩舌必须能自由地转动到全开位置。

车钩的闭锁位置和开锁位置的判断：依靠下锁销体的位置来判断。当下锁销体的防跳尖端在钩头内部时，车钩处于开锁位置；当下锁销体的防跳尖端在钩头外部时，车钩处于闭锁位置。

### 四、车钩检查保养工作流程

（1）目视检查车钩提杆有无变形，提杆座有无严重磨损，手提钩提杆有无抗劲现象，提杆座螺丝有无松动。

（2）目视检查吊杆、均衡梁、磨耗板、下锁销装置无变形、断裂及严重磨损现象。钩体各部有无裂纹，手推车钩，车钩左右横动是否良好（左右之和 74～200 mm）。

（3）手动检查车钩（闭锁状态 110～130 mm、开锁状态、全开状态 220～250 mm）三态须作用良好。

（4）检查车钩各部尺寸是否符合限度要求，车钩中心线距轨面高度分别为 815～890 mm（运用机车）、835～885 mm（中修机车）和 820～890 mm（小修机车）。

（5）分解前检查

①检查车钩"三态"作用。

②检查车钩在锁闭位时锁铁向上的活动量，防跳作用，钩锁铁与钩舌尾部的状态和侧面间隙。

③检查测量车钩在锁闭位和开锁位时的车钩开度。

④分解车钩：

a. 拆下钩舌销上的开口销，提开车钩，取下钩舌销，扳下钩舌。

b. 向上提起钩提杆，使钩锁铁向外转出，从下锁销上拆下钩锁铁。

c. 拆除钩提杆座螺栓向内翻转钩提杆，将下锁铁从钩体内落下，使下锁销从钩体上脱出，从钩提杆上取出下锁铁。

⑤组装车钩：

a. 依次装入钩锁铁、钩舌、钩舌销，穿好开口销，装上下锁销，将钩提杆装到支座内。

b. 组装后测量以下尺寸符合技术要求：

ⓐ车钩尾部与从板间隙。

ⓑ车钩开度。

ⓒ钩舌与钩耳上下面间隙。

ⓓ车钩在锁闭位时，钩锁向上的活动量；钩锁铁与钩舌侧面间隙及接触高度和接触面状态。

ⓔ钩舌与钩体上下承力的接触状态。

ⓕ检查车钩三态作用良好，动作灵活。

## 任务二　缓冲器的检修和维护

缓冲器主要用来缓解和吸收列车在运行中由于牵引力的变化或在起动、制动及调车作业时车辆与机车的相互碰撞而引起的纵向冲击和振动能量，以提高列车运行的舒适度和平稳性，减轻对车体结构及车内设备的损伤。缓冲器由钩尾框、钩尾销、缓冲组件、止挡、柱塞等组成。缓冲组件的吸能材料为橡胶。缓冲器结构如图 5-12 所示。

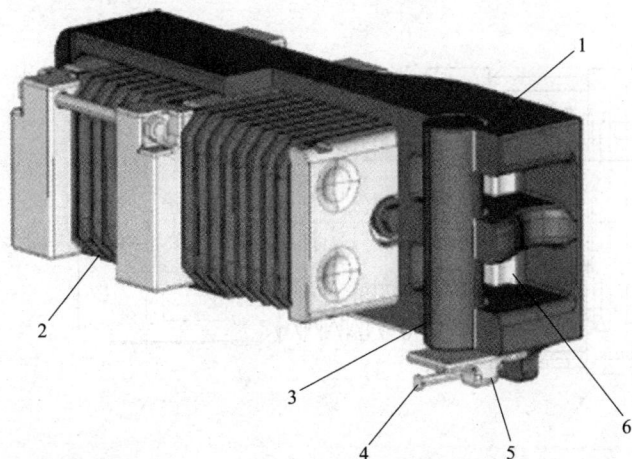

图 5-12　缓冲器
1—钩尾框;2—缓冲组件;3—钩尾销;4—止挡销;5—止挡;6—柱塞

缓冲器的主要技术参数见表 5-1。

表 5-1　缓冲器主要技术参数

| 静态容量 | 62 kJ/2 500 kN | 拉伸行程 | 52 mm/2 500 kN |
| 动态容量 | 75 kJ/2 500 kN | 压缩行程 | 116 mm/2 500 kN |

缓冲器的拉伸结构和压缩结构不同,导致缓冲器的容量与行程在拉伸和压缩时的值不同。

1. 缓冲器的工作原理

当车钩受到拉伸时,牵引力通过钩尾销从车钩传递到钩尾框,钩尾框向前运动,压缩缓冲组件的后板,压缩组件中的中间板与车体从板座接触,压缩组件的后部承受牵引力,如图5-13所示。

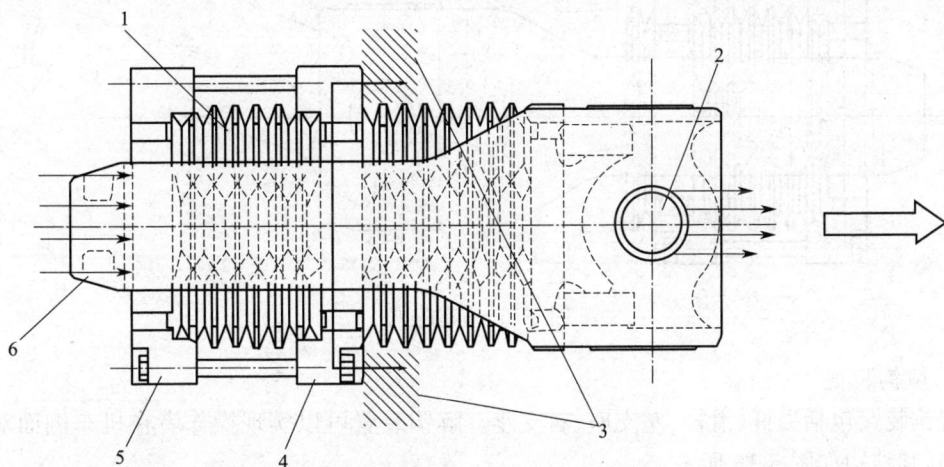

图 5-13　牵引状态
1—缓冲组件;2—钩尾销;3—车体从板座;4—中间板;5—后板;6—钩尾框

当车钩受到压缩时,冲击力通过钩尾销从车钩传递到钩尾框,钩尾框向后运动,压缩缓冲组件的前板,压缩组件中的后板与车体从板座接触,压缩组件整体承受冲击力,如图5-14所示。

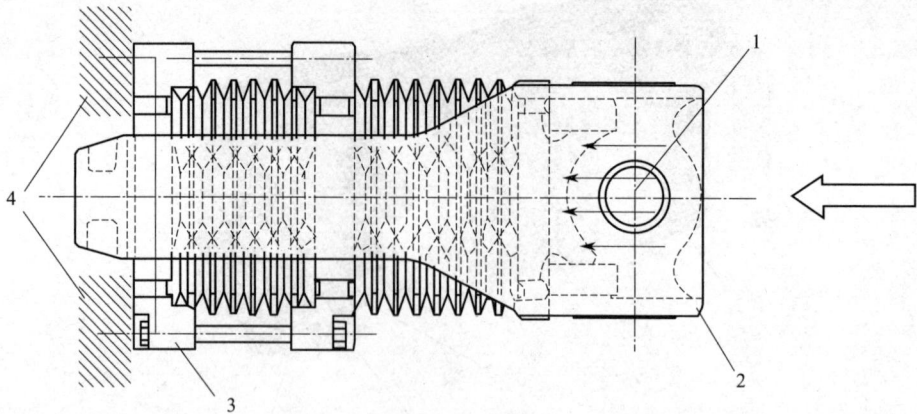

图 5-14　压缩状态
1—钩尾销；2—钩尾框；3—后板；4—车体从板座

　　缓冲器与车钩连接部位的结构具有使车钩自动复位的功能。当列车在曲线上运行时，车钩中心线与车体纵向中心线之间将产生一偏角。如果车钩偏移后不能迅速地恢复到正常位置，会增加列车运行时的摆动量，而且还会造成列车解钩困难。因此在机车和车辆上均装有车钩复位装置。车钩和缓冲器自身具有车钩复位的功能，不必再安装其他的车钩复位装置。缓冲器内部前端四角分别安装一个柱塞。柱塞前端与车钩尾部的凸台接触，后端与缓冲组件中的前板接触。当车钩向一侧偏转时，缓冲器中只有此侧的柱塞压缩前板，按照反作用力原理，车钩尾部此侧受力，形成一个与车钩偏转方向相反的力偶，迫使车钩回复到中心位置，结构如图 5-15 所示。

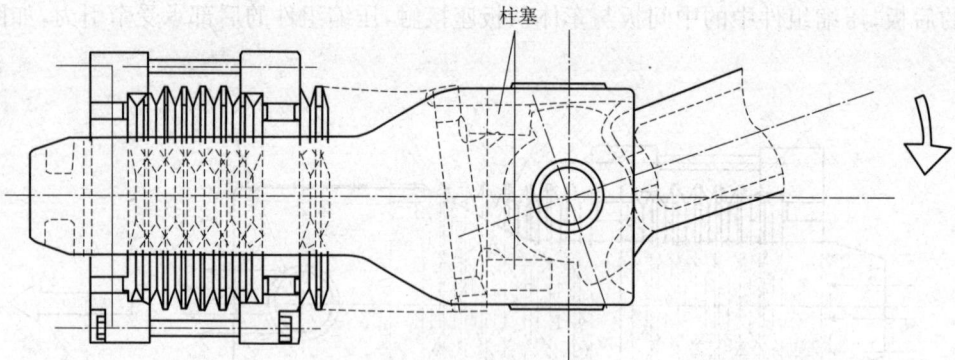

图 5-15　车钩复位

　　2. 解钩装置

　　解钩装置包括提杆、滑杆、左支座、右支座。解钩装置可以实现操作者在机车侧面对车钩的解锁，其结构如图 5-16 所示。

　　拆卸和安装

　　(1)拆卸：卸解钩装置；拆卸排障器；拆卸止挡销；拆卸止挡；拆卸钩尾销；拆卸车钩(图5-17)；用专用工具压缩缓冲器。

　　(2)专用工具：承载鞍、压板、千斤顶、液压泵。

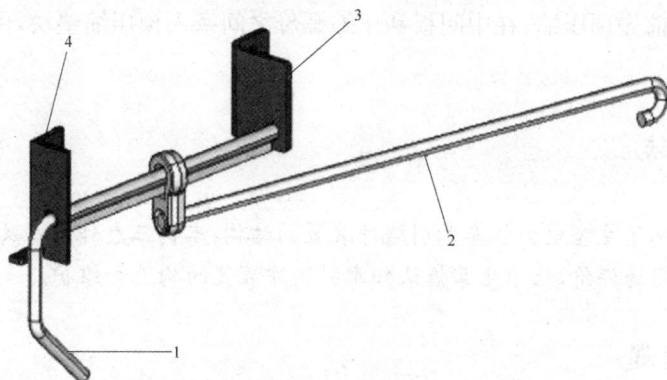

图 5-16　解钩装置
1—提杆；2—滑杆；3—右支座；4—左支座

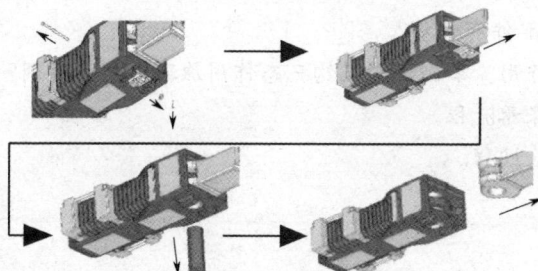

图 5-17　拆卸车钩

（3）专用工具的使用：将压板置于承载鞍内；将承载鞍插入钩尾框中；安装钩尾销；安装止挡和止挡销；在承载鞍里安装千斤顶；连接千斤顶和液压泵；压缩缓冲器。

拆卸副摩擦块、托板、缓冲器（图 5-18）。

（4）安装：安装顺序与拆卸顺序相反。

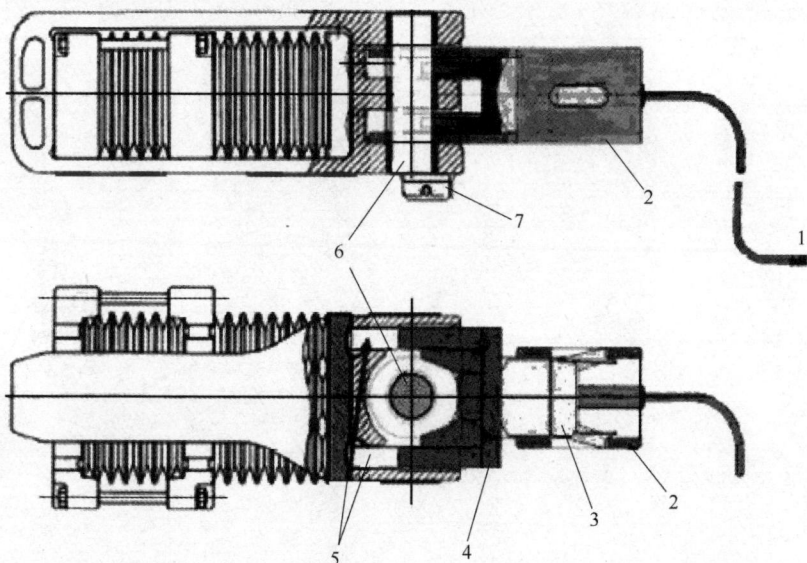

图 5-18　拆卸缓冲器
1—液压泵；2—承载鞍；3—千斤顶；4—压板；5—柱塞；6—钩尾销；7—止挡

缓冲器在安装前先预压缩,在中间板和压缩螺母之间塞入预压缩垫块,保证缓冲器的压缩状态。

## 项目小结

本项目主要介绍了主型电力机车牵引缓冲装置的结构,车钩三态作用以及维护项目,通过教学做一体化教学和现场评价,让学生掌握认知牵引缓冲装置的构造和维护。

## 复习思考题

1. 车钩缓冲装置由哪些部件组成? 其作用是什么?
2. 机车牵引缓冲装置牵引机车车辆、推送机车车辆作用力如何传递?
3. 13 号车钩钩头的配件有哪些?
4. 何谓车钩的三态作用? 举例说明车钩三态作用原理? 怎样判别?
5. 简述车钩的维护保养流程。
6. 简述缓冲器的拆检过程。

# 项目六　应急故障处理

## 项目描述

在一体化教室,以项目教学、任务驱动,教、学、做一体,现场评价的方式进行教学。以教材、实训设备及挂图等为学习载体,学习主型电力机车设备故障的处理方法、操作流程,通过教学做一体化教学和实际操作演练,让学生掌握一般常见故障的处理程序(以典型案例为主)。

## 学习目标

**【知识目标】**

◆ 了解 SS₉ 型电力机车的应急故障处理方法。

◆ 了解 SS₄ 改型电力机车的应急故障处理方法。

◆ 了解 HXD₂ 型电力机车的应急故障处理方法。

**【能力目标】**

◆ 能说出电力机车的应急故障处理方法。

◆ 能将应急故障处理方法应用于实际操作。

## 任务一　SS₉ 型电力机车应急故障处理

### 一、受电弓故障的处理方法

1. 运行中受电弓脱落或升不起的处理方法。

运行中发现网压为零,欠压灯亮跳主断时,立即用电话询问车站是否停电,如不停电,迅速升弓继续运行。如后弓升不起,立即升前弓运行。如果后弓严重损坏,影响主断路器正常闭合,可利用 17QS、18QS 进行隔离,如图 6-1 所示。

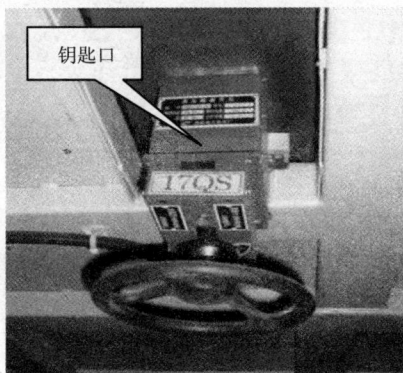

图 6-1　SS₉ 型电力机车受电弓隔离开关(17QS)

注:SS₉ 型电力机车受电弓隔离开关(17QS、18QS)在机械间中间走廊。(SS₉0018 号机车以下为专用钥匙,挂在手轮上。)

**2. 双弓升不起的原因分析及查找方法**

（1）首先检查图 6-2 中的受电弓开关 602QA 是否跳开，如跳开将开关下扳到底再重新闭合。

（2）看零位灯是否亮，如灯亮说明电钥匙闭合良好。将电钥匙断开，听到钥匙箱处有排气声响，说明钥匙箱保护 287YV 作用良好，同时说明 52 号调压阀（图 6-3）正常。

图 6-2　受电弓开关 602QA

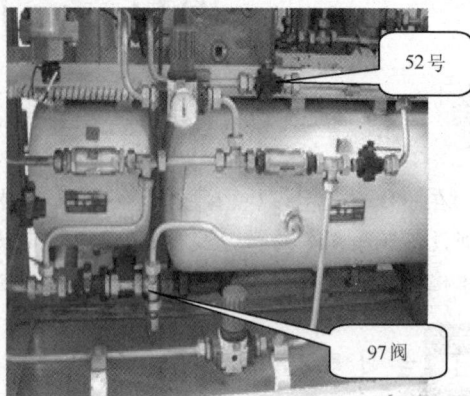

图 6-3　52 号调压阀

（3）如断开电钥匙，钥匙箱处没有排气声响，说明钥匙箱或风路故障。查找方法如下：闭合电钥匙，看钥匙箱上电源指示灯是否亮，如亮说明电路正常，故障在风路。如图 6-4 所示，应急处理：打开钥匙箱上直通阀 A 阀，关闭 B 阀，闭合升弓开关，直接升弓。

（4）如钥匙箱上电源指示灯不亮，说明电路有故障，重点检查 20QP、50QP、297QP 常闭触指接触状态，运行中不必查找，开直通阀直接升弓。

（5）如开直通阀后受电弓仍然升不起，重点检查 52 号调压阀是否达到 600 kPa，达不到定压时，人为进行调整，升弓板阀压力表（见图 6-5）为 360～380 kPa。

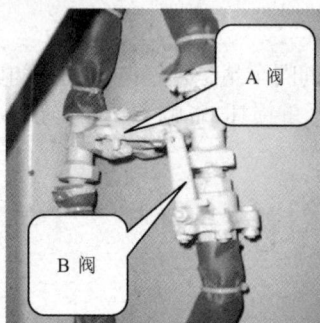

图 6-4　电钥匙箱上的 A 阀和 B 阀
注：电钥匙箱故障时，打开
钥匙箱上直通阀 A 阀，关闭 B 阀。

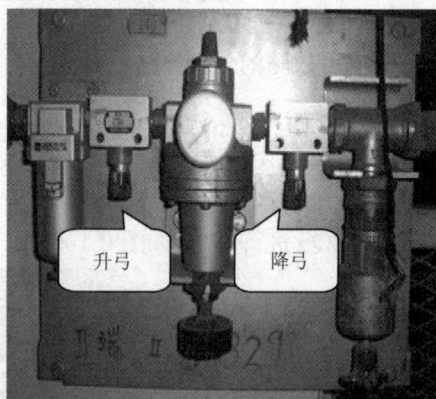

图 6-5　受电弓升弓板阀
注：①受电弓升弓板阀，升弓旋钮调整升弓时间，
顺时针旋转越来越慢，逆时针旋转越来越快，1 至 2 圈
进行调整，严禁大范围进行调整。
②降弓旋钮调整降弓时间，顺时针旋转越来越慢，逆时针旋
转越来越快，1 至 2 圈进行调整，严禁大范围进行调整。
③中间黑色旋钮调整升弓压力，禁止调整，回段后由
专业人员调整。

　　（6）如总风缸压力或控制风缸压力不足，可按动如图6-6所示的辅助压缩机按钮利用辅助压缩机打风进行升弓。

　　（7）关闭97阀，缩短打风时间。当辅助风缸压力达到600 kPa时，边打风边升弓和合主断，及时启动劈相机和空气压缩机，待总风压力达到450 kPa时，再断辅助风泵。

　　3. 风压正常情况下，受电弓冻结，无法正常升起时可扳动顶弓装置手柄至于升位（图6-7），升Ⅰ端受电弓，观察受电弓是否升起，升起后将顶弓装置手柄至于降位后再扳回至保位。

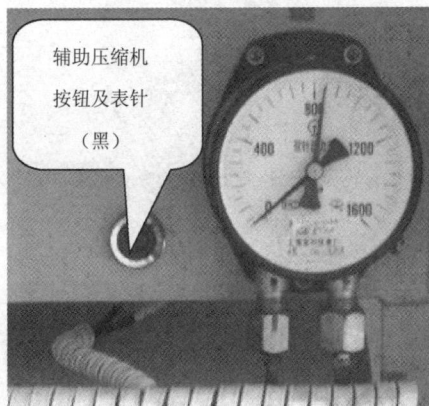

图6-6　辅助压缩机按钮

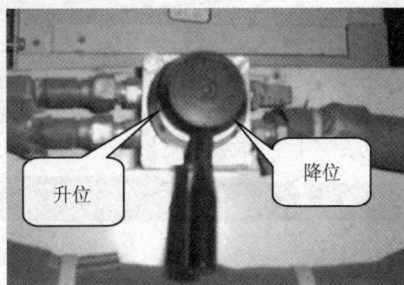

图6-7　顶弓装置手柄

注：顶弓装置主要作用是推动受电弓弓头，使弓头
与支撑座分离，防止因受电弓弓头与支撑座冻结无法升弓。

**二、主断路器合不上的处理办法**（无故障信息显示）

运行中主断合不上，尤其是过分相后较为多见，应按下列步骤去查找。

1. 首先检查图6-8中的主断路器开关603QA脱扣是否跳开，如跳开，下扳到底，重新合上。

图6-8　主断路器开关603QA

　　2. 降弓，转换逻控，再合主断。

　　3. 检查零位灯是否亮，如零位灯不亮，重点检查调速手柄是否在零位，反复操作几次，手柄在零位，零位灯不亮，原因可能为线路接触器没有完全断开，立即用微机进行查询，根据微机的显示，用甩电机的方法将故障接触器甩掉，重新合主断。

4.机车运用过程中一旦发生跳主断,而操纵台指示灯及微机故障显示屏未出现机车故障指示,则司机控制器手柄回机械零位,重新合主断,如再次发生无故障显示跳主断,则先判断机车为何种主断(国产庆云主断有手动"分"、"合"按钮(图6-9);进口真空主断(图6-10)不具备手动按钮),分别进行如下处理。

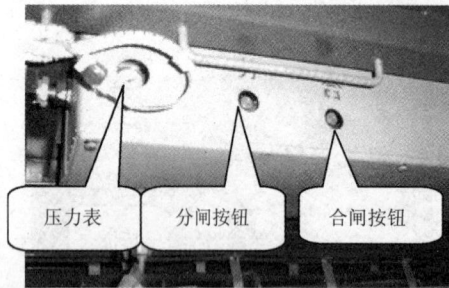

图6-9　国产庆云主断路器

注:压力值不得低于450 kPa,手按"合"闸按钮,

人为合主断,手按"分"闸按钮,为断主断。

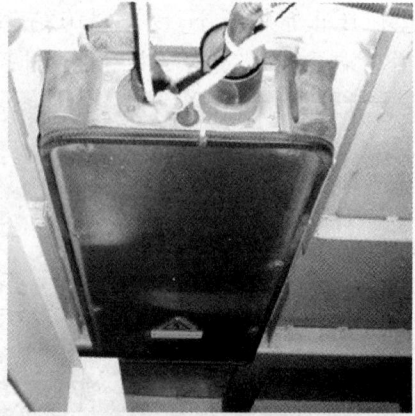

图6-10　进口阿尔斯通主断路器

注:车内可见部分,无手动按钮。

(1)国产庆云主断的处理:

①司机控制器手柄回机械零位,各扳键开关全部置"断开"位。

②关闭自动过分相电源开关。

③开高压室门,拔下真空主断路器插头(80号),检查真空主断压力表压力值是否低于450 kPa,如低于450 kPa,开97号阀及时进行补风。当压力高于450 kPa,手按"合"按钮,人为合主断。

④将"欠压隔离"(SS₉型电力机车为"交流保护隔离开关")置故障位,过分相前,必须关闭所有辅机(包括劈相机),降弓通过。

⑤升弓,合劈相机,注意观察网压及机车状态,人为降弓过分相,维持运用。

(2)进口真空主断的处理:

开Ⅰ端司机室端子柜门,利用短接线将560号与541号线进行短接,升弓,合劈相机维持运用,降弓过分相,运行中加强巡视。

### 三、机车主断已闭合,但微机显示屏显示"蓄电池合"的故障处理方法

机车在牵引工况运行时若出现微机屏显示"蓄电池合",机车牵引无法完成时,可短接451♯和430♯线过分相前,必须关闭所有辅机(包括劈相机),降弓过分相,运行中加强巡视。

### 四、保护装置动作,跳主断的处理方法

1.原边过流。重新合主断,如能合上为瞬间过流,不作处理;如合不上主断,检查101KC(图6-11)是否犯卡,或触头粘连,手动几下,重新合主断,能合上为101KC故障,继续运行,不能合主断,原边过流灯亮,请求救援。

2. 次边过流灯亮。跳主断,原因多为晶闸管击穿所致,用微机查询哪组整流桥过流,并观察哪组牵引电流低,把微机转换开关转到电流高的那组,低手柄维持运行。如不行利用电机隔离开关见(图 6-12)将故障组三台牵引电机甩掉,用三台电机维持运行,并把微机开关打到工作架位。

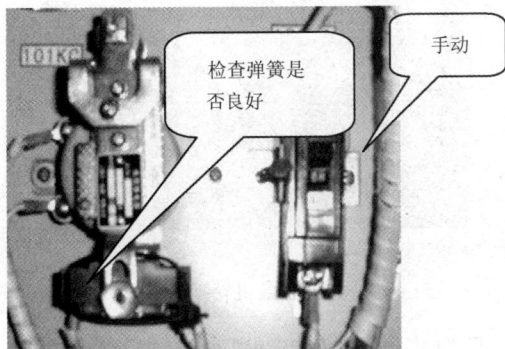

检查弹簧是否良好

手动

图 6-11　101KC

电机隔离开关

图 6-12　电机隔离开关

注:手动犯卡或触头粘连,可用绝缘物垫在指示位置处。

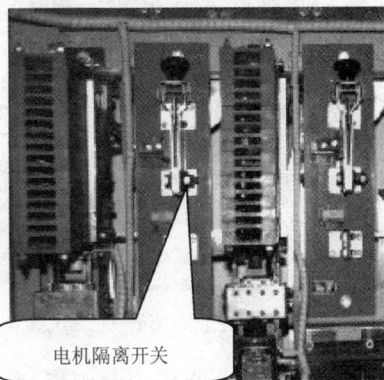

3. 主电路接地跳主断,重新合主断,能合上为瞬间接地可不处理;如合不上主断,根据司机台接地灯显示将接地故障开关 95QS、96QS(见图 6-13)置故障位,在时间允许情况下,及时甩牵引电机进行故障判断,甩掉接地电机,避免扩大影响。

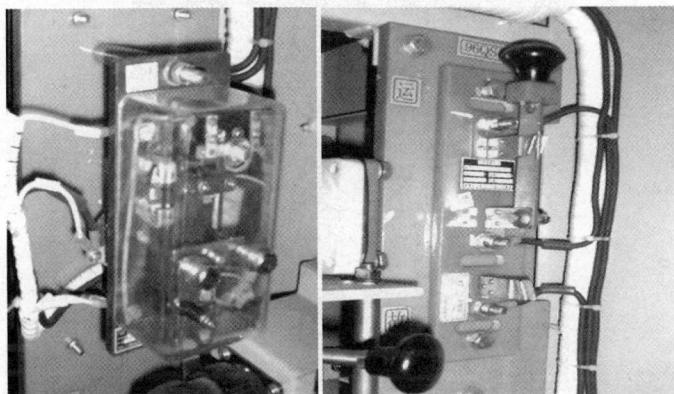

图 6-13　接地故障开关 95QS 和 96QS

4. 辅接地跳主断,重新合主断,能合上不作处理;主断合不上,将图 6-14 中的 237QS 打隔离,再合主断,如启动某台辅机时发生过流跳主断,或跳脱扣,将该故障辅机故障开关打隔离后再合主断。

5. 牵引电机过载跳主断,重新合主断,能合上为瞬间过载,不处理;如合不上,根据微机提示将过载电机甩掉,此现象一般发生起车时或雨雪天,提手柄不要过急,就可避免。

6. 空转不止跳主断,但通过减载撒砂制止不了空转,微机识别小齿轮迟缓跳主断。此种现象多发生在速度传感器故障,根据微机显示,将微机开关(图 6-15)打至不空转架位,并根据微机提示将空转保护切除或者将空转电机甩掉。

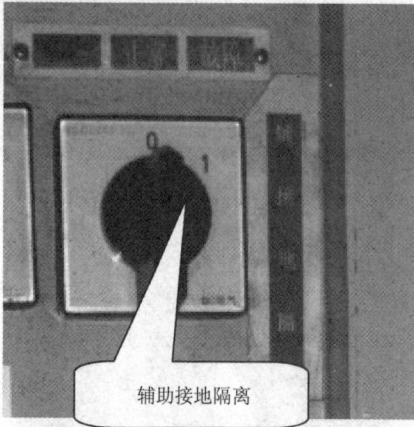

图 6-14　辅接地隔离开关 237QS

图 6-15　微机转换开关

7. 如果出现频繁误跳主断现象,操纵台上没有任何故障显示,微机也查不到故障信息时,将自动过分相开关关闭,并将插头拔下。

8. 手柄有级位,使用紧急停车或拉车长阀跳主断,将大闸手柄置于紧急位或重联位 15 s 后再置缓解位,将手柄回零位再合主断。

9. 网压表(图 6-16)网压低于 17.5 kV 时跳主断,将 236QS 打隔离后合主断低手柄维持运行,待网压恢复后再将 236QS 恢复正常位,但网压为零时,切不可甩 236QS 合主断。

图 6-16　网压表

10. 油温高跳主断。SS$_9$ 改型电力机车油温高于 80 ℃时,是合不上主断的,迅速检查逆差变压器风机和油泵脱扣是否跳开,跳开重新闭合,待油温降到 80 ℃以下时,主断就能合上,冬季变压器风机可以甩,但油泵不能甩,另外还要检查储油柜油位是否标准,不标准要及时补油。

**五、劈相机不能启动的处理**

1. 首先检查图 6-17 中的 605QA 是否跳开,如跳开重新闭合。

2. 检查劈相机脱扣 215QA、216QA(图 6-18)是否跳开,跳开重新闭合。

3. 如劈相机 Ⅰ 不能启动,将 242QS(图 6-19)打到 2px 位。利用劈相机 2 启动维持运行。如劈相机 2 故障,将 583QS 打至故障位,不然会影响其他辅机的启动程序。

图 6-17 605QA

图 6-18 劈相机脱扣 215QA、216QA

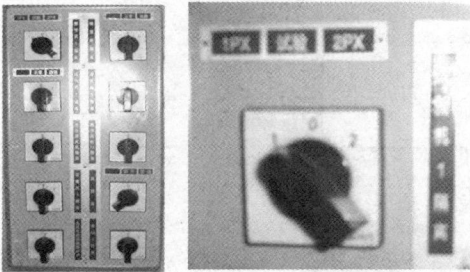

图 6-19 242QS

注：①242QS 在Ⅰ端低压柜柜门上，主要负责Ⅰ、Ⅱ劈
相机转换，正常情况下开关在Ⅰ位，Ⅰ、Ⅱ劈相机同时工作，
Ⅰ劈相机故障时转换到Ⅱ位，Ⅱ劈相机工作。

②请勿将开关置于试验位（0 位），这样Ⅰ、Ⅱ劈相机均不工作。

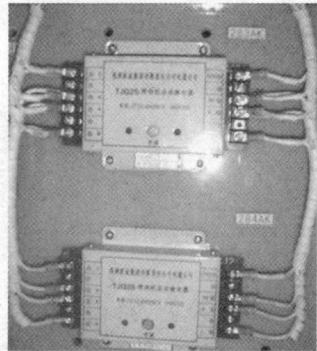

图 6-20 283AK 和备用 283AK

注：转换开关在低压柜门面板
上，绿钮为手动按钮。

4. 劈相机仍然不能启动，可降弓、拔电钥匙，转换逻控或推倒重来及换端启动。

5. 如劈相机启动过程中不甩启动电阻、堵转、跳脱扣现象，可在劈相机启动 3 s 后，手按如图 6-20 所示的 283AK 绿钮或转换用备用 283AK，即可甩掉劈相机启动电阻，如劈相机启动电阻接触器 213KM 粘连（见图 6-21），断开劈相机开关，转换备用 213KM。

6. 检查辅压表和控制电压表显示，如显示不符合标准（SS$_9$ 型 450 V，SS$_9$ 改型 110 V），可检查 235QS 是否闭合到位，检查启动电阻是否烧损，如烧损将 296QS（见图 6-22）打故障位。

### 六、提手柄预备灯不灭的处理

1. 转换不到位，检查两位置转换开关闭合状态，不到位可手动换向，如图 6-23 所示。

2. 换向正常后

（1）线路接触器 12KM～62KM 是否闭合到位，不闭合将对应电机故障开关（见图 6-24）打中间位。

（2）换向正常，SS$_9$ 型 4 级以上不灭，SS$_9$ 改型 2 级以上不灭，重点检查风机运转状态，如正常，可将图 6-25 中的风速隔离开关 1.3 或 2.4 置故障位。

图 6-21　213KM

注：213KM 均在 Ⅰ 端低压柜内，
转换开关在低压柜门面板上。

图 6-22　296QS

注：图为 296QS，主要作用是转换劈相机
启动电阻，启动电阻烧损后将 296QS 打故障位，
用备用启动电阻参与工作。正常时闸刀置于运位，
故障时置于故位。

手动换向：手柄
向运行方向

图 6-23　转换开关

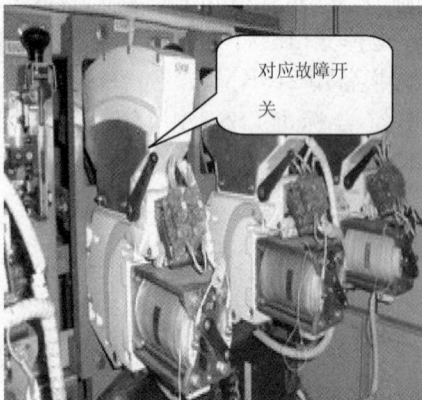

对应故障开
关

图 6-24　线路接触器和故障开关

注：图为线路接触器和故障开关，当某一电机
故障时，将对应电机故障开关打中间位。

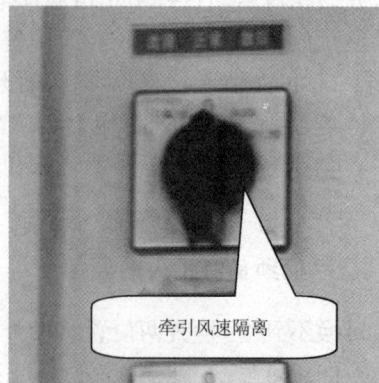

牵引风速隔离

图 6-25　牵引风速隔离开关

（3）以上都正常，提手柄预备灯不灭，转换逻控，用微机查询有无故障显示，如有故障显示，按显示信息处理故障；如无故障显示，可能为微机死机，手柄回零，按微机复位按钮（见图6-26）45 s以上，或者关电子脱扣1 min以上。

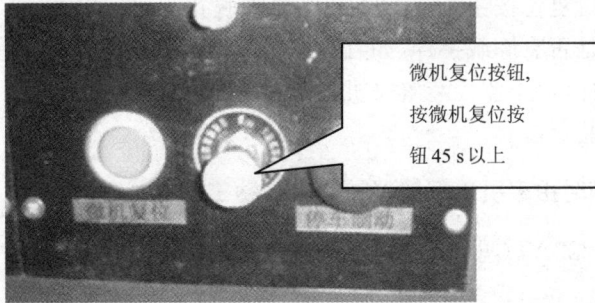

图 6-26　微机复位按钮

### 七、牵引通风机故障处理方法

1. 牵引风机故障，提手柄预备灯不灭，如急于走车，应按下列办法处理。

2. 首先将风速故障开关打故障位，切除风速保护，提手柄走车，然后检查牵引风机脱扣是否跳开或风机故障处所，脱扣跳开，重新闭合。机车第3、第4风机脱扣故障时，可使用备用脱扣（见图6-27）进行走车，但必须把原有故障脱扣脱下。

3. 某风机故障，待列车速度起来后或进站停车后，再利用通风机隔离开关（见图6-28）甩掉故障风机和故障风机相对应的牵引电机。

图 6-27　机车第3、第4风机备用脱扣
注：第3、第4风机脱扣故障时，可使用备用
脱扣进行走车，但必须把原有故障脱扣脱下。

图 6-28　通风机隔离开关

4. 甩风机时一定遵循先甩风速，再甩风机和牵引电机这个顺序，否则将延长处理时间，但要注意风机故障不排除，切不可甩风速走车，否则将引起严重后果。

### 八、网压表显示为零的处理方法

运行中遇网压表为零，跳主断，欠压灯亮，停电立即降弓，使用最大有效减压停车。避免扩大后果。如无异常检查控制电压表的显示是否110 V，如110 V，原因为102QA（见图6-29）跳开或高压电压互感器6TV上103号线掉，可不处理，根据控制电压表的显示运行。

### 九、提手柄预备灯灭,微机显示屏显示牵引,但没有电流电压输出,机车不走车的处理方法

首先看微机显示屏上的时间是否在走,或有没有手柄级位显示,如时间不走或没有级位显示,手柄回零位,按微机复位按钮45 s以上或断电子脱扣1 min以上,再重提手柄,如不行,查看监控装置显示屏上是否有卸载字样,如有可按缓解键听到缓解成功语音提示后提手柄,按缓解键清除不掉卸载字样,可将监控装置关机1 min后再开机,开机时注意速度防止排风。信号红灯时严禁关闭监控装置。

### 十、雷雨天提手柄时由牵引工况突然转为电制动工况的处理方法

将空气管路柜的222AT(见图6-30)插头拔下,如不行时将Ⅰ、Ⅱ端子柜接线排上W826号线拆下包好即可。

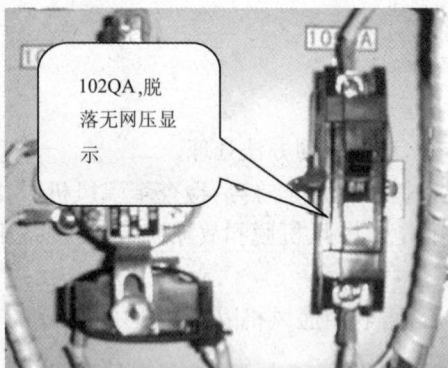

图 6-29　102QA

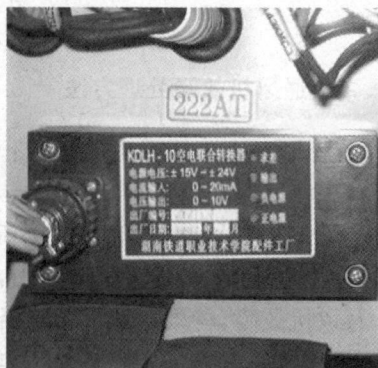

图 6-30　222AT

### 十一、辅机启动正常,但控制电压不足110 V的处理方法

1. 首先检查充电脱扣666QS及交流单极脱扣600QA(见图6-31)是否跳开,若跳开,下扳到底,再重新闭合。

2. 稳压脉冲装置A、B组(见图6-32)转换。过分相合主断后,必须确认控制电压是否合乎标准,不标准马上进行上述方面查找,避免因控制电压低于80 V时造成微机死机现象。

图 6-31　600QA

图 6-32　A、B组转换开关

### 十二、直供电装置故障的处理

集控器(见图 6-33)位于Ⅰ端司机室后侧柜内,正常工作时,黄色电源指示灯及绿色直流供电的指示灯应亮。

**1. 集控器故障指示灯不亮的处理**

将Ⅰ端副司机后侧门面板上的集控器短接开关置于Ⅰ位,即故障位,如图 6-34 所示,若此时能供电,说明集控器故障,应及时向车辆供电,并查找集控器故障。

图 6-33 集控器

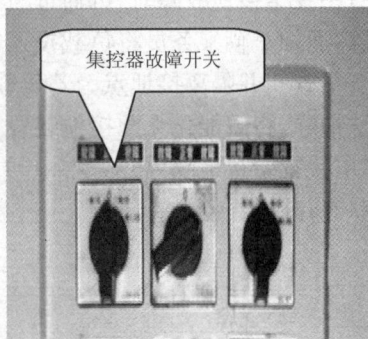

集控器故障开关

图 6-34 集控器故障开关

注:开关安装在Ⅰ端司机室端子柜门上。集控器故障开关,
正常情况下应至于 0 位,集控器故障时至于 1 位。

(1)打开集控器门,在集控器的右下角有一个脱扣,用手拖动一下检查脱扣是否掉下来。

(2)若脱扣没有掉下来,应及时通知车辆乘务员检查一下是否给机车送来工作电源及供电请求。

**2. 集控器工作正常两路不供电的处理**

看微机显示屏的故障信息提示,按故障信息提示处理,若没有提示出具体部位时,应按以下方案操作:

(1)看列车供电柜内中央有六个红色指示灯显示是否正常。正常时,"断电Ⅰ""断电Ⅱ"指示灯应亮,"快熔Ⅰ""快熔Ⅱ""接地Ⅰ""接地Ⅱ"指示灯应灭。

(2)到Ⅰ、Ⅱ低压柜内检查 239QA、238QA 是否跳开,当 239QA、238QA 跳开时,列车供电风机不工作。

(3)若以上均正常时,到机车 110 V 电源屏柜内检查 612QA 是否跳开,重新合一遍 612QA,看是否能恢复正常工作。

(4)打开供电柜,在供电柜的中央有西门子生产的中间继电器(Ⅰ路为 13KA,Ⅱ路为 14KA,如图 6-35 所

图 6-35 13KA 和 14KA

示),中间继电器的中央有一个大约 4 mm×4 mm 的方形按钮,若按钮和继电器面板处于同一平面内,说明继电器吸合;若没有吸合,可用手按动一下按钮,当听到"咣"的一声,说明真空接触器 13KM、14KM 正常(13KM、14KM 位于供电柜下方,左右各一个,型号为 EVS701);若左侧中间继电器 13KA 吸合而真空接触器 13KM 不吸合时检查一下中间继电器 13KA 的 G20

号线与 G55 号线接线是否松动,也可短接一下 G20 与 G55;若右侧中间继电器 14KA 吸合而真空接触器 14KM 不吸合时检查一下中间继电器 14KA 的 G20 号线与 G65 号线接线是否松动,也可短接一下 G20 与 G65。

(5)中间继电器 13KA、14KA 不吸合的处理:首先检查位于列车供电微机控制箱中的电源板开关,正常位时,处于"ON",故障时,处于"OFF"(见图 6-36),再检查 238QA、239QA、612QA 是否在正常位,若都在正常位,将机车 LCU 进行 A、B 组转换。

3. 直供电装置接地故障的处理

运行中发生接地故障时,可通过断供电钥匙和 612QA 复位一次,看能否消除故障。如果不能消除,通知车辆乘务员将负载投入未故障一组,查看是否负载接地。若为负载接地,通知车辆乘务员查找并隔离接地点。若负载无接地,则可能为机车 600 V 供电主回路接地,再次复位仍无法消除,将智能化无源接地装置上的 G25(Ⅰ路)或 G45(Ⅱ路)号联线(见图 6-37)甩掉(新型供电装置带接地隔离开关,将开关至于隔离位),并注意观察智能化无源接地装置上的各指示灯状态,并做好记录。

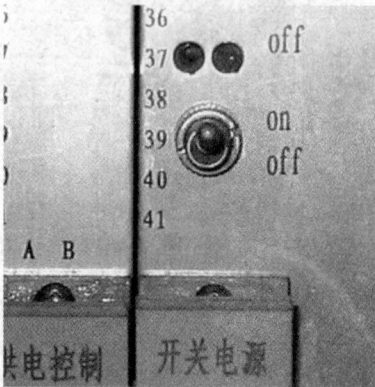

图 6-36　电源板开关

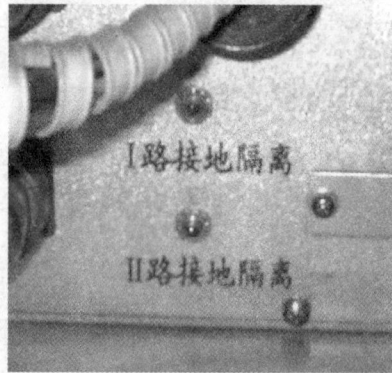

图 6-37　无源接地装置上的 G25(Ⅰ路)
或 G45(Ⅱ路)号联线

4. 直供电装置过流故障的处理

运行中发生过流故障时,应开断一次 612QA,看能否消除故障。如频繁过流,应通知车辆乘务员查找故障点。如果机车负载电流不超过 670 A 而显示过流时,乘务员应断主断后,将相应路的电流传感器(左手侧的串到 309 母线上的电流传感器为Ⅰ路,右手侧的串到 310 母线上的为Ⅱ路,如图 6-38 所示)插头甩掉,维持运用并注意与车辆保持联系。

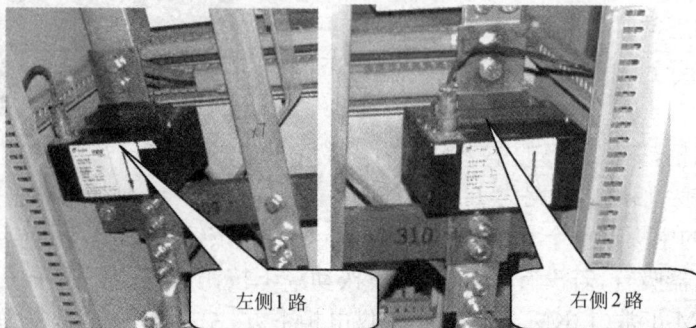

图 6-38　电流传感器

5. 直供电装置其他故障

(1)如运行过程发生供电接触器(Ⅰ路为13KM、Ⅱ路为14KM,见图6-39)烧损,将微机控制箱对应路电源板上的纽子开关置向下位(面对供电柜,左侧为Ⅰ路、右侧为Ⅱ路)。用一路供电维持运行,并通知车辆乘务员减少供电负载。

(2)如因Ⅱ路供电故障而切除后,供电电度表不显示为正常现象。

(3)运行中瞬间出现超过720 V电压时,属于正常现象。持续超过720 V电压时,应开断一次612QA,若仍然超压,关掉相应路的电源板,用另一路维持运行。

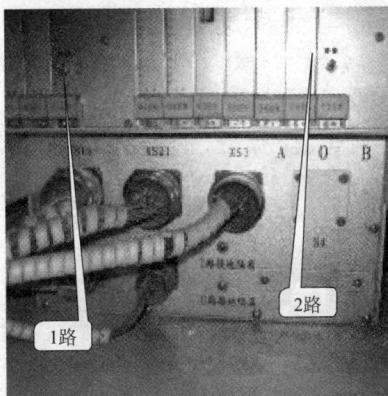

图6-39　供电接触器13KM和14KM

### 十三、重联、附挂时的操作

1. 电空闸(大闸)重联位或取出,空气闸(小闸)运转位。

2. 将图6-40中的制动屏柜内DKL"停车投入"467QS置投入位。

3. 关闭151塞门,按压"停车制动"按钮(见图6-41)。

图6-40　制动屏柜内DKL
注:图为正常运行时扳钮位置
参照箭头指示方向。

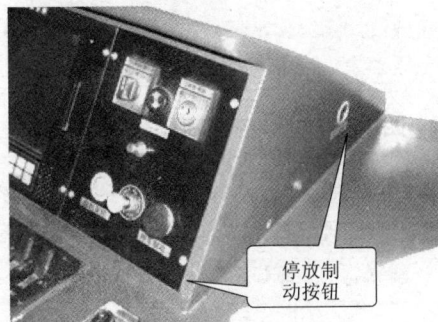

图6-41　停放制动按钮
注:SS₉型电力机车有两个停放制动按钮,
必须同时按下才能起作用。

4. 将车下四个蓄能制动器拉环(见图6-42)拉出,必须保证蓄能制动器处于缓解状态。再将"停车投入"467QS置切除位。

5. 如图6-43所示,关115阀,与车厢连挂后开156塞门(制动屏柜内)。

6. 本务机车有双风管设备,连接双风管;本务机车无双风管设备,按无火回送办理(开155、156阀,关115、151阀,调整分配阀的安全阀压力180~200 kPa)。

图 6-42　蓄能制动器

注：拉环时如果蓄能制动不缓解，用检点锤轻敲蓄能制动器传动杆。

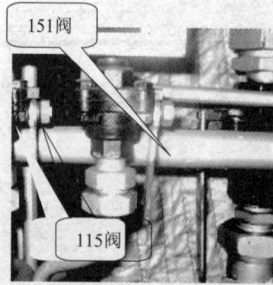

(a) 151阀和115阀

(b) 156阀　　　　　　　　(c) 155阀

图 6-43　制动屏柜内部件

### 十四、电空闸转空气闸操作方法

1. 电空闸运转位，空气闸手把置缓解位。

2. 将小闸（见图 6-44）左侧"电—空"扳钮拉至"空气位"。

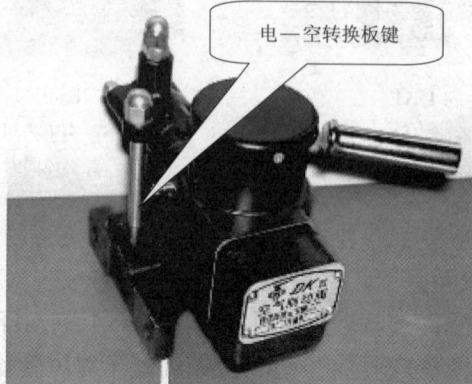

图 6-44　空气制动阀（小闸）

3. 调整操纵端 53 或 54 号阀(操纵台左下方柜内,见图 6-45),将外套提起顺时针拧动,使均衡风缸压力达到 600 kPa。

4. 将 153 阀扳至"空气位",关闭 157 阀(见图 6-46)。

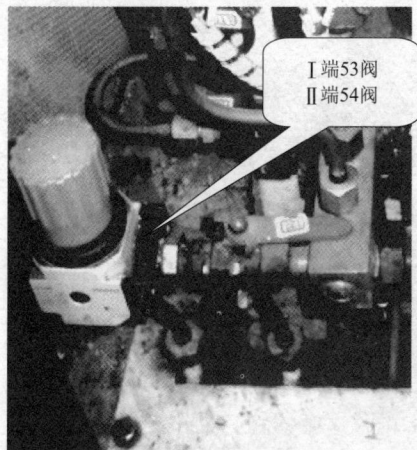

图 6-45　Ⅰ端 53 阀(Ⅱ端 54 阀)

图 6-46　153 阀和 157 阀

5. 转空气闸时,最好是先调压力,然后再将小闸把置缓解位,最后将"电—空"扳钮拉至"空气位"。

**十五、运行中使用电空闸均衡风缸,列车管不减压的处理方法**

1. 电空闸手柄中立位,开放列车管手动放风阀(图 6-47)使列车停车。

2. 紧急时立即按压"紧急停车"按钮(图 6-48)。

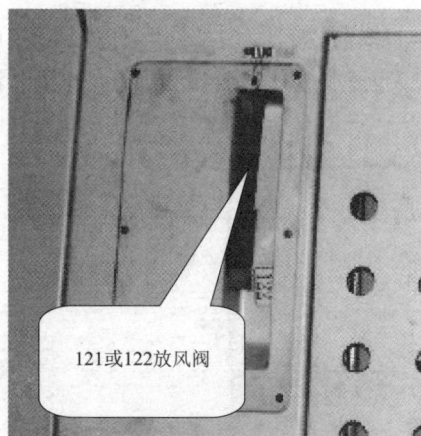

图 6-47　121 阀(122 阀)

图 6-48　紧急停车按钮

3. 转空气闸操纵。

### 十六、紧急制动后列车管不充风的处理方法

1. 大闸手把置"重联"位,或"紧急"位 15 s 以上。
2. 还不充风,关闭 116、117、158 塞门(制动屏柜内,图 6-49)。

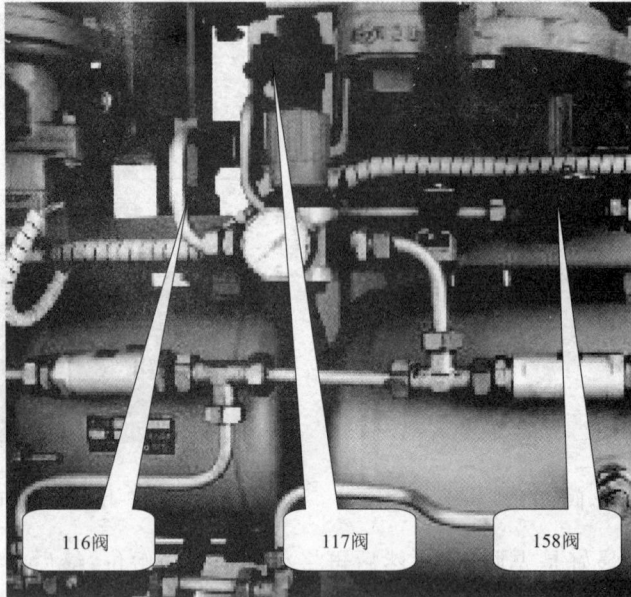

图 6-49　116、117、158 阀

3. 将"安全"投入 464QS 置切除位。(空气柜 DKL 上)
4. 转空气闸操纵。(同十四项)
5. 运行中需紧急停车时开放列车管手动放风阀。(同十五项 1 条)

### 十七、常用制动后不缓解的处理

因某种原因,列车常用制动,当列车速度低于限速曲线时,按压"缓解"键,如不缓解,可将"监控"投入 466QS(见图 6-50)置切除位,或将可将监控装置关机 1 min 后再开机,开机时注意速度防止排风。信号红灯时严禁关闭监控装置。

图 6-50　监控 466QS、安全 464QS 和停车 467QS

**十八、运行中主显示屏"停车制动"灯亮,机车无流无压的处理方法**

1. 判断是否是错误按压停车制动按钮,如能在运行中处理就在运行中处理,如不能处理,应立即停车。

2. 关闭 151 塞门。(同十三项)

3. 按压"停车制动"按钮。(同十三项)

4. 将蓄能制动器拉环拉出。(同十三项)

5. 将"停车"投入 467QS 置切除位。(同十三项)

**十九、电空闸运转位,均衡风缸、列车管不充风的处理**

1. 检查两端"电—空"转换扳键必须在电空位。(同十四项)

2. 如"电空制动"脱扣 615QA(见图 6-51)跳开,闭合。

3. 检查 153 转换阀必须在正常位。

4. 将"安全"投入 464QS 置切除位。(同十六项 3 条)

5. 急于走车,转空气闸操纵。(同十四项)

**二十、电空阀运转位,均衡风缸有压力而列车管无压力的处理方法**

1. 中立电空阀 253YV(见图 6-52)卡在供风位,拆下 253YV 导线,使电空阀断电释放。

2. 轻击中继阀上总风遮断阀。

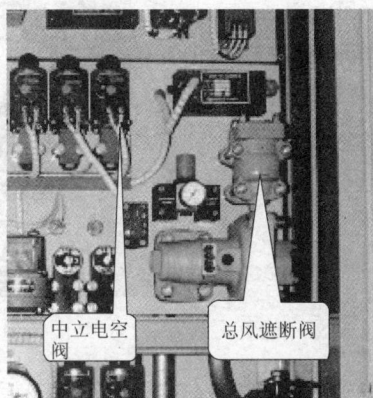

图 6-51  615QA                    图 6-52  中立电空阀和总风折断阀

**二十一、干燥器故障时的处理**

1. 干燥器故障时及时开放 G4 塞门。

2. 车下排污口排风不止,关闭滤清器排污塞门 K3 和干燥器排湿塞门 K1、K2,如图 6-53 所示。

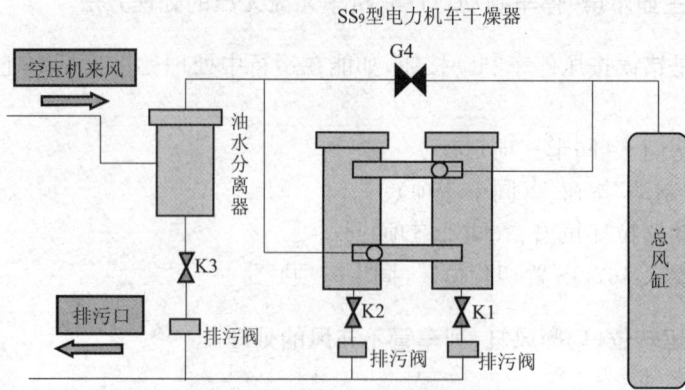

图 6-53　K1、K2、K3 塞门

## 二十二、总风缸打不进风的处理

1. 确认两风泵逆止阀 47 号阀（图 6-54）、48 号阀是否冻结。

2. 开旁通阀阀（0 号阀），若压力还不上升，开 G4 号阀，甩干燥器，使用 I 泵运行。

3. 若总风缸压力还不上升，解冻 47 号逆止阀与开旁通阀阀（0 号阀）间管路。

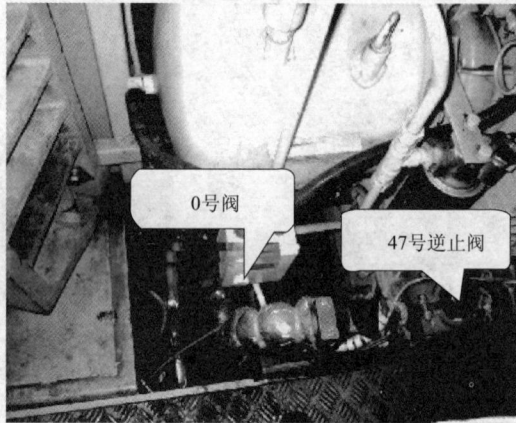

图 6-54　0 号阀和 47 号逆止阀

4. 三通阀处冻结，立即解冻，解冻后用 I 泵运行并开 0 号阀。

5. 为了防止冻结，冬季接车时，首先打开加热装置进行预热，并及时排净管路中的水。

## 二十三、各止阀冻结的判断方法

1. 如图 6-55 所示，若 51 号调压阀有压力，而 52 号调压阀无压力，说明 108 单向逆止阀冻结。

2. 51 号调压阀无压力，说明 140 塞门冻结。

3. 辅助风缸无压力，为 107 逆止阀冻结。

4. 辅助风缸有压力，而 52 号调压阀无压力，为 106 逆止阀冻结。

5. 升弓装置安全阀跑风，为车顶管路冻结。

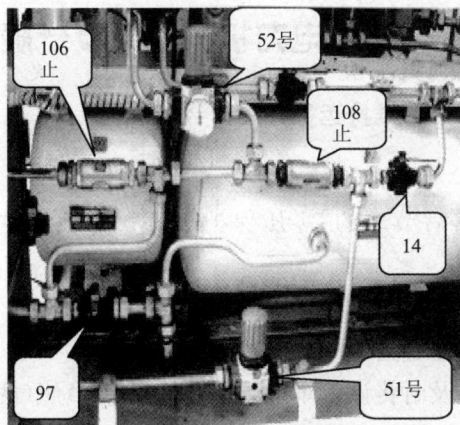

图 6-55　各阀类部件

## 二十四、夏季螺杆空压机运行中过热起保护的处理

打开空压机上的控制盒（见图 6-56），用短接线人为短接 599 号和 607 号。

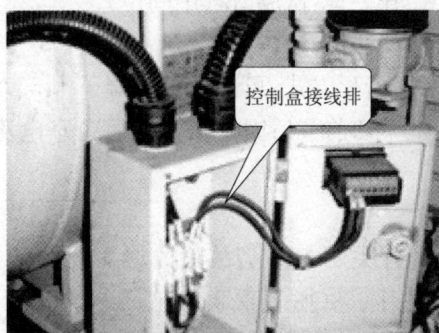

图 6-56　空压机控制盒

## 二十五、DKL 故障，列车管不充风时的处理

1. 关闭"电空制动"开关 615QA。
2. 降弓，进入制动屏柜，将 DKL 后面 4 个插头全部拔下（见图 6-57）。
3. 转空气闸操纵。（同十四项）

图 6-57　制动柜后 DKL 插头

## 任务二　SS₄改型电力机车应急及一般故障处理

**一、切除故障节机车，单节车维持运行方法**

1. 切后节（非操纵节车）

(1)确认主断断开后，将后节车的"零压保护故障"开关和"主断路器故障"开关分别置"故"位。

(2)电源柜上的"重联"闸刀置"重联"位。

(3)电子柜 A/B 组开关置零位。

安全事项：换端后，必须及时将该节车电子柜开关置 A/B 组（两节车）一致，劈相机故障开关置中间位，卡死 556KA。

2. 切前节（操纵节车）

(1)确认主断断开后，将前节车的"零压保护故障"开关和"主断路器故障"开关分别置"故"位。

(2)将前节车的预备继电器 556KA 强迫吸合并卡死。

(3)前节车的"劈相机故障"开关置"试验"位（中间位）。

(4)电源柜"重联"闸刀置"重联"位。

注意：新型 556KA 无法采用卡死方式，可短接 I 号端子排 557S、558S 线。

安全事项：标准化司机室机车切前节后因操纵台无后节车电流表显示，做好安全预想，防止空转。

3. 装有 LCU 装置的机车

(1)将故障节主断路器隔离开关 586QS 置故障位。

(2)将故障节电源柜重联闸刀 668QS 置重联位。

**二、如何用通风机 1 代替故障的劈相机**

1. 代替条件

(1)1MG 烧损。

(2)201KM 本身故障（201KM 打板，201KM 不吸合等）。

(3)起动电阻烧损，无时间转换另一组。

(4)网压高于 22 kV。

2. 代替方法

确认 201KM 接触器焊接，撬开装好灭弧罩或拆线包绝缘（有三相脱扣开关的可直接断开）。

(1)"劈相机故障"开关置"2"（1FD）位，296QS 置"电容（下合）"位，用牵引风机 1 代替劈相机。

(2)要注意网压高于 23 kV 时，方可用 1FD 电容启动代替劈相机，代替后仍用劈相机扳钮控制，劈相机灯亮为正常，辅助回路灯亮后又灭为正常。

(3)大同机车厂的机车遇起动电阻烧损不用通风机代替，把 298QS 至另一位，重新起动。

### 三、闭合劈相机扳钮两节车"劈相机"灯均不亮

1. 反复活动几次劈相机扳钮。

2. 检查闭合 605QA(如标化机车脚踏风笛不响时,为操纵节 605QA 脱落)。

3. 更接劈相机扳钮或短接扳钮上的接线 560.562 线,591QS 自起位。(注:无法更换时可按故障处理第四项第二条处理。)

### 四、闭合劈相机扳钮有一节车劈相机灯不亮

1. 劈相机起动正常,劈相机灯不亮维持运行。

2. 567KA 故障可人为固定闭合,注意过分相绝缘释放 567KA,过分相后再闭合 567KA,起动劈相机。

### 五、闭合劈相机扳钮劈相机为不灭

1. 显示 3 s 后灯不灭,立即断电关闭劈相机扳钮。

2. 劈相机起动电阻甩不开,起劈相机 3 s 后,人为按 566KA;劈相机起动电阻仍甩不开,检查确认 527KT 释放。若 213KM 焊接,切除该车。

3. 如劈相机无声音,检查三相自动开关是否脱落,否则恢复后再重新起动。若 213KM、201KM 都不吸合时,可拍 527KT 人为起动。

### 六、"预备"灯不灭,预备中间断电器 556KA 不吸合

1. 确认两置转换开关转换到位,各风机工作正常强迫 556KA 吸合。

2. 装有 LCU 装置的机车,确认 LCU 转换开关不在零位,将风速开关置故障位。

3. 新机车将逻辑控制单元同时转换至另一组,无效切除单节车。

4. 遇新型 530KT、556KA 时,将Ⅰ号端子排 557S、558S 短接。

安全注意事项:(1)加强巡视。(2)进行工况转换时,必须将 556KA 释放。(3)逻辑控制单元 A/B 组转换时必须断电降弓,操作与电子柜转换方法相同。

### 七、"电子柜预备"灯不灭

1. 转换电源柜 A/B 组。

2. 控制电压不在 77～130 V 范围内,拉"负载"闸刀及蓄电池闸刀,合"重联"闸刀。

3. 检查"电子控制"自动开关。

4. 两节车电子柜 A/B 开关均置 A 组或 B 组。

5. 如果非操纵节电子柜预备灯不灭,将电子柜转换开关置"0"位维持运行。

6. 拔高压柜 45 号或 46 号插头,拔 75 号或 76 号插头,将相应牵引电机故障闸刀置中间位。

安全事项:

电子柜 A/B 组转换时,调速手柄和换向手柄回 0,转换时在中间位停留 3 s 以上。

### 八、牵引无流

1. 换向手柄置"前"或"后"位,"预备"灯不灭,按照预备灯不灭故障处理。

2. 两节车电子柜 A/B 组开关均置"B"组。

3. 检查电子控制开关在闭合位。

4. 确认其他司控（调速手柄和换向手柄）在 0 位，换向手柄槽口位置正确。

5. 确认非操纵节电钥匙开关 570QS 断开，操纵节 569KA 应不吸合，非操纵节 569KA 应吸合。

6. 使用辅台操纵，维持运行，注意移动手柄要慢。

7. 检查处理 532KT，若 532KT 不吸合时人为闭合。（注意过分相时使其释放，否则不合闸。）

8. 装有速度传感器显示灯的机车，若该灯亮时，防空转投切除位。

9. 切除故障节仍维持运行。

10. 新装 LCU 机车转换 A/B 组开关，无效切除该节车。

### 九、"原边过流"灯亮主断跳闸

1. 转换电子柜 A/B 组。

2. "原边过流"灯亮，某位牵引电机过载跳闸，切除相应的电机。

3. 合闸就跳，"原边过流"灯亮，确认无异状，重合闸还跳，切除一节车。

4. 手柄离 0 或电压上升至 500 V 左右跳闸，原边过流灯亮，拔 75 号或 76 号插头。

### 十、"主接地"灯亮，主断跳闸

1. 电阻制动接地不用电阻制动。

2. 重合还跳，"主接地 1"灯亮，拉牵引电机 1.2 故障闸刀中间位，95QS 置故障位；"主接地 2"灯亮，拉牵引电机 3.4 故障闸刀中间位，96QS 置故障位。

3. 标准化司机室机车重合还跳，根据故障显示屏显示到故障节高压柜前确认哪一架接地继电器动作，将其接地故障闸刀置故障位（下合位）及两个牵引电机故障闸刀置中间位。

### 十一、主台"辅助回路"，副台"辅接地"灯亮，主断跳闸

1. 切热饭电炉、取暖电炉、窗加热、空调，断开相应自动开关。

2. 重合还跳，将"辅接地故障"开关置"故障"位。

3. "辅接地故障"位无效，确认辅助回路无接地过载，285KE 不释放时，设法使其释放，（切除故障节）加强巡视。

### 十二、主台"牵引电机"灯亮，副台某牵引电机灯亮，牵引电机过载主断跳闸或窜车

1. 重合闸。

2. 还跳转换电子柜 A/B 组。

3. 切故障电机。

4. 标准化司机室机车执行 1.2 项无效时，根据显示屏显示至故障节高压柜分别按架（一次两个电机闸刀置中间位）切除，判断出故障电机将其切除。

### 十三、运行中"空转"灯亮，自动撒砂及减载

1. 将故障节自动撒砂转换开关切除。

2. 电流较大，黏着不良空转适当减载，加大撒砂量，机车起动可用 B 组。

3. 空转保护误动作，将电子柜 A/B 组开关转置"B"组运行（要注意机车空转）。

4. 若 B 组故障，转 A 组将电子柜防空转插件故障开关扳至故障位（新车将速度传感器故障开关置故障位）。

### 十四、窜　　车

1. A/B 组一架窜车

(1)紧 45 号、46 号插头。

(2)若无效切除两故障电机。

2. A/B 组一节窜车

(1)检查 532KT 衔铁是否下垂。

(2)无效切除该节车。

3. A/B 组两节窜车

(1)主司控故障或司控插头松，紧司控插头无效，用副台维持。

(2)操纵节 556KA 卡劲，人工捅。

(3)(159、160 机车)非操纵端钥匙未断，各司控不在 0 位。

(4)N105、N106 插座接触不良紧固。

### 十五、空气主断路器自身原因不闭合

检查确认劈相机扳钮断开位，调速手柄回"大零"位，零位灯亮，重合闸一次，无效时确认 567KA 释放，手按主合阀杆人工合闸；无风时，用大螺丝刀仰视顺时针方向扳动转轴至合闸位。

安全事项：进入变压器室前应确认受电弓已降下；过分相时，调速手柄回"大零"位，关闭各辅机扳钮降弓过分相。

### 十六、空气主断闭合后辅助电压只有 200 V 左右

1. 立即断电防止非线性电阻爆炸，降弓重新闭合几次再升弓合闸，良好则继续运行。

2. 装有车顶绝缘检测装置机车判断车顶是否接地，如接地利用高压隔离开关切除该节车；如非线性电阻爆炸主断闭合良好，辅压正常则维持运行，降弓过分相。

3. 利用机车车顶绝缘检测装置，判断车顶高压设备是否接地，操作方法如下：

(1)确认受电弓降到位，断开电钥匙开关，闭合机车头灯扳钮。

(2)一人按下控制盒上的检测开关，观察控制盒电源灯显示，如灯亮表示该装置工作正常。

(3)另一人观察司机室网压表，如显示 25 kV，表示车顶高压设备绝缘良好，维持运行。

(4)如显示 0 V，同时控制盒上的车顶接地指示灯亮，表示车顶高压设备已接地，在确认不危及行车安全时，把故障节高压隔离开关断开，维持运行，操作方法如下：确认主断路器断开，受电弓降到位，断扳钮箱钥匙开关，取出电钥匙。将高压隔离开关钥匙插入高压隔离开关锁芯，顺时针旋转 90°，转动高压隔离开关手柄至开位，取出钥匙。禁止升弓。

### 十七、保护动作跳闸，故障消除后合主断保护不恢复

1. 人为闭合一下故障节 562KA。

2. 故障不消除检查相应继电器。

3. 仍不消除按相应的故障显示处理。

### 十八、闭合受电弓扳钮升不起受电弓

1. 升另一弓。

2. 关好两节的客室门,确认控制风路风压达 500 kPa。

3. 287YV 不吸合人为固定在吸合位。

4. 515KF 闭合不良,人工闭合。

5. 1YV 不吸合人为固定在吸合位,须降弓时,断开钥匙开关。(严禁 287YV、1YV 同时固定在吸合位)

6. 一节车有控制风压,另一节车无控制风压时,将无风节 515KF 的 N533b、N534b 短接,确认无风节各室无人断开主断路器,关闭客室门,236QS 置故障位后升弓,总风打满后拆除,恢复 236QS 正常位。

7. 切除自动降弓装置(关闭 ADD 停止阀)。

### 十九、压缩机系统故障

1. 压缩机不起动

(1)"强泵"起动。

(2)"压缩机"灯亮:检查 203KM 压缩机电机接触器无焊接烧损现象,将压缩机辅保故障开关置"故"位,重起压缩机。

(3)切除故障的压缩机,将压缩机故障开关置"故"位,单台压缩机维持运行(203KM 接触器焊接时,撬开装好灭弧罩或拆线包好绝缘,有三相脱扣开关的可直接断开)。

2. 打不起风

(1)开干燥器旁通塞门 G2,关 G1。

(2)螺杆压缩机可抽出空气滤清器滤芯或用木棒轻敲进气阀。

(3)给 47 逆止阀加温。

(4)螺杆压缩机温度高时按原压缩机系统故障处理方法执行;开通风机冷却。

3. 打风后排风不止

(1)247YV 电空阀排风,断开 247YV 电源线包好绝缘。

(2)干燥器排泄风阀排风不止,开 G2 塞门,关 G1 塞门。

### 二十、切除一台故障的牵引风机

1. 确认牵引风机接触器焊接. 则撬开装好灭弧罩或拆线包绝缘,将相应牵引风机故障开关置"故"位;(有三相脱扣开关的可直接断开)

2. 电制时,断电、降弓、将相应牵引电机故障闸刀置"故"位(下合)。

### 二十一、切除故障的变压器油泵或风机

1. 确认相应接触器焊接,则撬开装好灭弧罩或拆线包绝缘(有三相脱扣开关的可直接断开)。

2. 油泵故障,将"油泵故障"开关置"故"位。

3. 变压器风机故障,将"变压器风机故障"开关置"故"位。

4. 注意变压器油温接近 75°时,到站停车降温。

## 二十二、蓄电池故障

1. 无输出电压或接地

(1)合"蓄电池"自动开关。

(2)断负载闸刀及蓄电池闸刀,重联闸刀置"重联"位。

(3)合重联自动开关 617QA,675SB 置运行位。

2. 电源屏不充电

(1)合:"交流电源"自动开关。

(2)转换电源柜 A/B 组开关。

(3)重联闸刀置"重联"位。

3. 控制电压过高或不稳

(1)将电源柜 A、B 组转另一组。

(2)断"负载闸刀"及"蓄电池闸刀",重联闸刀置"重联"位,675SB 运行位。

## 二十三、无显示跳闸,一合就跳

1. 转换电子柜 A/B 组转换开关。

2. 断开 603QA。

3. 将零压,辅接地,主接地,故障开关置故障位。

4. 检查主断路器分合闸阀杆间隙是否符合标准做相应处理;检查分合闸阀是否窜风,如窜风关闭 145 塞门,人工合闸,运行中监视各仪表及显示的显示,如需断主断时降弓处理,过分相时降弓通过。

5. 新型 LCU 机车转换 A/B 组开关,无效切除该节车。

## 二十四、DK-1 型制动机转空气位

1. 停车保持列车制动,关闭机后列车管塞门。(转空气位结束后注意及时开放)

2. 操纵节电—空扳键扳到空气位。

3. 操纵节大闸运转位,小闸缓解位,调整调压阀 53 压力为 600 kPa。

4. 断开操纵节"电空制动"自动开关,153 阀置空气位。

5. 153 阀排风不止,关 157 塞门。

6. 非操纵节中继阀排风不止时,关闭其 115 塞门。

安全事项:

1. 运行中大闸手柄运转位,尽量采用短波浪制动法。

2. 单独缓解机车制动力时,下压小闸手柄。(单机转线缓解机车时,小闸必须放置缓解位,再下压闸把)

3. 紧急制动时,开放 121 塞门,并将小闸移至制区。

4. 发现列车管压力下降时,须迅速将手柄移至制区。

5. 换端时,按规定开放关闭的 115 塞门。

6. 列车到达后,单机运行时,必须恢复电空转换键(故障时除外)确保单机制动作用良好。

### 二十五、DK-1 型制动机重联或非操纵节中继阀排风不止

将非操纵机车或非操纵节中继阀列车管塞门 115 关闭,转本机位时,操纵端机车 115 塞门必须开放。

### 二十六、DKL 制动逻辑单元故障

1. 逻辑单元电源板指示灯,12VA、12VB、5VA、5VB 必须全亮,说明该装置已投入使用,且正常,如果发现有一组 12V、5V 灯灭,另一组正常,可用此组维持运行。
2. "DKL"灯亮,(逻辑单元输出板 V7 指示灯不着,输出故障)转空气位维持运行。
3. DKL 灯闪烁,为大、小闸在各位置切换操作的过程中出现时属正常现象,可继续运行。

# 任务三　HXD₂ 型电力机车应急故障处理

### 一、自动过分相设备故障 ANSC(DM_ANSC)

1. 当故障发生时,确认故障内容,按确认键(左侧第一个按钮),看故障显示是否消除。
2. 如不消除的话,按左侧分相按键,再闭合主断,可多次闭合,看故障能否消除。
3. 确认系统柜．信号柜的自动过分相装置电源开关是否闭合。
4. 如仍不良的话可将其切除后执行手动过分相。

### 二、紧急阀故障(DM_CC1URG)

1. 当故障发生时,确认故障内容,按确认键(左侧第一个按钮),看故障显示是否消除。
2. 确认系统柜上紧急继电器电路断路器 CC-Q-URG 电源开关是否闭合。
3. 如无效的话将制动柜上的紧急制动隔离阀 RB(IS)Q(ECH)URG 置于切除位。
4. 如要采取紧急措施则可使用紧急按钮 BP-URG 或捅 LKJ 的紧急开关。

### 三、LOCOTROL 系统供电保护故障(DM_CCEQS2)

1. 当故障发生时,确认故障内容,按确认键(左侧第一个按钮),看故障显示是否消除。
2. 确认系统柜上的信号柜 2 的安全设备电源开关 CC(MES)EQS2 是否跳出,如没有跳出的话重新断合该投入电路断路器 CC(MES)EQS2。
3. 如无效的话则将 DP 连接解除,将系统柜上的 Z-LOCO 开关置于切除位,按单机模式或组合方式维持运行。

### 四、司机显示屏故障(DM_CCHS12)

1. 当故障发生时,确认故障内容,按确认键(左侧第一个按钮)确认故障内容,按确认键(左侧第一个按钮),看故障显示是否消除。
2. 如另一个屏也不显示的话,确认系统柜上的司机显示器电源开关 CC-CONS 是否跳出,如没有跳出的话重新断合该断路器 CC-CONS,如主屏正常,则确认系统柜的 CC(AL)CONS11/12 是否跳出。
3. 如故障不消除时,则将司机显示器隔离开关 Z-IS-CONS 切换到另一个屏上进行操作,维持运行。

### 五、一台主压缩机故障（DM_CPRF）

1. 当故障发生时，确认故障内容，按确认键（左侧第一个按钮），看故障显示是否消除。
2. 确认系统柜上的压缩机控制断路器 CC(CO)CPR 是否跳出，或重新断合该开关。
3. 如故障不消除的话可断合蓄电池让系统重新自检，看故障能否消除。
4. 不良的话用另一台压缩机维持运行，到前方站处理。

### 六、24 V 供电故障（DM_D2AL24）

1. 当故障发生时，确认故障内容，按确认键（左侧第一个按钮），看故障显示是否消除。
2. 检查系统柜上的 24V 断路器 CC1/2-AL24 是否跳出，或者重新断合该开关。
3. 如无效的话断合蓄电池电源开关进行系统复位。

### 七、受电弓控制气路故障（DM_DPARA）

1. 当故障发生时，确认故障内容，按确认键（左侧第一个按钮），看故障显示是否消除。
2. 确认受电弓升弓塞门 RB(IS)PT 是否打开。
3. 检查受电弓升弓电空阀吸合后（手动是否有排风声）是否导通风路。
4. 合上受电弓扳钮后，手按升弓电空阀后，目测受电弓是否升起。
5. 换升另一个受电弓，维持运行。

### 八、主断路器隔离（DM_ISDJM）

1. 当故障发生时，确认故障内容，按确认键（左侧第一个按钮），看故障显示是否消除。
2. 重新闭合主断（连续闭合 5 次），看故障能否消除。
3. 取消受电弓的禁用，改升另一节受电弓，合另一节主断，如正常的话维持运行。
4. 常用停车后进入维护菜单，取消主断的隔离，重新闭合，看故障能否消除。
5. 如故障仍在的话，将故障节切除，单节机车维持运行回段处理。

### 九、电机隔离（DM_ISOESS1）

1. 当故障发生时，确认故障内容，按确认键（左侧第一个按钮），看故障显示是否消除。
2. 常用停车后翻开"主菜单"，点开"维护"栏，输入"密码"（左侧第三、四、五键），按"设备切除与恢复"键，进入"牵引电机"栏，查看 A/B 节各个电机的隔离状态（红色的为隔离），在对应的红色显示块左侧的按键旁按一下，再在右侧对应的黄色显示块旁的按键上按一下，即可恢复电机隔离。
3. 查看辅逆柜上的有机玻璃罩下的各接触器是否跳开。
4. 如故障电机隔离不能恢复的话，应查看对应的 TCU 箱，系统柜上的对应断路器是否跳出，如一切正常时，可将故障电机人为切除，维持运行回段处理。

### 十、转向架不缓解（DM_NDBO1）

1. 当故障发生时，确认故障内容，按确认键（左侧第一个按钮），看故障显示是否消除。
2. 按压过充按钮，看故障能否消除。
3. 如不消除的话应常用停车，隔离转向架制动（GDA-010）

4. 常用制动后将转向架的闸缸塞门关闭，下车检查转向架的闸瓦间隙是否释放到位，没有完全释放到位的要拉转向架的拉环，从而释放停放制动（GDA-008）。

5. 如恢复转向架的塞门 RB(IS)CF1 和 RB(IS)FD 后闸瓦仍不缓解，则应请求救援。

### 十一、牵引制动手柄故障（DM_PMP）

1. 当故障发生时，确认故障内容，按确认键（左侧第一个按钮），看故障显示是否消除。

2. 此时自动制动手柄还可用，司机应立即常用停车，将系统柜上的（6—线路1/线路2）测试转换开关放在1位或2位，重新起动机车，看故障能否消除。

### 十二、一节车蓄电池电压低于 88 V（DM_TBAB）

1. 当故障发生时，确认故障内容，按确认键（左侧第一个按钮），看故障显示是否消除。

2. 确认系统柜上的蓄电池转换开关 Z-BA 是否在正常位，看系统柜侧面蓄电池母表上的电压显示是否大于88 V，如母表显示不低与88 V 的话说明是系统误显示，查看系统柜上的蓄电池电压监测断路器 CC(SU)BA 是否跳出，并重新断合一次蓄电池开关 Z-BA 来消除故障。

3. 进入主菜单—维护—设备切除与恢复—其他设备—蓄电池隔离，看有无故障节的蓄电池隔离，如无的话再看有无牵引电机或辅逆1隔离，有隔离时应及时恢复隔离，尽快使蓄电池充电。

4. 如低于88 V 故障又不消除，可利用正常节给其送电维持运行。或将故障节切除维持回段处理。

### 十三、LOCOTROL 引起紧急制动（DM_URGLOC）

1. 当故障发生时，确认故障内容，按确认键（左侧第一个按钮），看故障显示是否消除。

2. 首先确认系统柜上的 LOCOTROL 系统的电源断路器 CC-LDM 是否跳出，如未跳出的话可重新断合一次该开关。

3. 检查 LOCOTROL 系统的显示器上是否有流量显示，并及时查看总风、列车管、均衡风缸的压力值，有不正常的要及时调整到定压。

4. 在 LOCOTROL 系统的显示器上重新进行自检，完成 LOCOTROL 系统各模块的自检。

5. 如故障仍不消除，则退出 DP 及 LOCOTROL 系统操纵，回到机车的正常操纵上继续行车，回段处理。

### 十四、受电弓扳钮故障（DM_ZPT）

1. 当故障发生时，确认故障内容，按确认键（左侧第一个按钮），看故障显示是否消除。

2. 确认系统柜上的受电弓电源开关 CC-DJ 是否跳出，或重新断合一次该开关。

3. 换升另一节机车的受电弓，合另一节机车的主断，看故障能否消除，不良的话可断合蓄电池电源开关让系统重新自检，来消除故障。

4. 使用辅屏的受电弓控制按键操纵受电弓的升降，维持运行。

### 十五、辅助变流柜隔离（DM_ISAUX）

1. 当故障发生时，确认故障内容，按确认键（左侧第一个按钮），看故障显示是否消除。

2. 连续断合主断 5 次,每次断合都等待 1 min 以上,看故障能否恢复,如不恢复的话继续断合蓄电池电源开关,让系统重新自检一次来消除故障。

3. 常用停车后进入主菜单—维护—设备切除与恢复—辅助逆变器,看有无辅助逆变器的隔离提示,有隔离时应及时恢复隔离,如无隔离的话再确认有无牵引电机隔离的提示,并及时恢复隔离。

4. 确认系统柜,辅逆柜上的断路器 CC-CVS1/2 是否跳出,有跳出及时恢复,无跳出时应重新断合该开关,查看辅逆柜上的有机玻璃罩下的各接触器是否跳开。

5. 如故障消除不了的话,维持运行或切除故障节机车运行。

### 十六、司机制动阀故障(DM_FRAUTO_1)

1. 当故障发生时,确认故障内容,按确认键(左侧第一个按钮),看故障显示是否消除。

2. 将操纵节系统柜上的 BCU 电源开关 CC-BCU 断路器重新断合一次,如故障不消除则再断合蓄电池电源开关让系统重新自检。

3. 如故障仍不消除时操纵节转备用制动模式,非操纵节机车的"补机转换开关(Z(IS)RM)转到补机位,操纵节的备用制动开关 RB-FSE 转到投入状态。

### 十七、MPU 与制动控制单元通讯故障(DM_REGRM_3)

1. 当故障发生时,确认故障内容,按确认键(左侧第一个按钮),看故障显示是否消除。

2. 常用停车后确认系统柜上的主处理单元的 MPU1/2 的电源断路器 CC-MPU1、CC-MPU2 是否跳出,或重新断合一下该开关。

3. 如故障不消除的话可断合蓄电池电源开关让系统重新自检来消除故障。

4. 如故障消除不了的话转备用制动模式维持运行。

### 十八、自动制动缓解控制故障(DM_REGRM_5)

1. 当故障发生时,确认故障内容,按确认键(左侧第一个按钮),看故障显示是否消除。

2. 常用停车后人为按压司机台上的过充按钮,看能否缓解。

3. 确认系统柜上的制动控制单元断路器 CC-BCU,自动制动断路器 CC-F(AU)是否跳出,或重新断合一下该开关。

4. 如故障不消除的话可断合蓄电池电源开关让系统重新自检来消除故障。

5. 如故障消除不了的话转备用制动模式(GDA-005)维持运行。

### 十九、轴电气制动隔离

1. 当故障发生时,确认故障内容,按确认键(左侧第一个按钮),看故障显示是否消除。

2. 连续断合主断 5 次,每次断与合都等待 1 min 以上,看故障能否恢复,如不消除的话继续断合蓄电池电源开关,让系统重新自检一次来消除故障。

3. 常用停车后进入主菜单—维护—设备切除与恢复—轴电器恢复,看有无隔离提示,有隔离时应及时恢复隔离。

4. 确认系统柜,辅逆柜上的断路器 CC-ES1 是否跳出,有跳出及时恢复,无跳出时应重新断合该开关。

5. 如故障消除不了的话,则人为将相应的轴隔离,维持运行。

### 二十、由于油流继电器不良或主变温度传感器的原因机车出现降功率运行

1. 到辅逆柜上查看油泵、水泵、油水冷却塔风机的接触器是否脱落。

2. 将油流继电器插头内的两根线短接，维持运行。

3. 断合蓄电池开关让系统重新复位，看故障能否消除，或换升另一节机车的受电弓、合主断，维持回段处理。

### 二十一、机车在雨雪雾霜轨面黏着不好的条件下发生空转的操作办法

在保持机车正常工作性能的同时，为了限制轮轴的车轮滑移和空转的风险，这些设备使得机车在钢轨上能够保持良好的黏着率，此时司机应将调速手柄放在最大区域后，点动撒砂，以便增加机车的黏着力（千万不要来回拉动手柄）。如果是在机车停车后再次启动的情况下，启动前应在各轮下及前方轨面上进行撒砂，以增加黏着力。

### 二十二、速度超过 10 km/h 自动切流

1. 此原因多为司机进行了过充按钮的过充操作引起，一旦执行该操作的话，必须等待机车的列车管压力下降到 600 kPa 以下方可消除故障。

2. 此时应采用常用停车，大闸减压后回风，等待 10 min 以上，或断蓄电池 3 min 即可消除故障。

3. 机车进行重联连挂时，应先减压后再连接列车管、总风管，回风时应监控列车管的压力，不能超过 600 kPa，并严禁使用过充按钮。

## 项目小结

本项目主要介绍了主型电力机车设备故障的处理方法，操作流程，通过教学做一体化教学和实际操作演练，让学生掌握一般常见故障的处理程序。

## 复习思考题

1. 试述 SS9 型电力机车受电弓故障处理方法。

2. SS4 改型电力机车如何使用通风机代替劈相机？

3. 如何处理 SS4 改型电力机车空气主断路器自身原因不闭合？

4. 在操纵 SS4 改型电力机车时，如果出现司机制动阀故障应该怎么处理？

5. 结合课本图片简述 SS9 型电力机车司机室布置。

# 附录　SS₉型电力机车相关资料

## 1. 机车总体布置

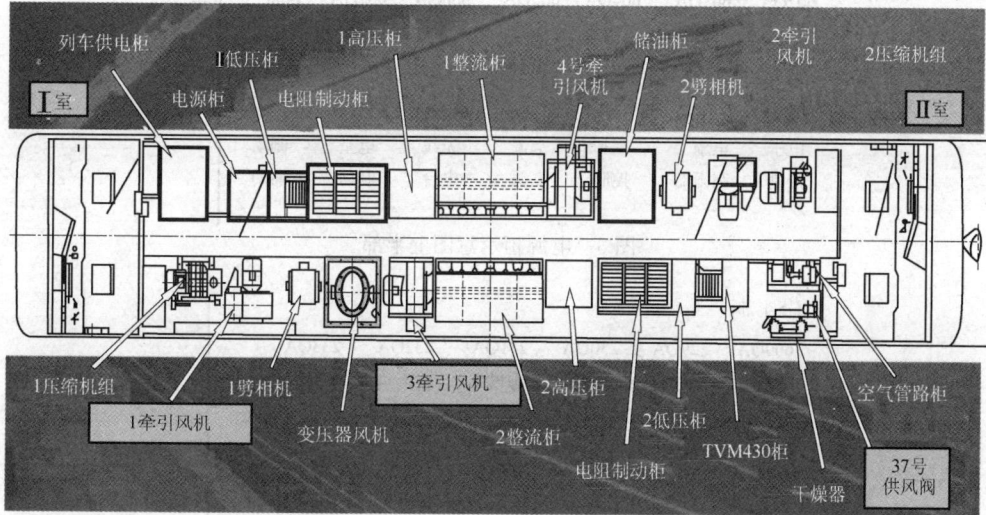

图1　机车总体布置图

## 2. 司机室

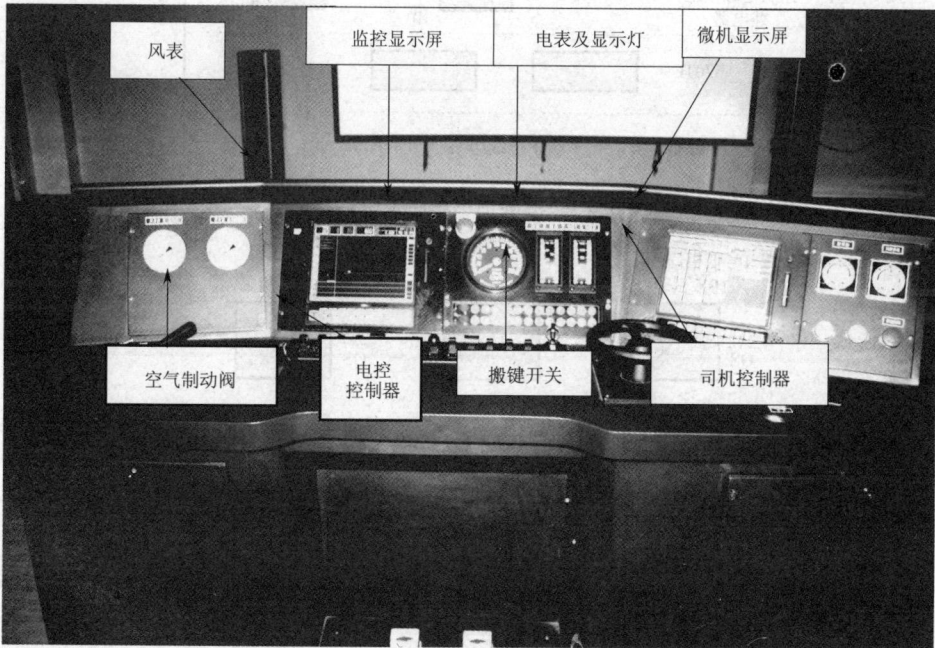

图2　司机室

## 3. 各电器柜及制动屏柜布置

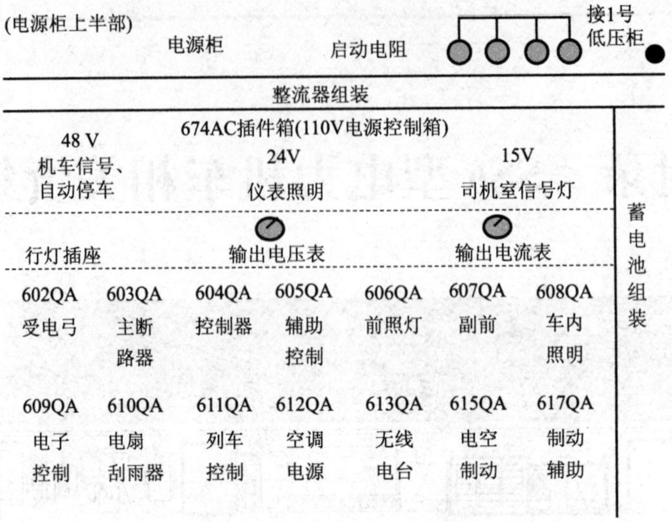

(电源柜上半部)　　　电源柜　　　　启动电阻　　　　接1号低压柜

整流器组装

| 48 V | 674AC插件箱(110V电源控制箱) | | |
| 机车信号、自动停车 | 24V 仪表照明 | 15V 司机室信号灯 | |

| 行灯插座 | 输出电压表 | 输出电流表 | 蓄电池组装 |

| 602QA 受电弓 | 603QA 主断路器 | 604QA 控制器 | 605QA 辅助控制 | 606QA 前照灯 | 607QA 副前 | 608QA 车内照明 |
|---|---|---|---|---|---|---|
| 609QA 电子控制 | 610QA 电扇刮雨器 | 611QA 列车控制 | 612QA 空调电源 | 613QA 无线电台 | 615QA 电空制动 | 617QA 制动辅助 |

图3　电源柜示意图上半部

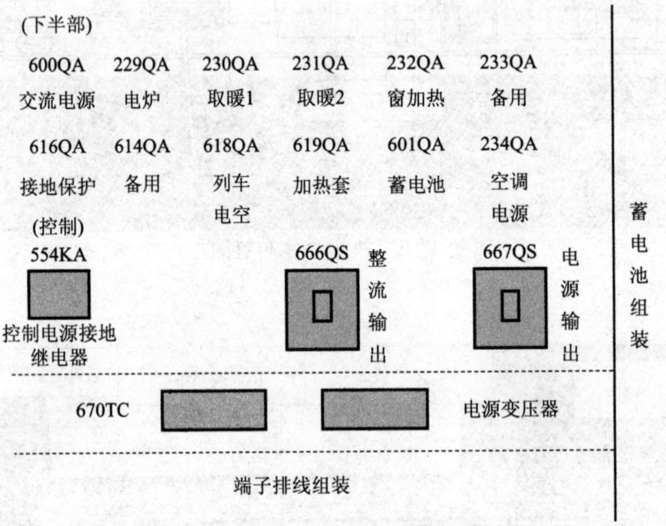

(下半部)

| 600QA 交流电源 | 229QA 电炉 | 230QA 取暖1 | 231QA 取暖2 | 232QA 窗加热 | 233QA 备用 |
|---|---|---|---|---|---|
| 616QA 接地保护 | 614QA 备用 | 618QA 列车电空 | 619QA 加热套 | 601QA 蓄电池 | 234QA 空调电源 |

(控制)
554KA 控制电源接地继电器　　666QS 整流输出　　667QS 电源输出　　蓄电池组装

670TC　　　电源变压器

端子排线组装

图4　电源柜示意图下半部

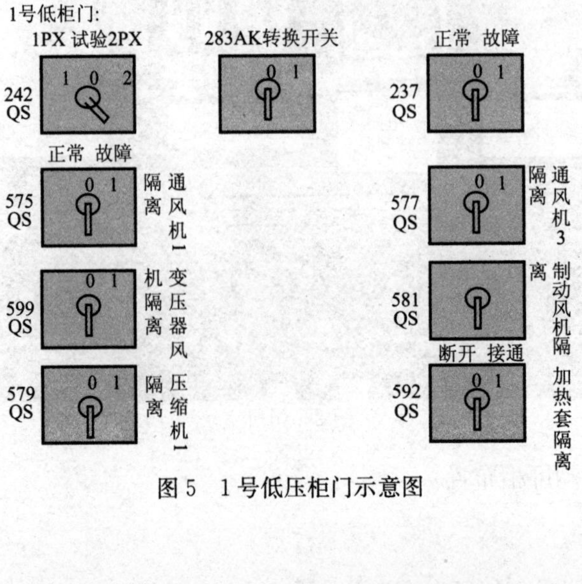

1号低柜门:
1PX 试验 2PX　　283AK转换开关　　正常 故障
242QS (1 0 2)　　(0 1)　　237QS (0 1)

正常 故障
575QS (0 1) 通风机1　　577QS (0 1) 隔离 通风机3

机隔离 变压器风压缩机1
599QS (0 1)　　581QS (0 1) 离 制动风机隔离

隔离
579QS (0 1)　　断开 接通
592QS (0 1) 加热套隔离

图5　1号低压柜门示意图

2号低柜门:

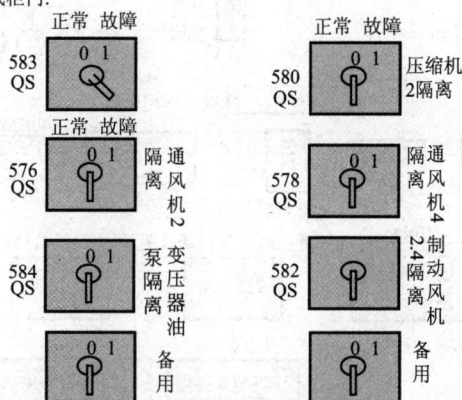

图 6　2号低压柜门示意图

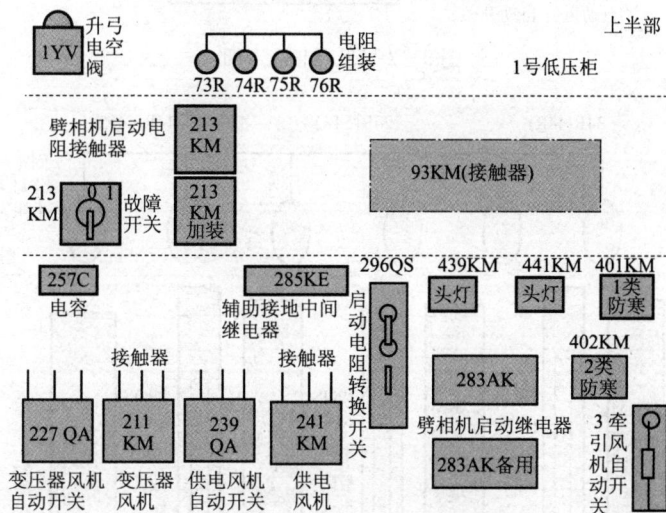

上半部

1号低压柜

图 7　1号低压柜上半部

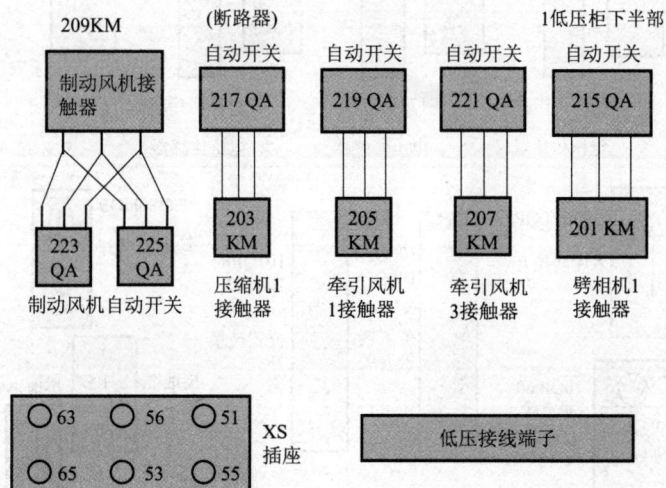

1低压柜下半部

图 8　1号低压柜下半部

2号低压柜上半部

升弓电空阀
2YV

83R 84R 85R 86R 电阻组装

260R 过压保护电阻

105PJ 电表　101KC　102 QA　100TV 降压变压器　440KM 头灯接触器　442KM 头灯接触器

原边过流继电器　　电表自动开关

蓄电池组装

210KM 制动风机接触器

变压器油泵自动开关 228 QA

供电风机自动开关 238 QA

运235QS

212KM变压器油泵接触器

240KM供电风机接触器

库内转换开关

224 QA　226 QA

282KC辅电路过流继电器

自动风机 自动开关

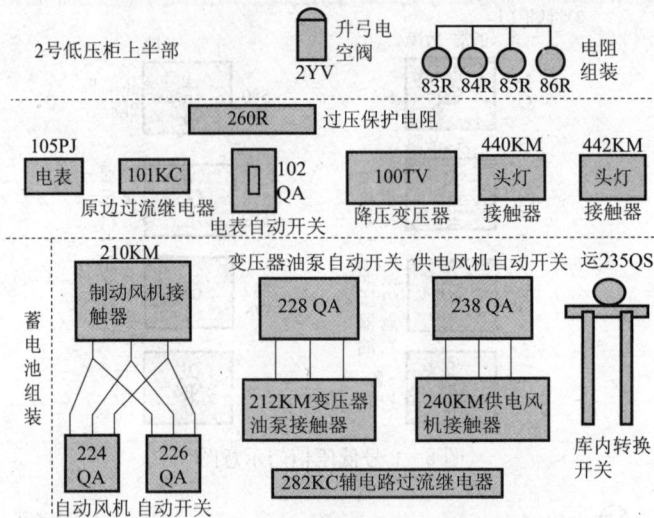

图9　2号低压柜上半部

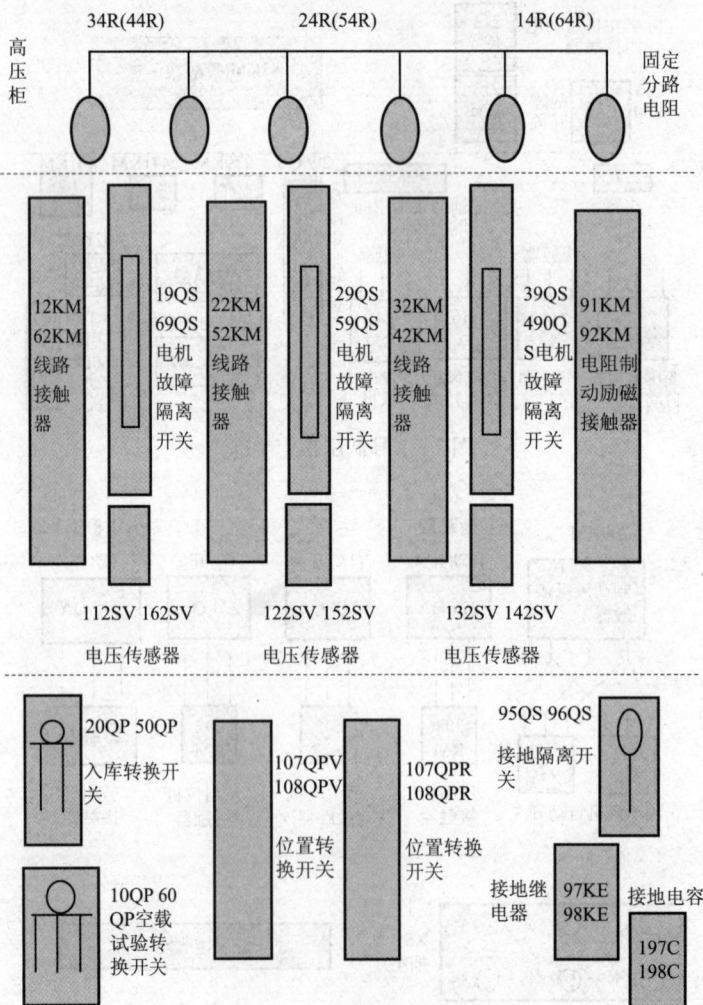

高压柜

34R(44R)　　24R(54R)　　14R(64R)

固定分路电阻

12KM 62KM 线路接触器

19QS 69QS 电机故障隔离开关

22KM 52KM 线路接触器

29QS 59QS 电机故障隔离开关

32KM 42KM 线路接触器

39QS 490QS电机故障隔离开关

91KM 92KM 电阻制动励磁接触器

112SV 162SV

电压传感器

122SV 152SV

电压传感器

132SV 142SV

电压传感器

20QP 50QP 入库转换开关

107QPV 108QPV 位置转换开关

107QPR 108QPR 位置转换开关

95QS 96QS 接地隔离开关

10QP 60QP空载试验转换开关

接地继电器

97KE 98KE

接地电容

197C 198C

图10　2号低压柜下半部高压柜示意图

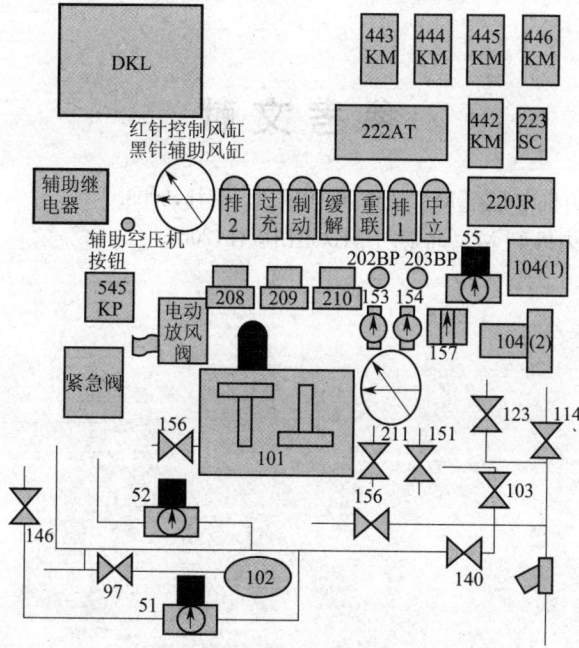

图11　制动屏柜示意图

# 参 考 文 献

[1]　谢家的,祁冠峰. 电力机车电器[M]. 北京:中国铁道出版社,2008.

[2]　余卫斌. 韶山$_9$型电力机车[M]. 北京:中国铁道出版社,2005.